너와 내가 그토록 힘들었던 이유,
관계심리학에 묻다

너와 내가 그토록 힘들었던 이유, 관계심리학에 묻다

이현주 지음

KOREA.COM

인간관계의 외로움,
불안의 본질을 파고드는 치유의 책

"우리는 왜 혼자 있으면 외롭고, 같이 있으면 괴로운가?"

"우리가 겪고 있는 불안의 본질이 무엇인가?"

"좀 더 행복한 인간관계를 위해 필요한 의사소통은 무엇인가?"

이 질문들은 이헌주 박사의 신간 《너와 내가 그토록 힘들었던 이유, 관계 심리학에 묻다》에서 다루고 있는 주제들이다. 우리는 왜 사람들과의 관계가 힘들까? 더구나 가까운 사람들과의 관계에서 문제가 더 많이 생기는 이유는 무엇일까?

이 책은 이러한 질문에 답하기 위해 인간이 경험하는 외로움, 불안의 본질을 고찰하는 동시에 관계에서의 의사소통이 어떻게 이루어지는지를 생생하게 다루고 있다. 그리고 이 책의 정수인 '일치형의 의사소통: 헤아림의 언어'에 다다를 때, 많은 이들이 의사소통의 본질을 깨닫게 될 것이다.

인간관계는 단순한 기법이 아니다. 또한, 관계의 본질은 양적으로 결정되는 것이 아니라 질적인 깊이에 의해 유지된다. 그런 의미에서 진정한 관계란 진실한 태도와 깊은 만남이라는 시간의 역사에서 피어나는 꽃과 같다. 이 책은 인간관계의 깊이에 관한 책이다. 깊이가 구축될 때 인간관계는 가장 큰 치유의 장이 된다.

이헌주 박사는 상담 분야에서 활발히 활동하고 있으며, 내가 알고 있는 최고 전문가이다. 저자의 또 다른 장점 중 하나는 실제 상담의 현장에서 쓰이고 있는 개념들을 쉽고 간결하게 표현할 수 있는 재능이 남다르다는 점이다. 이러한 역량은 아무나 가지고 있는 것이 아니다. 다시 말하자면 독자는 이 책에서 단발성의 해결책이 아닌, 깊이 있는 인간관계의 태도를 배우게 될 것이다.

이 책은 대중서로서 소통의 비밀을 알고자 하는 모든 사람들이 활용할 수 있는 방법이 소개되어 있다. 아울러 심리상담 분야 종사자들에게도 깊은 울림을 줄 수 있는 책이라 확신한다.

관계와 소통에 관련된 책 중에서 빛나는 유익한 책이며, 인간관계로 인해 어려움을 겪는 많은 사람들에게 큰 도움이 될 것이라 믿어 의심치 않는다.

유영권(연세대 상담코칭학 교수)

인간 생각의 대부분은 결국 '인간'이다

● 　　　　　　　　사람들이 모이면 어떤 이야기를 가장
많이 나눌까? 아마 '사람'에 관한 이야기일 것이다. "○○가 그랬다
던데!", "정말 그 사람이 그랬대?"와 같은 이야기 말이다. 내로라하
는 전문가들이 모이면 다를까? 그들이 모이면 사뭇 진지한 표정으
로 전문 영역에 관한 이야기만 나눌 것 같지만 그들도 서로 친해지
면 어김없이 사람에 관한 이야기를 나눈다. 역시 사람들이 가장 재
밌어하고 흥미로워하는 대화 주제는 '사람'이다.

　우리가 평소에 가장 많이 하는 생각은 무엇일까? 생각의 주제 역
시 대부분 '사람'이다. 물론 그렇지 않은 경우도 있다. 이를테면 '어
디에 취업할까?', '어느 전공을 선택할까?'와 같은 일과 진로에 관련
된 생각이나 '어디에 투자해야 할까?', '핫딜로 나온 이 옷을 사는 것
이 내 재정 상태에 맞아?'와 같은 경제적 고민도 있다. '좀 더 운동해
야 할 텐데'와 같은 건강과 관련된 생각도 하는 것이 사실이다.

　그러나 이러한 일이나 진로, 경제, 건강에 관련된 고민 역시 궁극
적으로 파고 들어가다 보면 사람이 나온다. '어떤 일을 해야 사회에
서 인정받을 수 있을까?', '다이어트를 해서 타인에게 좀 더 나은 모
습을 보이고 싶어'와 같이 인간의 생각 중 많은 부분은 결국 인간에

관한 주제이다. 이렇듯 모든 인간은 인간에게 관심을 두고 있다. 우리의 머릿속은 아침부터 잠드는 순간까지 늘 인간에 대한 생각으로 가득 차 있다. 그런 의미에서 인간은 사회적인 존재이다.

　언제부터 그랬을까? 당신이 성인이라면 타인으로부터 무엇인가를 받게 될 때 그에 대한 대가를 지불해야 한다는 것을 잘 알고 있을 것이다. 그러나 당신이 그렇지 못했을 때, 그러기엔 철저히 무기력했을 때에도 당신은 누군가로부터 값없이 받은 때가 있다. 그것은 바로 탄생의 시기이다. 우리는 본래 '이름 없는 자'로 태어난다. 우리는 스스로가 누구인지 전혀 알지 못한다. 그러나 누군가가 우리를 쓰다듬으며 우유를 주고 필요한 것들을 공급한다. 심지어 떼를 쓰는 나에게 따뜻한 말을 건네며 정서적인 접촉을 한다. 그 사람은 나에게 이름을 부여하고 그 이름으로 나를 불러준다. 나는 그 사람의 환한 미소 속에서 나의 존재를 발견하기 시작한다. 나의 존재가 탄생하는 시점이다. 나는 이름 없이 세상에 던져진 자에서 누군가에게 속한 공동체 안에서 이름을 가진 자로 변모한다.
　삶의 마지막 순간에도 우리는 혼미해져 가는 정신 속에서 사랑하는 사람을 생각한다. 기억 중에서 가장 소중한 기억은 누군가와 함께했던 경험이다. 우리는 사랑하는 이의 손을 붙들기를 바란다. 죽음이라는 두려움 속에서도 따뜻한 온기는 우리에게 커다란 위안이 된다. 탄생과 죽음이라는 고리의 가장 큰 공통점은 그 순간 누군가의 품에 있기를 바란다는 것이다.

삶과 죽음의 모양이 그러하듯, 일상을 사는 우리에게도 관계는 매우 중요하다. 심지어 어떤 관계는 이후 다른 관계를 맺는 데에도 커다란 영향을 준다. 어린 시절 부모가 내게 전혀 관심을 기울이지 않았다면 성인이 되어서도 나는 알 수 없는 '외로움'을 자주 느낄 수 있다. 소중한 친구 무리로부터 거절 받은 상처는 내가 소외감을 두려워하는 깊은 원천이 되기도 한다. 내가 했던 모든 일을 소중한 이들이 인정해주지 않을 때 깊은 공허함과 우울감이 스며든다.

반대로 사랑하는 엄마와 눈이 소복이 쌓인 골목길을 가며 손을 꼭 잡고 같이 불렀던 노래는 따뜻한 기억으로 남아 있다. 누군가와 사랑에 빠졌을 때 격동치는 감정과 말할 수 없이 설레는 감정은 우리를 시인으로 만든다. 우리가 상 받기를 원하고 승진을 원하며, 많은 돈을 벌기를 원하는 것은 단순히 자기만족만은 아니다. 그 안엔 타인으로부터 인정받고 싶은 욕구가 숨겨져 있다.

우리는 이렇듯 인간관계를 고려한다. 그래서 다른 사람과 관계맺기를 원한다. 그렇다면 관계는 어떻게 이뤄지는가? 관계의 방식은 여러 가지가 있지만, 그중 가장 중심은 다름 아닌 '의사소통'이다.

의사소통 중 말은 굉장히 중요한 부분을 차지한다. 제아무리 타인에게 좋은 마음을 가지고 있다고 하더라도 계속 누군가를 찌를듯한 날카로운 말투를 건넨다면 누군가는 그 사람과 멀어지려고 할 것이다. 그 사람의 말이 날카로운 칼처럼 아프기 때문이다. 그러나 말투만 있는 것은 아니다. 의사소통 안엔 비언어적 요소도 상당하다. 우리의 표정, 행동, 몸짓, 목소리, 억양 등이 여기에 속한다. 누군가 "안녕하세요?"라고 이야기하지만, 실제 표정은 전혀 안녕하지 못한 표정일 때 나는 환대 받지 못한 느낌을 받을 수 있다. 의사소통은 사람과 사람이 만나고 생각과 감정을 교환하는 총체적인 방식이다.

나는 임상가로서 많은 사람의 의사소통 방식을 접한다. 그리고 나는 그들의 의사소통 방식을 교정하는 일을 섬세하게 진행하기도 한다. 실제로 관계에 갈등이 있을 때, 그 관계 안엔 부적절한 의사소통이 자리잡혀 있는 경우가 많다. 마음은 상대에 대한 친밀감으로 가득한데 그 사람을 자꾸 밀어내는 의사소통을 할 때, 의사소통을 교정하면 그 사람과의 관계가 실제로 좋아진다. 그러나 어떤 말투나 대화법을 배운다고 해서 그것이 모든 관계에 해결책이 되는 것은 아니다. 사람의 관계는 복잡다단하기 때문에 그 대화법이 모든 방식에 걸맞은 것도 아닐뿐더러 만약 걸맞다고 하더라도 도무지 입 밖으로는 안 나올 수 있다.

왜 그럴까? 의사소통은 보통 그 사람의 삶의 시간만큼이나 반복되어 왔기 때문이다. 그것은 오랜 시간 반복되어 마치 단단한 얼음처럼 굳어져 있다. 단단한 얼음을 녹이기 위해서는 자신의 내면을 깊이 이해하고 자신이 관계에서 겪었던 얼얼한 상처를 따뜻한 반영(reflecting, 상대방의 이야기를 주의깊게 듣고 감정, 생각, 욕구 등을 이해하여 거울처럼 다시 비춰주는 것)과 돌봄 속에서 치유해야 한다. 그리고 그 얼음을 녹일 때에야 비로소 자신의 의사소통은 바뀔 수 있다. 그러므로 자신의 내면을 깊이 성찰하고 이해하는 과정 없이는 의사소통을 교정하기 어렵다. 의사소통의 본질은 자기 이해에 기반을 둔 타인과의 상호작용이다. 그래서 나는 상담의 첫 시작부터 거의 중반이 넘어설 때까지 자신을 이해하는 것에 방점을 둔다. 사람이 어떤 특정한 의사소통을 쓰는 이유는 그만큼의 역사가 있기 때문이다.

그런 의미에서 이 책은 단순하게 말투나 언어를 교정하는 화법, 혹은 화술에 관한 책이 아니다. 오히려 이 책의 목적은 의사소통의 근간과 방식을 좀 더 깊이 있게 다루어, 인간이 가진 관계의 욕구와 의사소통이 어떤 역할을 하고 있는지를 다루는 것이다. 그러기 위해서 인간의 심리와 상호작용의 방식, 원 가족에서부터 지금에 이르기까지 나타나는 의사소통의 패턴에 대해 다룰 것이다. 그러기에 전체적인 흐름은 심리 치료 형태를 띠고 있다. 의사소통 속에는 자신의 경험과 기억과 삶이 녹아 있다. 당신은 이 책을 통해 당신을 더 깊게 이해할 수 있을 것이다.

또한 여러 공동체 속에서 의사소통의 역학이 어떻게 나타나는지도 다루려고 한다. 그리고 타인과 좀 더 깊은 관계를 맺기 위해 좀 더 나은 의사소통이 무엇인지를 이야기해보고자 한다. 당신은 이 책을 통해 주위에 있는 가족, 배우자, 연인, 친구, 동료를 좀 더 깊이 들여다보게 될 것이다. 그리고 어떻게 관계를 맺는 것이 좀 더 깊이 있는 관계인지를 이해할 수 있을 것이다.

최근 들어 관계의 양이 폭발적으로 늘었다. 엄청난 유명인이 아니더라도 각종 SNS 친구를 모으면 천 명이 훌쩍 넘는 사람이 허다하다. 그러나 풍요 속에 빈곤이 찾아오고 있다. 우리는 관계의 홍수 속에 살고 있지만 정작 속 깊은 이야기를 나눌 사람은 거의 없다는 점에 허탈감을 느낀다. 사회성이 높은 사람 중에도 가족과는 어색한 사람이 있다. 많은 사람에게 인기가 있지만 정작 마음을 나눌 수 있는 사람이 부재한 경우가 허다하다. SNS에 여러 사람과 함께 웃고 즐기는 듯한 사진을 올리다가도 휴대전화를 끄고 나면 왠지 모를 공허함이 느껴진다. 관계의 깊이가 친밀감의 핵심이다.

많은 인간관계를 관리한다는 것이 스트레스가 되기도 한다. 각종 단톡방과 행사에 불려 다니는 것에 피로감을 쏟아내는 사람이 늘고 있다. 내가 인간관계를 관리해야 나도 나중에 도움을 받을 것이란 생각에 그렇게 한다는 사람이 많다. 그러나 인간관계는 관리하는 것이 아니다. 진정한 인간관계는 교감하는 것이며, 교감이 깊어질 때 친밀감이 움트기 시작한다. 인간관계의 질이 무엇보다 중요한 이유가 바로 여기에 있다.

우리는 자신을 깊이있게 알고 있는 사람이 옆에 있을 때 안도감을 느낀다. 그 사람과 내 속마음을 나눌 수 있을 때 세상에 다시 발을 딛고 서고 싶다는 도전감이 싹튼다. 우리의 내면에서 올라오는 가슴 깊은 감격과 희망은 가장 사랑하는 사람의 눈동자에서 발견된다.

그래서 나는 이 책에서 관계가 시작되는 태초의 공간인 부모, 그리고 가족 관계, 사회관계를 깊이 있게 다룰 것이다. 또한 당신이 주로 쓰는 의사소통 방식을 함께 살펴보며 그것이 실제 당신이 속한 공동체에서 어떻게 나타나는지를 알아볼 것이다. 더 나아가 당신의 내면과 마음을 돌보고 어떻게 건강하게 관계를 맺을 수 있는지를 이야기해 볼 것이다.

좋은 마음에서 좋은 의사소통이 나온다. 그런 의미에서 말투나 화법보다는 마음 자체를 다룰 것이다. 좋은 마음이란 무엇인지를 함께 찾아가 볼 것이다. 뒤에서 다루겠지만 나는 그 마음을 교감하는 방식을 당신에게 들려주고자 한다. 나는 그것을 '헤아림의 언어'라고 부른다.

좀 더 친밀감을 깊이 있게 하고 싶은 사람, 좀 더 누군가와 속마음을 나누고 싶은 이들에게 이 책은 좋은 나침반이 될 것이다. 당신의 삶을 응원한다. 당신이 관계하는 사람들과 좀 더 나은 의사소통을 할 수 있게 도와주기를 소망한다. 좀 더 깊고 행복한 관계가 당신 주위에 있기를 간절히 바란다.

CONTENTS

1장.
초연결 사회의
역설

1. SNS에서만 만나는
페친, 트친, 인친

시공간을 넘어 실시간 공유되는 이미지

익숙해졌다고 해서 원래부터 그랬던 것은 아니다. 우리가 메시지를 보낼 때 자연스럽게 클릭하는 이모티콘이 그 예이다. 우리는 이모티콘 없는 문자를 건조하다고 생각할 수 있지만, 원래 문자엔 이모티콘이라는 것이 없었다. 불과 얼마 전까지만 해도. 라떼(?) 이야기를 아주 조금만 하자면, 내가 고등학교 땐 삐삐라는 물건이 있었다. 지금이야 문자를 보내면 되지만 그 당시엔 삐삐를 통해 메시지에 숫자만을 보낼 수 있었다. 글자가 아닌 숫자여서 사람들은 숫자에 어떤 의미를 부여하기 시작했다. 예를 들어 '486'은 '사랑해'이고 '7942'는 '친구 사이'이며, '8282'는 '빨리빨리'라는 의미가 있었다. 그러나 '09', '8181'과 같이 직관적으로 해석하기 어려운 숫자들도 있었다. 연인끼리, 친구들끼리 이러한 숫자가 무엇을 의미한다고 약속을 정할 수도 있었지만, 어느 때부턴가 이러한 무수히 많은 숫자의 더미를 해석할 수 있는 기본적인 암호해독문이 친구들끼리 공유되기 시작했다. 소중한 사람에게 '8282'라는 메시지가 온다면 그때부터 빨리 상대가 녹음된 목소리를 듣고 싶은 마음으로 달음질했다. 점심시간이 되면 전속력으로 뛰어가서 그 사람이 남긴 음성 메시지를 들으려고 했다. 그러나 이미 내 앞에 그런 사연을 가진 사람들이 거대한 줄을 형성하고 있었다. 낭만적인 시대였다. 그러나 지금 시점에서 보면 그만큼 불편한 시대였다. 이제 그런 시대는 지나갔다. 아마 우리 생전에 추억으로 떠올릴 수는 있어도 다시 그 시대가 오지는 않을 것이다. 우리는 우리가 하고 싶은 이야기를 분명하게 적어서 보낼 수 있게 되었다.

그리고 이모티콘이 개발되었다. 발빠른 개발자들은 이모티콘을 팔아 상당한 돈을 벌었다는 소식이 들리기도 한다. 이모티콘은 굉장히 유용하다. 왜냐하면, 문자로만 전달하기 어려운 나의 의도를 이미지로 담아 보낼 수 있기 때문이다. '얼른 와'와 '얼른 와!!!'는 느낌이 다르다. 후자는 어떤 의도인지는 모르겠지만 뭔가 더 간절하고 다급하다. 그러나 이것만 가지고는 지금 엄마가 아이를 혼내려고 그러는 건지, 누군가를 간절히 기다리고 있는지를 알기 어렵다. 그렇다면 '얼른 와♡o♡'는 어떤가? 아마 부모 자녀는 아닐 것이다. 친구도 아니다. 연인 중에서도 100일 안팎을 사귄 가장 뜨거운 시기의 청춘남녀일 수 있다.

우리는 이러한 작은 느낌표와 하트 표시로 내 의도를 더 잘 전달할 수 있다. 심지어 그 문자를 보면 서로 대략 어떤 관계이고 어떤 상태인지를 추론할 수도 있다. 여기에 이모티콘을 한 스푼 얹으면 금상첨화다. 이모티콘은 우리의 의도와 마음을 훨씬 직접적으로 표현할 수 있게 하기 때문이다. 반대로 어떤 이모티콘은 그 사람이 날 어떻게 대하고 있는지를 판별할 수 있는 중요한 도구도 된다. 이모티콘은 표정도 있고 심지어 팔다리도 있기 때문이다. 사회적 관계에서는 이런 이모티콘을 통해 서로에 관한 호의를 표현하려고 한다. 그 사람에 대한 나의 감정이 좋다는 것을 어필하려는 이유다.

그러나 언젠가부터 단톡방에서 계속 울려대는 이모티콘들은 모두 파티로 도배되고 있다. 어떤 이모티콘은 노래를 부르고 또 다른 이는 춤을 춘다. 심지어 헤드 빙빙을 하는 이도 있다. 사회화가 중요해지는 시대에서 이런 이모티콘은 필수가 되고 있다. 물론 클릭 한 번으로 되는 이러한 역동적 동작이 신기할 따름이나 그걸 보내는 이가 그만큼 신나는 중인지는 오리무중이다. 내가 옆에서 보다 보면 실제 그것을 보내는 사람의 표정은 도리어 심드렁하다. 나의 아바타인 이모티콘은 신났는데, 정작 그것을 보낸 주인은 그저 그런 따분한 상황이 발생한다. 이모티콘의 얼굴과 실제 얼굴 사이엔 간극이 존재한다.

나를 반겨주지만, 내가 전혀 모르는 사람

이모티콘뿐만이 아니다. 서로의 이미지는 시공간을 넘어 실시간으로 공유된다. 우리는 하와이에 사는 한 외국인 친구가 태평양을 뒤로한 아름다운 해변에서 햄버거를 먹고 있을 때, 그 햄버거의 맛이 어떤지 실시간으로 물어볼 수 있다.

실제로는 만나지 못했지만 나를 반겨주는 이른바 페친(페이스북 친구), 트친(트위터 친구), 인친(인스타그램 친구)이 있다. 이 사람 중에선 실제로 보지 못한 지 몇 년이 된 사람도 있다. 아예 한 번도 못 만나본 사람도 많다. 이런 세상이 가능해진 것은 소셜 네트워크 서비스(Social Network Service: SNS) 덕분이다.

이런 사회에서도 회의와 같은 아주 중요한 만남은 직접 만나서 하는 것이 당연하다고 생각했다. 온라인 회의를 한답시고 스크린으로 서로 얼굴을 보며 대화하는 것은 영화에 나오는 어벤져스 멤버들이나 하는 것으로 생각했다. 그런데 한번 온라인 회의 매체를 써보니 생각보다 괜찮은 것이다. 생각보다 의견도 잘 개진할 수 있고 얼굴도 오히려 더 또렷하게 보였다. 의외로 불편하지 않았다. 사실 알고 보면 직접 가는 것이야말로 불편했던 것임을 깨달았다. 우리는 왜 구태여 회의를 위해 그 먼 거리를 오갔던가 하는 자괴감마저 든다. 이러한 현상을 트랜스포트(transport 대면 이동)에서 텔레포트(teleport 비대면 이동) 사회로 변모하는 것이라고 한다.

앞으로의 사회는 가상 사회인 메타버스가 대세일 것이라고 입을 모은다. 이와 발맞춰 가상 화폐가 실제 화폐의 가치를 가지고 있다고 한다. 가상의 시대는 가상의 자원으로 하나의 세계를 그럴듯하게 형성할 것이다.

어떤 사람이 내게 다가와서 반갑게 인사했다. 그런데 그 사람이 누구인지 도무지 알 수가 없었다. 그 사람에게 누구인지를 조심스럽게 물었다. 그랬더니 내 수업을 들었던 사람이라고 했다. 무려 몇 달을 말이다. 어떤 수업인지 묻자 온라인으로 들었다고 했다. 그러면서 그 사람은 아차! 라고 하며 이렇게 말했다.

"화면을 끄고 있었네요."

그 사람이 이름을 말하자 정확히 알 수 있었다. 그 사람은 수업 초기부터 지금까지 계속 화면을 끄고 들었었기에 활자로 된 이름만 기억이 났다.

예전엔 얼굴은 알지만 이름은 모르는 경우가 있었다. 얼굴에 이름이 쓰여 있는 것이 아니어서 기억이 안 나는 경우가 있었다. 그러나 이제는 이름은 익숙한데 얼굴을 모르는 사람이 있다.

얼굴에 이름이 쓰여있지 않듯, 이름에도 얼굴이 비치는 것은 아니다. 카톡에도 온통 이름만 넘실댄다. 근데 그 사람이 누구인지 정확히 떠오르지 않는 경우가 매우 많다. 심지어 프로필 사진이 자연 풍경으로 되어 있으면 더욱 그러하다.

그래서인지 내가 아는 지인 중에는 다른 사람의 카카오톡 프로필을 클릭해서 나오는 사진을 하나씩 넘기면서 업데이트되는 것을 보는 버릇을 가진 사람이 있었다. 모두 자연 사진이나 다른 배경 사진만 있는 것은 아니기 때문에 그 사람의 얼굴도 나타난다. 그렇게 그 사람을 알아가고자 하는 것이다.

누군지 모르지만 익숙한 그 사람을 만나다

어떤 사람과 이와 비슷한 이야기를 공유한 적이 있다. 그 사람도 카카오톡 프로필을 자주 들여다보는 습관이 있다고 했다. 그녀가 클릭하는 기준은 얼마나 자주 프로필을 업데이트하느냐였다. 근데 프로필을 자주 업데이트하는 이들 중에는 전혀 모르는 사람도 있었다고 한다. 이 사람을 왜 저장해 놓았는지 대체 알 수가 없었다는 것이다. 자주 클릭하게 되고 그러다 보니 그 사람이 익숙해져 갔다.

그러던 어느 날 무슨 일이 있어서 회사를 하루 쉬게 되었다고 했다. '딩동' 하는 소리가 들려서 밖에 나갔더니 그동안 자신이 계속 클릭했던 바로 그 사람, 누군지는 모르는데 익숙한 바로 그 사람이 자기 눈앞에 짠! 하고 나타난 것이다. 몇 달을 보아왔기에 자신도 모르게 무의식적으로 반가워하는 표정을 지었다. 그러나 그 사람은 전혀 반가운 표정이 아니었다. 자신이 누군지 모르는 눈치였다. 심지어 반가워하는 표정을 보고 살짝 당황하며 움찔했다. 반가운 손님은 과연 누구신가? 그분은 택배 기사님이셨다.

정도의 차이만 있을 뿐, 이러한 기시감이 우리 사회에 만연해지고 있다. 친구지만 친구라고 할 수는 없는 사이. 가깝지만 친하지는 않은 사이. 반갑게 인사하나 서로 이름도 모르는 사이. 온라인에서는 친한 사이이나 정작 오프라인에서는 어색한 사이. 심지어 어떤 이는 몇 년을 알고 지냈는데 정작 알고 보면 개인 전화번호도 모른다. 그동안 실제로 만난 적이 단 한 번도 없었던 것은 말할 것도 없다.

SNS가 등장하기 전에는 아무리 사회적 관계가 많은 사람도 친구가 1,000명이나 되는 경우는 드물었다. 그러나 지금은 어떠한가? 온라인 친구가 1,000명이라고 하는 게 대단한 것이 아니다. 단체 톡만 해도 수십 명인 경우가 심심치 않고 혹시라도 내가 잊어버렸을까 봐 추천 친구 목록이 계속 뜨고 있기 때문이다.

클릭 몇 번이면 친구가 되고 그 사람의 일상이 공유되고 대화할 수 있다. 심지어 더 보고 싶지 않으면 그냥 버튼 하나만 누르면 차단된다. 직접 맞닿지 않고 가상으로만 존재하고 있는 무수한 친구들을 정말 친구라고 할 수 있을까? 관계의 팽창은 역설적으로 관계의 깊이를 약화하고 있다. 마치 이는 맛없는 뷔페 식당에 간 상황과 비슷하다. 온갖 음식으로 즐비하지만 정작 먹을만한 것이 없는 상황 말이다.

수많은 친구가 있지만 마음을 나눌 만한 사람을 찾기가 점점 어려워지고 있다. 멋진 여행지에 갔다 와서 SNS에 사진을 올리면, "대박! 어디야? 너무 예쁘다."라고 말해줄 수 있는 사람은 많이 있다. 그러나 정작 내 삶에서 큰 고민과 갈등이 있을 때 그것을 진지하게 들어주는 사람을 만나기란 참으로 어렵다. 이러한 시간이 가속화되면서 한 사람과 깊이 있는 관계를 맺는다는 것이 꽹장히 어색한 일이 되고 있다.

시간의 문제일 뿐, 온라인 세계는 더 확장될 것이다. 온라인 세계 안에서의 만남이 일상화될 것이다. 어떤 이는 온라인에서만 만날 것이다. 문자와 이모티콘, 이미지, 동영상 속의 관계는 급속도로 팽창하지만 그만큼 실제 만남은 점점 어색해질 것이다. 인간관계의 팽창 속에서 우리는 무엇인가를 놓치고 있는 것은 아닐까 불안을 느끼기도 한다.

2. 외롭지만 누군가를 만나는 것이
어려운 이유

초연결 시대에서의 콜 포비아 증상

관계의 양적 팽창 속에서 우리가 잃어버리고 있는 것은 무엇일까? 게다가 관계의 양적 팽창이 실제로 많은 사람과의 폭넓은 관계를 가능케 하는 것이기는 할까? 두고 볼 일이다.

얼마 전 나는 어떤 사람에게 전화한 적이 있다. 그런데 그 사람에게 지금은 전화를 받기 어려우니 문자로 해달라는 메시지가 왔다. 그러나 문자로 전하기에는 복잡하기도 하고 급하기도 해서 혹시 언제 시간이 괜찮은지 다시 문자로 물었다. 그랬더니 그 사람이 사실은 바빠서 그런 것이 아니라고 했다. 그런데 왜 전화를 받지 않았을까? 그 사람은 누구와도 전화통화를 하고 있지 않다고 했다. 그냥 오랜 시간 그렇게 살다 보니 문자가 편하다는 것이다. 심지어 부모님과도 문자로 소통하고 있다는 것이다.

알고 보니 그는 전화기만 보면 가슴이 뛰고 속이 꽉 막히는 부담감이 들어서 누군가와 통화를 하지 않은 기간이 몇 개월이나 되었다고 했다. 실제 나는 사람이 속한 온라인 매체에서 이러한 증상을 경험하는 사람이 얼마나 되는지 물어본 적이 있다. 절반도 넘는 사람이 여기에 화답했다. 화면을 끄고 있는 이들은 저요! 하면서 이모티콘을 보내기도 했다.

이러한 현상은 일찍이 정신과 의사 존 마셜(John Marshall)이 그의 저서 《소셜 포비아(social phobia)》에서 주창한 '콜 포비아(call phobia)' 현상과 연관된다. 콜 포비아란 전화(call)와 두려움을 의미하는 공포증(phobia)의 합성어다. 이른바 전화 오는 것이 두려운 증상을 의미하는 신조어다. 사실 어떤 전화가 껄끄러울 수는 있다. 그런데 콜 포비아는 단순히 껄끄러움을 넘는 증상을 의미한다. 벨 소리가 들리거나 진동이 오면 갑자기 식은땀이 나거나 긴장감, 어지러움을 경험한다. 손발이 쭈뼛쭈뼛해질 수도 있다. 가슴 한편이 꽉 막히는 느낌을 받을 수도 있다. 어떤 용건인지도 모르면서 갑작스러운 전화에 짜증이 나기도 하고 예민해지기도 한다.

한 통계에 의하면, 성인 남녀 중 50% 넘는 숫자가 콜 포비아를 겪는다고 응답했다고 한다. 특히 SNS에 익숙한 MZ 세대에서 이러한 증상이 좀 더 두드러지는데 젊은 세대일수록 전화보다 문자가 더 익숙하기 때문이리라.

디지털 기기를 끄고 난 후에도
유일하게 꺼지지 않는 존재

사실 온라인 매체는 효율적이고 장점이 많다. 쇼핑할 때 물건을 굳이 깎을 필요가 없다. 합리적으로 쿠폰 적용만 하면 될 일이다. 음식을 먹을 때도 이것저것 요청할 필요가 없다. 클릭 몇 번이면 필요한 부가 재료를 빼거나 넣어주기도 한다.

대화 역시 마찬가지다. 소셜 네트워크 매체에서 문자나 글을 보내는 것은 실로 장점이 많다. 자기 생각을 정리해서 남길 수도 있다. 자신이 응답하고 싶을 때 대답해도 된다. 전화에서 발생할 수 있는 침묵이나 어색함도 덜하다. 인간은 적응의 동물이다. 적응하기 시작하면 금세 온라인 세계에 익숙해진다.

그러나 반대로 말하자면 안 하다 보면 오프라인 세계는 그만큼이나 어색하고 적응하기 쉽지 않다는 것을 의미하기도 한다. 이러한 현상이 지속되다 보면 누군가의 목소리를 듣고 대화할 수 있는 상호작용 자체가 어려워진다. 이런 세상에서 굳이 오프라인을 우리가 지향할 필요가 있을까? 메타버스나 AI의 시대인데, 이대로 죽 온라인 세계로 가면 안 될까?

문제는 인간 자체가 온라인 존재가 아니라는 점이다. 아무리 끝내주는 메타버스 세계에 들어가 있다고 하더라도 여기엔 현실과의 괴리가 있을 수밖에 없다. 우리는 디지털 세계인 0과 1로 이뤄진 존재도 아니며, 정작 우리는 디지털 세계에 살고 있지 않다. 그러므로 아무리 환상적인 메타버스 세계가 우리 사회를 많이 점유한다고 하더라도 화장실이 급하거나 배가 고프면 고글을 벗어야 한다. 가상세계에서 무엇인가를 먹는다고 배부르진 않은 법이다.

우리는 뼈와 피와 살로 이뤄진 유기체다. 그만큼 우리는 누군가와 직접 손과 손을 맞대려고 한다. 심장을 가지고 있는 존재이기 때문에 누군가의 숨결을 그리워한다.

우리는 모두 초연결 사회에 있으면서도, 디지털 기기를 끄고 난 후 유일하게 꺼지지 않는 존재다. 어떤 이는 작은 침대에 누워 꺼진 화면을 물끄러미 바라보며 허탈감과 공허함을 느낄 것이다. 우리는 실상 가상세계에 거주하지 않고 자연에 존재하기 때문이다. 아니, 우리 스스로가 숨을 쉬고 있는 자연 그 자체이기 때문이다. 유기체와 디지털의 혼합 속에 포착되지 않는 것이 있다. 그것은 바로 '나'라는 존재이다. 그러므로 사람에 대한 만남과 관계가 그 어느 때보다 절실한 시대다.

3. 인간에게 지치면서 또 인간을
그리워하다

인간관계 콘텐츠의 범람

이러한 상황 때문일까? 최근 인간관계에 대한 콘텐츠가 그 어느 때보다 인기다. 인간관계를 다루는 책들이 베스트셀러 목록에도 다수 올라와 있고, TV나 유튜브 등 각종 영상 매체에도 관계를 잘하는 법 등의 콘텐츠가 심심치 않게 올라오고 있다.

그뿐만이 아니다. 나에게 찾아오는 내담자들이 이전엔 '불안', '우울'과 같은 증상을 호소하거나 '스트레스 대처' 등을 상담하는 경우가 많았다. 그러나 지금은 많은 사람이 관계의 어려움을 가장 호소하고 싶은 주제로 꼽는다. 그들은 오히려 관계의 어려움이 불안과 우울과 화를 불러온다고 표현한다. 심지어 스트레스의 가장 큰 적이 바로 인간관계라는 통계 결과도 있다.

이러한 심리 콘텐츠, 더 나아가 관계적 맥락에 대해 배우는 것은 매우 중요한 일이다. 실제로 이러한 배움은 관계의 망을 새롭게 만드는 데 도움이 된다.

어떤 사람이 내게 와서 인간관계를 정복하는 몇 가지 팁을 가르쳐 달라고 했다. 그러고 싶지만 나 역시 그러한 해답을 갖고 있지 않다. 만약에 답을 아는 사람이 실제로 있다면, 나부터 가서 스승님으로 모시고 배웠을 것이라고 웃으며 말하기도 했다.

그러나 좀 더 건강한 인간관계를 맺을 수 있는 좋은 솔루션이 존재하는 것은 사실이다. 뒤에서 다루게 되겠지만 실제로 몇 가지의 대처법들은 꽉 막힌 인간관계의 물꼬를 터 주는 효과적인 방법이 되기도 한다. 그러나 이러한 몇 가지의 요소만 가지고 인간관계를 정복할 수 있다고 믿는 것은 환상에 가깝다. 팁과 실제 관계의 현장 사이엔 반드시 괴리가 있다. 모든 상황에, 모든 문제에 적합한 솔루션은 불가능하다.

너무나 어려운 인간관계 때문에 근심 걱정을 쌓느니, 일과 관련된 관계만 제외하고 나머지는 모두 손절하고 혼자 살면 어떨까? 그러나 문제는 많은 사람이 인간에게 지치면서도 또 인간을 그리워한다는 데 있다. 왜 어떤 이들은 친구들의 모임에 2시간만 있어도 좀이 쑤실까? 그런데 그렇게 집을 그리워하다가도 왜 정작 혼자 있으면 다시 인간이 그리울까? 우리는 왜 그토록 없는 핑계를 대가며 모임에서 빠져나와서도 누워서 잘 때면 다시 친구들끼리 모여 있는 그룹 채팅방을 응시하고 있을까?

우리는 왜 누군가로부터 떨어지기를 바라면서도 정작 연락이 안되거나 멀어지고 나면 조바심이 나는 것일까? 우리는 그렇게 연결되기를 갈망하면서도 왜 상대에게 상처를 줄까? 다음 장에서는 이렇듯 복잡한 인간의 마음과 함께 연결을 갈망하면서도 상처를 주는 이유를 살펴보려고 한다.

2장.

혼자 있으면 외롭고
같이 있으면 괴로운 이유

1. 불안과 공동체의 탄생

뭉치면 살고 흩어지면 죽는다?!

삐삐 이야기를 한 김에 좀 더 시대의 향수에 빠져보자. 90년대 이전 세대 중에는 학창 시절에 '교련'이라는 과목을 들은 적이 있을 것이다. 그렇지 않은 세대를 위해 덧붙여 말하자면 당시의 교련 과목은 정신교육 측면이 강했다. 이른바 정신 무장인데, 무슨 성현들의 교훈으로 가득했다. 10분만 넘어가면 더할 나위 없이 지루해서 눈을 감지 않고는 도저히 버틸 재간이 없었다.

그런데도 교육이 끝나면 그렇게나 무거웠던 눈꺼풀을 순식간에 들어 올릴 수밖에 없는 상황이 되었다. 그다음엔 무시무시한 복장 검사가 있었기 때문이다. 지팡이를 가지고 다니면서 학생들을 개별로 관찰하면서 손톱, 머리 길이, 바지나 치마 길이를 점검하는데 그 중 하나만 걸려도 끝장이었다.

나는 복장검사 때 덜덜 떨었던 기억 말고는 정작 무엇을 배웠는 지 거의 기억나지 않는다. 그러나 항상 하나의 문장은 기억에 또렷 하다. 매서운 분위기 속에서 교련 선생님이 큰소리로 강조하셨던 말 이다.

"그러므로 뭉치면 살고 흩어지면 죽는다."

나는 그 당시 이 말에 상당한 의문을 가지고 있었다. 뭉쳐 있어서 손해가 나는 경우가 의외로 많이 있기 때문이다. 예를 들어 누군가 가 폭탄을 던지는 데 괜히 모여 있다가는 전멸일 것이다. 지친 퇴근 길에 버스를 탔는데 사람이 가득 차 있을 땐 힘이 든다. 어떤 때는 사 람 없는 곳이 정말 그리울 때도 있다.

의외로 높은 시청률을 기록하고 있는 TV 프로그램이 있다. 〈나는 자연인이다〉라는 프로그램으로, 특별한 내용이 없고 산속에서 홀로 살아가는 사람들이 나오는데, 도시인들이 그 프로에 은근히 끌린다. 삶이 힘들거나 인간관계 안에서 상처를 받았을 땐 더욱 그러하다. 우 린 때로는 홀로 있고 싶다. 사람이 많지 않은 곳이 더 좋은 경우가 의 외로 많다.

그런데도 왜 뭉쳐야 산다는 말을 목청 높여 반복하라고 했던 것 일까?

고릴라, 사자와도 싸워 이기게 하는
인류의 무리 생활

요즘에도 내가 예전에 들었던 교련 선생님의 말씀과 비슷한 표어가 넘쳐난다. 조금 더 세련되게 바뀌었을 뿐이다. 함께 할 때 시너지가 난다든지, 협력과 소통 같은 말이다. 우리는 대체 왜 함께 있는 것을 미덕으로 여길까?

역사학자인 유발 하라리는 《사피엔스》라는 책을 통해 인류의 집단적 행동이 종의 생존에 매우 유리한 고지를 갖게 했다고 말한다. 인간이 모든 종 중에서 가장 압도적인 영향력을 갖게 된 이유는 높은 사회성과 함께 이야기를 만들고 교감할 수 있기 때문이라는 것이다. 이 중심에 언어가 있었으며, 여기서 상호작용과 협동심이 발생했다는 것이다. 그리고 이는 인간을 위대하게 만들었다고 한다.

실제로 그럴까? 영장류 중 만만한 종이라고 할 수 있는 침팬지를 예로 들어보자. 침팬지의 수컷 성체는 평균 키가 150cm 정도이며 몸무게는 60~70kg 정도이다. 인간 중에서도 침팬지보다 키도 크고 몸무게가 더 나가는 사람이 수두룩하다. 그러니 건장한 사람이라면 얼핏 봤을 때 충분히 싸워볼 만할 것 같다. 그러나 실제로 야생에서 상대해본다면 절대 만만치 않은 상대다.

먼저 인간의 피부는 침팬지의 피부와 비교해보면 무방비에 가깝다. 털도 거의 없고 가죽도 두껍지 않아 공격에 매우 취약하다. 게다가 인류는 직립보행을 하므로 장기가 모여 있는 치명적인 부위를 그대로 노출해야만 한다. 성인 남성의 평균 악력은 50kg 정도이지만 침팬지는 130kg에 달한다. 게다가 침팬지는 순발력이나 민첩성, 공격성도 더 강하다. 심지어 날카로운 송곳니로 물어뜯을 수도 있다. 격투기 선수 같은 이들이라면 한번 싸워볼 수도 있겠지만 그렇지 않다면 그냥 도망가는 것이 상책이다.

그런데 인간은 침팬지와의 경쟁에서 승리했다. 어떻게 그것이 가능했을까? 정답은 싸움이 꼭 1:1일 필요는 없다는 것이다. 그런 규칙은 영화나 스포츠에서나 통용된다. 즉 집단 싸움에서 인간이 절대적 우위를 갖는다는 것이다.

침팬지 역시 무리생활을 하지만, 침팬지의 개체 수는 150마리가 넘으면 그 집단이 유지되기 힘들다. 그러나 인간은 150명이 아닌, 1,500명 아니 15,000명도 손쉽게 모일 수 있다. 1 vs 10이라 이번엔 침팬지 무리가 도망갈 차례다.

게다가 인간은 시간이 지나면서 날카로운 도구와 언어를 정교하게 발달시키며 훨씬 더 적절한 팀플레이와 전략을 구사할 수 있었다. 침팬지가 아무리 용을 써봐도 인간을 이길 수 없는 까닭이 여기 있다. 침팬지만 그런 것이 아니다. 만약 침팬지보다 몸무게가 3배가량 무거운 고릴라나 밀림의 왕이라 불리는 사자 같은 존재와 싸운다면 어떻게 될까? 더 많은 무리가 모이고 더 훌륭한 작전을 펼치면 된다. 인간은 마음만 먹으면 수천, 수만 명씩 모이는 게 그리 어려운 일이 아니다. 멀리 갈 것 없이 콘서트장, 운동 경기만 봐도 엄청난 인파가 몰려온다. 인해전술 앞에 장사가 없는 것이다. 전쟁사를 살펴보면 만 명 이상이 같은 목표를 갖고 열과 행을 맞춰 정렬을 하는 경우가 실로 많이 있다. 인간이 무서운 이유가 바로 여기에 있다.

그러므로 인류는 실로 만물의 영장이다. 길거리에 나가면 모두 사람뿐이다. 세계 어느 곳을 가도 인간이 차고 넘친다. 당신이 초원이 펼쳐진 사바나에 사는 것이 아니라면 사자나 하이에나, 표범은 모두 동물원에서나 볼 수 있을 것이다.

결론적으로 보면 인간은 무리생활을 이뤘기에 생존과 번영에서 유리했다. 그렇다면 인간은 어떤 존재이기에 함께 공동체를 이뤄 다가오는 위험에 맞설 수 있게 되었을까?

불안과 두려움의 차이

이에 대해 덴마크의 철학자이자 '실존주의의 아버지'라고 불리는 쇠렌 키에르케고르는 인간이 본질적으로 불안한 존재이기 때문이라고 말한다. 그는 두려움과 불안을 구분하면서 불안은 인간만이 느끼는 감정이며, 인간은 불안하기 때문에 서로 뭉치게 되었다는 것이다.

그런데 대관절 두려움과 불안이 다르다니 그게 무슨 말일까? 두려움이란 위험한 대상이 명확할 때 느끼는 감정이다. 그러므로 두려움을 느낄 때 위험으로부터 도망치려고 하거나 맞서 싸우기도 한다. 이에 반해 불안은 위험하다고 여겨지는 대상이 모호할 때 느끼는 감정이다. 즉, 두려움은 대상이 명확하고 불안은 대상이 불명확할 때 느끼는 감정이다.

가령 맹수가 쫓아올 때 느끼는 감정은 두려움이다. 그러므로 사자가 쫓아온다면 가젤이나 인간이나 똑같은 두려움을 느낀다. 그러나 가젤은 조금 전 자기 무리 중 한 마리가 사자 떼에게 잡아먹혔다고 하더라도 현재 눈으로 목격되는 위험이 없다면 다시 풀을 뜯어 먹는다. 좀 전에 맛있는 식사를 한 사자가 불과 얼마 안 떨어진 곳에서 자고 있어도 말이다.

그러나 인간은 다르다. 인간은 사자가 자고 있다면, 사자를 제거하기 위한 작전을 짠다. 지금은 위험하지 않지만, 장래에 잠재적 위협이 될 것이기 때문이다. 불안이란 대상이 명확치 않아도, 실제적인 위협이 있지 않아도 두려움과 비슷한 감정을 느끼는 것을 말한다. 즉, 인간은 불안할 수 있기에 당장에 없는 위협을 상상할 수 있고 대처할 수도 있는 것이다. 이런 행동은 인간의 생존에 크게 이바지했다. 그러나 모든 것엔 빛과 그림자가 있는 법, 불안은 신경증이라는 그림자를 같이 데리고 오게 되었다.

이미 사자를 제거했다고 하더라도 인간의 불안은 멈출 줄 모르는 기관차와 같다. 얼마 안 있으면 또 다른 맹수가 찾아올지도 모르기 때문이다. 인간은 근방에 보초를 두어 위험을 예방한다. 권력자라면 집 문 앞에 경호원을 둘 수 있다. 그러나 안전한 장소에 있을 때도 근방에 있는 모든 사자를 제거한 뒤에도 인간은 여전히 그 안에서 알 수 없는 불안을 느낀다.

공포영화를 볼 때, 귀신이 나오는 장면에서는 나와 강아지 모두 놀랠 것이다. 이것은 귀신이라는 대상을 보고 느끼는 감정인 두려움이다. 그런데 그 전 장면인 사다리를 타고 어두운 지하실로 내려가는 장면에선 나와 강아지의 태도가 다르다. 그 장면은 소리도 없고 조용하고 어두컴컴하기까지 하다. 그 장면에서 나는 손을 꼭 쥐고 심장이 뛴다. 아직 귀신이 나온 것도 아니지만 차라리 빨리 나왔으면 할 정도로 긴장의 연속이다. 그러나 정작 옆에서 같이 보고 있는 강아지는 심드렁하다. 물론 뒤에 귀신이 나오면 두려움에 휩싸여 둘 다 다시 깜짝 놀라지만 말이다.

불안은 생존에 긍정적 요인

동물은 현재 상태에 머무르고 감각 자극에 대해 반사행동을 할 뿐이다. 그러므로 보이지 않는 것엔 무감각하고 보이는 것에만 대처하고 반응할 뿐이다. '현재'라는 시간에 귀속되어 있기 때문이다. 그러나 인간은 그렇지 않다. 인간은 동물과는 달리 '현재'의 시간을 넘어 과거 여행을 떠나기도 하고 미래를 그리기도 한다.

인간은 현재를 살면서도 이미 지나간 과거를 회상하면서 후회하기도 한다. 이불킥을 하기도 한다. 또한 닥쳐오지 않은 미래를 상상하며 걱정에 휩싸이기도 한다. 어떤 과학적 근거가 없음에도 용한 점집이나 자신을 신이라고 부르는 사람 주위에 몰리는 이유가 바로 여기에 있다. 인간은 가보지 않은 불확실한 미래에 대해서도 끊임없이 상상하기 때문에 명확성을 요구한다. 왜냐하면 명확해질수록 대처가 되고, 대처가 되는 순간 덜 불안해지기 때문이다.

끊임없는 불안은 인간의 역사를 비약적으로 발전시켰다. 아무리 힘이 센 사자라도 배부르면 편안히 잠자리에 들지만, 인간은 그렇지 않다. 인간은 배가 불러도 저 앞에 가젤이 있으면 누가 가서 잡기 전에 얼른 가서 잡아 온다. 그렇게 해서 쟁여놓았다가 상할까 봐 냉장고에 넣어둔다. 심지어 김치냉장고를 하나 더 사서 거기에도 넣어놓는다. 미래에 쓸 것을 통장에도 넣고 부동산에도 투자해 놓는다. 인간은 지금 당장 먹을 것이 떨어지지 않아도 미래를 생각하며 걱정하는 불안한 존재이기 때문이다. 인간은 닥치지 않은 미래를 끊임없이 그려내면서 더 움켜쥐려고 하는 동시에 그만큼 불안해한다.

즉, 불안은 인간의 생존에 엄청나게 긍정적 요인이 되었다. 다가오지 않을 미래를 대비한다니, 이보다 훌륭한 예방과 대처가 있을까? 그러나 그만큼 불안은 인간 존재를 괴롭게 한다. 보이지도 않는 위협에 계속 시달리고 신경을 곤두세워야 하기 때문이다. 불안으로부터 도망칠 곳은 없다. 아무리 안락한 방에 있다고 하더라도 불안은 전혀 사라질 기미가 보이지 않는다. 불안은 외부가 아니라 그 사람의 내면에 숨어 있기 때문이다.

부동산이 급등할지도 모른다는 생각이 밀려온다. 그랬다가는 월세도 천정부지로 올라가고야 말 것이다. 경기 침체가 장기적으로 이어질 거란다. 이런 스펙으로는 취업이 어려울 것 같다. 지난번 뉴스를 보니 여태껏 먹었던 햄버거와 떡볶이가 그렇게 몸에 안 좋단다. 탄 걸 먹으면 큰일난다고 하는데 어제 까맣게 태운 삼겹살을 기름소금에 찍어서 먹었다. 갑자기 속에 무슨 문제가 생긴 것 같은 느낌이 든다.

이런 불안은 관계적인 측면으로도 이어진다. 모여 있으면 앞으로 닥칠 맹수로부터 안전하다. 길을 잃을 위험이 적다. 더 좋은 열매가 있는 장소를 찾을 수 있다. 혹시 모를 다양한 위협에서 안전해질 수 있다. 무서운 곳에 가야 한다면 혼자보다는 둘이 좋다. 더 많으면 많을수록 좋다. 사람이 있는 곳에서 안전함을 느끼기 때문이다.

많은 영화나 문학 작품을 보면 주인공이 결국 삶을 살아가는 이유가 가족인 경우가 많다. 그러나 가상의 매체만 그런 것이 아니다. 가장 소중한 존재가 누구냐고 물어보면 대부분 가족을 말한다.

이에 대해 가족치료의 선구자인 머레이 보웬(Murray Bowen)은 "가족이 어떻게 이뤄지게 되었는가?"라는 질문에 대해 명료한 대답을 한다. 더 나아가 "왜 우리는 공동체를 소중하게 여기는가?"라는 질문에도 분명하게 답변한다. 어떤 답변일까?

"불안해서."

불안할수록 모이려고 한다

이렇듯 만성적인 불안에서 환경에 잘 적응할 수 있도록 하는 것이 바로 공동체다. 그중 가족은 가장 믿을 수 있는 존재이고, 가치를 나누는 공동체다. 보웬은 사람들이 함께 있으려 하고 가깝게 지내려는 이유는 불안을 줄이고 안정감을 갖고 싶기 때문이라고 한다. 그것을 '연합성'이라고 부른다. 혼자 따로 노는 '개별성'보다는 '연합성'이 생존에 훨씬 유리하다는 것이다.

그렇게 인간은 관계적 존재가 되었다. 인간은 본능적으로 속할 무리를 찾고, 그 무리에 있을 때 안정감을 느낀다. 그렇게 형성된 공동체는 계속 확장된다. 가족, 학교, 기관, 정부, 국가, 종교, 기업…. 이모든 공동체는 자신의 인생에 너무나 막대한 영향력을 행사해서 심지어 본인 자신을 규정할 정도다.

자신이 어떤 가족에서 자라서 어떤 학교를 나오고 어떤 기업에 다니며 국적이 어디인지 등은 자기소개의 단골 소재다. 그것은 내 삶에 거미줄처럼 촘촘히 배치되어 있다. 나는 늘 어딘가에 소속되어 있고, 나는 그것과 연결되어 있다. 심지어 그것과 동떨어져 있는 '나'라는 존재가 가능이나 할까? 그만큼 공동체라는 연합성은 타고날 때부터 우리를 둘러싸고 있는 하나의 망이다.

반대로 속하고 있는 공동체로부터 어느 순간 소외되기 시작하면 가장 큰 불안을 느낀다. 또 불안을 느끼면 공동체를 찾으려는 경향이 더욱 거세진다. 다들 학교에 다녔던 학기 초로 잠깐 떠나보자. 이때 학우들의 눈치싸움이 치열하다. 서로 모르는 존재인데 이를 친밀한 존재로 바꾸려는 시도이다. 서로 이름을 익히고 공통 주제를 나누고 함께 밥을 먹고 대화를 하면서 공동체를 만든다. 붙어 다녀야 하는 모임이 형성된다. 같이 하지 않으면 배신이다. 학기 초일수록 이렇게 만들어진 친구와 동기, 무리는 항상 함께 다녀야 하는 존재이다. 매점도, 귀갓길도, 심지어 화장실도 같이 가려고 한다.

친해서 그렇지만 불안해서도 그렇다. 어쩌면 불안하니 친해지려고 했던 것은 아닐까? 반대로 말하자면, 불안이 줄면 다른 공동체로 넘어갈 수도 있고 자신의 삶을 좀 더 챙길 수도 있다. 좀 더 독립적이게도 된다. 즉 학기가 많이 지나고 적응되기 시작하면 그 소수의 공동체의 힘은 갈수록 줄어든다. 불안이 줄어들었기 때문이리라.

이렇게 우리는 사람과 함께 있을 때, 사람이 모여 있는 공동체로부터 수용 받을 때 안락함을 얻는다. 불법 이민자가 미국 국적을 갖게 되었다는 것은 경제적 안정감을 얻는 것이기도 하지만 그동안 받았던 여러 서러운 일과 차별로부터 멀어지게 될 것을 의미한다. 좀 더 합리적인 체계와 공동체의 일원으로서 소속감을 느낄 수 있기 때문이다. 그 사람이 건강한 사람이고 야심으로 가득 찬 사람이라면, 더 나아가 누군가와 잘 지낼 수 있는 높은 정서적 능력을 갖춘 사람이라면 좋은 일이 생길 수 있다. 공동체의 당당한 시민으로서 좀 더 가능성을 향해 한 발자국을 뗄 수 있다. 불안이 줄고 도전의식이 생긴다.

예로부터 인간이 있는 곳은 안전했다. 인간과 함께하면 위협을 대비할 수 있었다. 인간은 혼자 있으면 약하지만, 함께 모이면 그 어떤 포식자도 넘볼 수 없었다. 모닥불을 피우고 둥글게 앉아 여러 의식을 치르고 대화를 나눌 때, 그 안엔 웃음이 있었다. 이렇게 살아온 인간은 함께 협동해서 과제를 하고 여행을 가며, 함께 프로젝트를 진행한다. 팀을 이뤄 운동도 하고 새로운 집단을 만들기도 한다. 한 명이 기업을 세워도 확장하면 할수록 그곳엔 사람이 모인다.

이러한 집단 중 가장 소중한 집단이 있다. 확대가족의 모든 원형은 두 남녀의 결합이었다. 그곳에서 사람이 태어나며 가족을 배가

시킨다. 가족은 사회가 되고 사회에서 만난 사람은 다시 가족을 이룬다. 그럼 가족은 어떤 일을 하는가? 결론부터 말하자면 가족은 본래 취약한 존재에게 돌봄을 제공하는 젖줄과 같은 곳이다.

완벽하게 의존적인 인간

인간은 다른 종보다 훨씬 무력하게 태어난다. 돌고래는 태어나자마자 헤엄을 친다. 갓 태어난 기린은 몇 시간 만에 일어나서 어미의 젖을 먹기 시작한다. 얼룩말은 생후 30분이면 일어나 몇 시간 내에 달리기도 한다. 파충류는 태어나자마자 알아서 살아야 하는 종이 대부분이다.

그에 비해 인간은 1년이 다 지나도록 물렁물렁한 머리로 지내야 하고 잘 걷지도 못한다. 젖도 입에 물려줘야 먹을 수 있다. 따라서 한순간도 방심할 수 없다. 아이는 매우 취약하기 때문이다. 이렇게 아이는 태어날 때부터 자신의 운명을 누군가에게 전적으로 의존한다. 타인이 자신을 사랑해야만 살 수 있는 것이다. 어느 정도의 사랑이 아니다. 모든 것을 돌봐야 하는 이타성의 극치를 요구하는 것이다.

이렇듯 다른 포유동물은 태어날 때부터 독립적이지만 놀랍게도 인간은 철저한 의존상태로 태어난다. 인간은 태어날 때부터 다른 인간의 전폭적인 지지와 도움이 필요하다. 인간에게 사랑이 없었다면, 어떻게 되었을까? 모두에게 이 시절이 있었고 그때는 가장 취약한 시기였다.

홀로 무기력하게 태어나 사랑도 받지 못하는 아기라… 만약 그런 상태가 딱 100년만 지속되었다면 무슨 일이 발생했을까? 인간 전체가 멸종되기에 충분한 시간이다.

그러나 걱정할 것이 없다. 부모 대부분은 이해타산을 전혀 생각하지 않고 아이를 사랑과 관심으로 돌본다. 그전까지는 자신을 위해 살아가던 사람이 갑자기 아이를 정성으로 돌보게 된다. 심지어 아이의 작은 몸짓과 웃음에도 그렇게 행복해한다.

이렇게 가장 안락한 공동체인 가족이 탄생한다. 이름을 붙여주고 먹을 것도 준다. 함께 놀아주고 눈을 맞추며 웃는다. 사람은 가족이라는 울타리에서 그 생을 시작하는 것이다. 가족은 사회로, 세계로 확장된다. 그 어느 종보다 무기력하게 태어난 인간이 나중에 가장 큰 힘을 발휘하게 된 배경이 바로 여기에 있다. 태생적으로 타고난 불안, 그리고 그 불안을 낮추는 인간 존재의 힘은 모두 높은 관계성에 있다. 관계성에서 사랑과 돌봄과 교감이 일어난다.

인간은 이렇듯 관계 안에서 태어나고 자라나고 성장한다. 그리고 관계의 망 속에서 살아간다. 가정과 사회, 공동체는 내가 누울 곳이고 내가 나아갈 곳이다. 거기엔 사람들로 가득하다. 나는 사람들 안에 속한 자이다. 누구의 자녀이고 엄마이며, 언니이고, 선배이며, 배우자이며, 친구이다. 관계의 망이란 떼려야 뗄 수 없다. 그러한 망에서 벗어나 있는 인간이란 애당초 가능하지가 않다. 인간은 독립적으로 존재한다기보다는 연대 속에서 존재한다.

인간은 사회적인 존재이다.

2. 왜 인간관계에선
상처받는 사람만 많을까

타인의 눈치를 보는 인간

이렇듯 사회적인 인간은 관계를 중시한다. 그러므로 미숙한 아이 때는 다른 사람을 고려하지 않지만, 어른이 되어갈수록 그러한 요소는 사라지기 시작한다. 예를 들어 배가 고픈 아이들에게 피자를 한판 준다고 해보자. 서로 더 가져가려고 난리가 날 것이다. 양손으로 피자 두 개를 한꺼번에 가져가는 아이도 있을 것이다. 심지어 넌 왜 두 개를 가져가냐며 주먹질을 하고 싸울지도 모른다.

어른은 어떻게 대처할까? 만약 당신과 나를 포함한 총 7명의 구성원이 있는데, 우리는 배가 몹시 고프다. 이때 피자 한 판이 배달됐다. 우리는 모두 피자 한 조각씩을 집어와 먹기 시작할 것이다.

그러나 그것으로 배가 부르지는 않을 터. 원래 피자는 8조각, 우리는 7명. 남은 피자는 한 조각이다. 여기 독자 중 아무런 눈치도 보지 않은 채 남아 있는 피자 한 조각을 향해 손을 뻗을만한 강심장을 가진 이가 계시는가? (만약 당신이 그렇다면 이 시대 최고의 강심장으로 인정한다.)

아마도 대부분은 그러지 못할 것이다. 오히려 뻗으려는 손을 어떻게든 제어하고 눈치를 가만히 볼 것이다. 만약 누군가가 당신에게 남은 피자를 먹으라고 권한다면 어떨까?

"배가 고파 보이는데, 이거 드세요!"

당신은 아마 배가 고프면서도 "아! 저는 아까 뭐 잔뜩 먹어서 별로 배가 안 고파요."라고 할 가능성이 크다. 식욕은 여전히 당신의 뇌를 지배하고 있지만, 그것보다 더 큰 욕구가 식욕을 누르고 있다. 바로 관계적 욕구이다. 우리는 대부분 누군가의 눈치를 본다. 타인의 눈은 그 어느 것보다 무섭고 매섭기까지 하다.

음식을 먹을 때 손으로 들고 우걱우걱 먹지 않는 이유가 꼭 위생 때문만은 아니다. 아무도 없으면 커다란 소시지를 손으로 집어 먹는 성인이 더러 있다. 그러나 그런 사람도 누군가와 함께 있다면 포크나 나이프를 쓰며 교양 있게 먹을 것이다. 여간해선 음식에 대한 욕구가 관계 욕구를 이기기 힘들다. 집에서는 아무렇게나 하는 사람도 밖에만 나가면 갑자기 변신하는 사람이 있다. 내가 누군가를 의식하는 이유엔 사회화가 있다. 우리는 모두 타인의 눈치를 보고 평판을 중시하기 때문이다.

피해자만 있고 가해자는 없는 관계

대부분의 인간은 이렇게 관계를 고려하고 사회화되어 있는데, 왜 여전히 관계는 이렇게 힘든 것일까?

나는 이전에 한 시어머니와 결혼 이주여성인 며느리를 만난 적이 있다. 요즘 시대에 시집살이가 웬 말이냐고 할 수 있겠지만, 그 시어머니의 시집살이는 정말로 유별났다. 차라리 혼을 내거나 비난을 하면 그나마 나을 것이다. 비난받는 행동을 바꾸면 되니 말이다. 그러나 시어머니의 시집살이는 불확실성과 애매함의 극치였다.

예를 들어 비난적인 시어머니는 청소를 열심히 해놓으라고 시켰는데, 하지 않으면 혼을 낸다. 그러나 이 시어머니는 이런 식이다. 새벽에 일찍 일어나서 직접 바닥을 닦는다. 얼마나 거칠게 닦는지 걸레질하며 가구를 치는 소리에 잠이 달아나 버릴 정도이다. 갑자기 씻어 놓은 그릇을 꺼내서 다시 씻는다. 달그락거리는 소리가 온 집안에 들리기 시작한다. 며느리는 어머니가 일어나셨나보다 하고 얼른 나간다.

"어머니, 제가 할게요."

시어머니는 쳐다보지도 않고 구시렁대며 말한다.

"됐다. 네가 언제부터 그랬다고. 늙은이가 해야지, 가서 잠이나 더 자라."

이 말은 정말 자라는 말씀일까, 자지 말라는 말씀일까. 애매함의 극치가 형성되는 것이다. 며느리가 조금이라도 도우려고 하면 됐다고 하면서 역정을 낸다. 그렇다고 다시 꿀잠을 잘 수도 없는 노릇이다. 며느리는 그런 시어머니를 보면서 우두커니 서 있다. 새벽부터 뭔가 벌서기가 시작되는 것이다.

험한 시집살이 중에도 잠시 쉴 수 있는 시간이 있다. 그건 바로 시어머니가 드라마를 보는 시간이다. 시어머니는 드라마 바라기이다. 드라마 시간만 되면 만사를 제쳐두고 TV 앞에 앉는다. 이 시간은 보통 밤이고 약 2시간 정도 된다. 그 시간이 돼서야 며느리는 자기 공간에서 조금 쉴 수 있는 것이다.

그러던 어느 날이었다. 시어머니가 드라마를 보다가 갑자기 방 안에 있는 며느리를 불렀다. 보통은 혼자 보시기 때문에 며느리는 이상하다고 생각하며 나가보았다. 같이 드라마를 보자는 것이었다. 드라마는 한 시어머니와 며느리에 관한 이야기였다. 처음에 며느리는 왜 이런 드라마를 자신에게 보라고 하실까 생각했지만 이내 드라마의 내용에 몰입하기 시작했다.

TV 속 시어머니는 어려운 환경에 놓여 있었고, 잔소리도 조금씩 했지만 그럼에도 진심으로 며느리를 존중하고 배려했다. 따뜻한 분이셨다. 좋은 사람이었다. 며느리는 잠깐이지만 드라마를 보면서 마음이 치유되는 느낌을 받았다. 그러다가 "아차!" 하는 마음이 들기 시작했다.

'우리 어머니가 왜 나에게 이걸 보라고 하셨을까?'

그렇다. 시어머니가 드디어 드라마를 보시다가 각성을 하신 것이 분명했다. 시어머니는 드라마에 완전히 몰입하고 계셨다. 잘 보이진 않지만, 콧물을 들이키고 계신 것을 보니 눈물을 흘리시는 것 같았다.

TV 속 시어머니의 태도를 보시면서 나도 저런 시어머니가 되어야겠다고 생각하셨나 보다. 나한테 미안한 마음이 들으셨나 보다. 며느리는 갑자기 울컥하며 눈시울이 붉어지기 시작했다. 시어머니는 그때 갑자기 TV 속 시어머니를 향해 삿대질하며 한 마디를 툭 던졌다.

"저런 고약한 시어머니가 다 있나!"

도대체 이게 무슨 말일까? 관계적 맥락을 잘 아는 사람이라면 눈치를 챘을 것이다. 시어머니는 그 드라마에 나온 시어머니가 너무 못 되었다고 생각하는 중이었다. 동시에 자신처럼 천사 같은 시어머니는 없다는 것을 며느리에게 알리려고 했던 것이다.

나는 며느리와 시어머니를 번갈아 만났었다. 며느리는 지독한 스트레스를 겪고 있었다. 그러나 시어머니는 정말로 자신이 한 사람을 얼마나 힘들게 하고 있는지 전혀 모르고 있었다. 오히려 자신처럼 배려심 많은 사람은 없을 거라고 굳게 믿고 있었다.

그러면서 나에게 다른 사람들은 며느리에게 다 대접받는데 우리 집은 거꾸로라고 하면서 하소연을 시작했다. 자신은 새벽에 일어나서 밤늦게까지 일만 한다고 했다. 배려가 계속되니 배려인지 모른다며 며느리에게 화를 내기도 했다. 자신은 피해자라고 하며 눈물을 훔치기도 했다.

새벽부터 일어나라고 며느리가 시킨 것이 아니다. 새벽부터 그릇을 씻은 것은 바로 자신이다. 일부로 물을 크게 틀어 놓고 '덜그럭, 덜그럭' 소리를 내면서 말이다. 그것이 과연 배려일까? 이런 비슷한

류의 패턴이 반복되었기에 나는 분명히 괴롭힘이라고 생각했다. 놀랍게도 시어머니는 그렇게 많이 괴롭히면서도 그걸 괴롭힘으로 자각하지 못하는 것이다. 피해자만 있고 가해자가 없는 아이러니한 상황이 펼쳐지는 것이다.

3. 가까이 있으면 아픈 이유

**자세히 보아야 예쁘다?!
자세히 보면 아픈 것이 인간관계**

　성장하면서 우리는 사회화된다. 그래서 우리는 누군가의 눈치를 보고 타인에게 좋은 사람이 되려고 한다. 실제로 자신이 매우 배려심 많은 사람이라고 자평하기도 한다. 이건 지위가 높거나 나이가 많은 사람도 예외가 없다.

　나이가 많이 드신 할아버지도 나에게 고민을 쏟아놓는데, 그 대상이 손자이다. 할아버지가 카톡을 보냈는데, 답장이 없는 손자를 보며 서운해하고 눈치를 본다. 나에게 조용히 묻는다. 혹시 명절에 용돈을 조금 줘서 그런 것은 아닌지 말이다. 분명 3학년 때는 만원

이면 뛸 듯이 좋아했단다. 이번에도 6학년이 된 아이에게 만 원을 줬단다. 근데 아이의 표정이 무표정에 가깝다. 영혼 없이 "감사합니다."라고 짧게 말하고 다른 곳으로 가버린다.

알아보니 요즘 6학년에게 만원은 호의가 아니라 실례란다. 그러면서도 서운한 마음을 조심스럽게 표현하기도 한다. 눈치를 보는 것이다. 속으로는 괘씸한 생각이 든다. 이놈이 조금 컸다고 돈 없는 할아버지를 이렇게 무시해도 되나 싶다. 그러나 손자가 답장을 안 한 이유는 정작 다른 것에 있었는데, 답장하면 바로 전화가 와서 하나부터 열까지 잔소리를 듣기 때문이다. 손자는 카톡을 볼 때 압박감을 느낀 것이다. 손자 역시 할아버지의 눈치를 보고 있었다.

팀원들이 꼽는 악질 중의 악질인 부장님도 속으로는 자신이 좋은 사람이고 자신이 피해를 받는다고 생각하는 경우가 상당하다.

부부가 상담에 오게 되면 서로가 피해자이다. 둘은 상대가 바뀌어야 한다며 나에게 누가 더 잘못했는지 정확히 알려달라고 한다. 둘 다 의기양양하나 나는 그럴 때면 난처하기 이를 데 없다. 내가 아내가 잘못했다고 한다면, 아마 아내에게 한소리 들을 것이다. 남편이 잘못했다고 한다면 다음부터는 상담에 아예 안 나타날 것이다. 그렇다고 둘 다 잘못했다고 한다면, 둘은 협동해서 나에게 항의를 할 것이다. 둘 다 잘못이 없다고 한다면, 대체 상담을 왜 왔겠는가?

이렇게 우리는 사회화된 존재이기에 스스로는 상대의 눈치를 보고 배려한다. 그러나 자신도 모르게 타인에게 상처를 주는 경우가 의외로 많다. 분명한 증거가 있어서 이것 보시라! 당신이 지금 상대를 언어로 때리고 있지 않느냐고 해도 자신은 그런 뜻이 아니었다고 항변한다. 심지어 자신이야말로 피해자라고 목소리를 높인다.

무의식이 무서운 것은 의식은 무의식이 한 일을 알 수가 없다는 데 있다. 겉은 사회화가 되어 있는데 속엔 가시가 돋친 사람이 우리 시대에 만연하다.

나태주 시인의 〈풀꽃〉을 보면 "자세히 보아야 예쁘다."라고 말한다. 그런데 인간은 마치 장미처럼 멀리서 보면 괜찮은데, 가까이가 그것을 잡으면 잡을수록 가시로 사정없이 나의 살갗을 파고든다.

정말 괜찮은 사람인지 알고 고르고 골라 결혼했는데, 차선도 아니고 최악을 고른단다. 그 사람하고 떨어져 있어야만 숨통이 트인다고 한다. 이런 사람에게 결혼은 숨 막히는 족쇄가 된다. 인간은 순하디순한 풀꽃이 아니다. 인간은 오히려 장미와 선인장과 같은 가시가 올기돌기 돋아 있다. 그러다 보니 정작 가까이 가면, 삶을 함께 살다 보면 그 가시가 보이기 시작한다. 이 수많은 가시 때문에 아픈 것이 인간관계이다.

누군가 아픈 것은 가시에 찔렸기 때문이리라. 범인은 누구일까? 이에 대해 자신이라고 인정할 수 있는 이는 성숙한 사람이다. 그들은 누군가에게 상처를 주기도 하지만 이내 자신이 잘못한 것을 인식하면서 죄책감을 느끼고 상대방에 대해 염려한다. 그리고 그러한 사람의 가시는 훨씬 덜 아프다. 그만큼이나 성숙되었기에 .

그러나 유독 나를 아프게 하는 사람도 있다. 보통 관계 안에서 발생하는 가시는 쌍방 모두가 가지고 있는 때도 있지만 유독 어느 한쪽의 가시가 현저히 크고 날카로울 때도 있다.

누군가를 자꾸 찌르는 사람이 있다. 그런데 그들은 자신에 대한 통찰 능력이 심하게 떨어져 있는 경우가 많다. 그러니 자신이 남을 찌르고 있다는 것을 전혀 모르는 것이다.

일례로 나르시시스트는 자신이 나르시시스트인 것을 전혀 모른다. 이타적이라고 하는데 그만큼 이기적인 경우가 있다. 끝없이 자기 일을 누군가에게 떠맡겨 놓고 계속 이용했던 사람도 정작 물어보면 다 그 사람이 잘되라고 한 거란다. 심지어 펑펑 울면서 말이다.

가까운 사이에서 받은 상처가 더 아프다

이렇게 자기 통찰력이 빠진 채 날카로운 가시처럼 누군가를 찔러대는 사람이 있는 반면, 항상 가시에 찔리기만 하는 사람도 있다. 그런 사람은 자주 사회에서 손해를 보고 억울한 일을 겪는다. 누가 자신에게 무엇인가를 미뤄도 그것을 꿋꿋이 해낸다. 함께 식사를 하면 먼저 밥값을 계산한다. 동생에게 양보하라고 하면 그냥 양보해 버린다.

그들이 돈을 냈던 것은 돈이 많아서가 아니다. 그들이 남을 위해 시간을 썼던 것은 시간이 많아서가 아니다. 그들은 착한 사람이기 때문이다. 배려심이 많은 사람이기 때문이다. 그런데 그들은 착한 마음 때문에 누군가에게 지속해서 괴롭힘을 겪기도 한다. 이들은 피해를 지속해서 받으면서도 자신이 혹시라도 남에게 피해를 주었을까 봐 끙끙댄다. 항상 타인을 배려하면서도 자신이 뭔가를 잘못 말했을까 봐 사과부터 하는 사람이다. 인간관계는 이렇게 복잡다단하게 묶여 있다.

인간은 서로 모이려고 하고 사회화되면서도, 뭉쳐서 아프기도 하다. 친구들의 모임에 나가지 않는 이유는 친구들에게 상처를 받았기 때문이다. 회사에 나가기 싫은 이유는 지나치게 무례한 사람이 있기 때문이다. 가족과 연락하기 싫은 이유는 부당한 압박을 지속적으로 받기 때문이다.

그런데도 관계는 끊기 어렵다. 손절에 대한 이야기가 유행이지만 사실 손절을 하기 힘든 관계가 무수하다. 친구 모임을 다 끊었다가는 외로움에 휩싸일 것이다. 어떤 사람이 싫다고 무작정 회사를 그만두기는 어려운 법이다. 늘 남과 비교하고 비난만 일삼는 부모가 싫어 연락처를 지우지만 혈육 관계를 끊는다는 것은 여간 어려운 일이 아니다.

좀 멀리 떨어지면 괜찮을까? 그래도 가족처럼 가까운 관계는 쉽지 않다. 그렇게 싸우다가도 중요한 행사가 있으면 왠지 참석해야 할 것만 같다. 그리고 혹시나가 역시나가 되어 찾아가면 어김없이 싸운다. "이놈의 집구석, 다시는 찾아가나 봐라" 결심을 하고 나서도 또 한 달쯤 지나면 그 생각을 까맣게 잊고 다시 연락하고 있다.

실제로 너무 상처를 주는 부모 때문에 연락을 끊으려고 결심한 한 여성 내담자가 있었다. 그러나 그럴 수 없었다. 부모는 통화가 될 때까지 연락하는 사람이었기 때문이다. 하는 수 없이 연락을 받으면 집에 내려오라고 한다. 그리고 내려가면 어김없이 붙잡아놓고 비난이 쏟아진다. 그런데 놀라운 것은 자신에겐 그렇게 인상을 쓰고 비난을 하면서 오빠만 보면 얼굴이 확 바뀐다는 것이다. 뭐든지 잘하는 오빠 말이다. 또한 여동생은 뭘 해도 잘 못 하지만 어리니 괜찮단다. 자신만 틈바구니에서 차별을 받는 것이다. 결혼을 언제 할 거냐고 한다. 새언니에게 인사는 했냐고 한다. 가장 가까우면서도 왜 맨날 늦게 오냐고 한다. 음식은 도대체 누가 하라는 거냐며 닦달한다. 속은 문드러진다. 그런데도 가까운 관계는 너무 많은 상처를 받아도 끊어내기가 몹시 어렵다.

가까운 사이에서 받은 상처는 아프다. 심지어 어린 시절에 가까운 관계에서 받은 상처는 더 심하게 아프다. 문제는 이러한 깊은 상처가 대부분 가까운 사람에게서 왔으며 어린 시절부터 겪어 왔다는 점이다.

어떤 부모는 아이에게 공부하라는 이유가 자식의 미래를 생각해서가 아니다. 그들은 자식이 어느 수준 이상의 대학을 가야 자신들이 창피하지 않기 때문이다. 다른 사람들에게 창피해서 뭐라고 말하냐고 입버릇처럼 말한다. 그런 경우는 아이에게 지속해서 압박감을 가하는 동시에 조금만 성에 안 차면 어떻게 우리 집안에 너 같은 애가 있냐며 경멸에 찬 눈으로 쏘아붙인다.

어떤 부모는 다 큰 성인인 자녀의 미래를 모두 설계해주려고 한다. 진로, 결혼, 집 장만, 아이 계획까지 말이다. 그러면서 네가 뭘 할 수 있겠냐고 한다. 그런 부모는 너만 빼면 우리 집은 완벽하다는 투로 말하기도 한다. 곧 내가 집안의 결점이 되는 것이다. 이런 경험을 지속해서 하다 보면 아이는 점차 자신이 무엇을 해도 부족하다는 생각을 하게 된다. 자신은 가족의 결점일 뿐 아니라 사회에서도 결점일 뿐이라고 믿기도 한다.

이런 이들은 상처에 휩싸여 있고 부모를 증오하기까지 했다. 그런데 이상하게도 그들은 자신도 모르게 부모가 그토록 추구했던 완벽성을 추구하고 있었다. 심지어 그들 중 일부는 그렇게 싫어했던 부모처럼 자신의 자식에게도 완벽성을 요구하기도 한다. 자신의 부모가 자신에게 했던 것처럼 어린 자녀를 보고 누구를 닮아서 그러냐고 화를 낸다. 무엇인가가 반복되고 있다.

4. 상처 이면에 숨겨져 있는 불안

서로를 상처내는 가시의 정체

의도하든, 의도치 않든 가시는 서로에게 상처를 입힌다. 어느 가시는 너무나 날카로운 나머지, 일단 박히기 시작하면 숨도 못 쉴 정도로 아프다. 너무 아파서 떨어져 있다 보면 처음엔 좋았지만 이내 고립감으로 둘러싸인다. 자신 안에 있는 작은 결핍이라고 부르는 어떤 구멍에 바람이 들어오며 시리도록 외롭다.

인간은 떨어져 있기를 원하면서도 두려워한다. 인간은 같이 있기를 원하면서도 힘들어한다. 인간은 관계를 원하면서도 타고난 가시를 가지고 있기에 서로에게 상처를 주고받는다. 그 가시의 이름은 무엇일까? 가시의 이름은 사실 불안이다.

누군가를 많이 찌르는 사람의 가시를 잘 살펴보면 놀랍게도 많은 경우 그 안에 '불안'이 숨겨져 있다.

불안하기 때문에 비난했었다고?
불안하기 때문에 잔소리했다고?
불안하기 때문에 나에게 그렇게 공격적이었던 거라고?

그럼 유독 가시에 찔리는 사람은 왜 그랬던 것인가? 아프게 찔리고 있는 경우에도, 피하지 못하고 그곳에 얼어붙어 있는 경우에도 그 안에 '불안'이 숨겨져 있다.

불안하기 때문에 비난을 들으면서 가만히 있었다고?
불안하기 때문에 이 잔소리를 다 참았다고?
불안하기 때문에 말도 안 되는 공격을 참고 있었다고?

우리가 앞에서도 살펴보았듯, 인간은 불안하기에 누군가와 함께하고 싶어 한다. 인간은 기본적으로 불안한 존재이기 때문에 서로를 원한다. 그렇게 공동체를 만든다. 친구가 생기고 사랑하는 이가 생기고 가족이 탄생한다. 사회가 형성된다. 이렇게 모여 있으면 불안이 감소한다. 그러나 조금 있다 보면 다시 그 공동체 안에서 불안이 싹튼다. 처음엔 그렇게 좋다가도 조금씩 갈등이 생기기 시작한다.

불안의 세 가지 패턴

서로가 불편해지면서 갈등이 표면화되기 시작한다. 얼마 전까지는 그렇게 소중했던 그들과 피 터지게 싸우기도 한다. 불안은 서로를 연결하기도 하고, 갈등을 일으키기도 한다.

그럼 인간은 불안할 때 어떤 행동을 취할까? 이를 위해서는 불안의 행동 패턴을 알 필요가 있다. 그것은 크게 세 가지다. 싸우거나(Fight), 도망가거나(Flight), 얼어붙거나(Freeze). 그래서 이 앞에 있는 알파벳을 따 '3F'라고도 부른다.

예를 들어보자. 만약 당신이 길을 걷는데 눈앞에 호랑이가 나타났다고 해보자. 당신은 어떤 행동을 취할까, 당신은 엄청난 불안과 두려움에 휩싸이며 다음 세 가지 중 하나의 행동을 취할 것이다.

먼저 호랑이와 싸우는 사람이 있을 것이다. 아직 호랑이가 성체가 아니다. 게다가 옆에 싸울만한 몽둥이가 놓여 있다. 너 죽고 나 죽자는 식으로 싸우는 것이다.

둘째, 도망가는 사람이 있을 것이다. 소위 생각할 겨를도 없이 걸음아 나 살려라 하며 도망가는 것이다.

셋째, 얼어붙는 사람이 있을 것이다. 죽은 척하며 쓰러지는 사람도 여기에 포함된다.

문제는 불안해서 싸우거나 도망가거나 얼어붙어 있는 대상이 야수가 아니라 사람이라는 점에 있다. 누군가에게 소리를 지르고 위협을 하면, 상대는 두려움에 휩싸이고 큰 상처를 받기도 한다. 소중한 이가 대화만 하려고 하면 도망을 할 때, 남겨진 상대는 단절감이라는 아픈 감정을 느낀다. 상대가 무엇을 해도 얼어붙은 차가운 표정으로 일관한다면, 상대의 속을 알 수 없다. 둘 사이에 어떤 장벽이 생기기 시작하는 것이다.

근데 요즘은 이렇게 길에서 호랑이를 만나는 위협적인 상황은 아니지 않은가? 그럼 불안이 줄고 있는가? 전혀 그렇지는 않아 보인다. 초고도의 압축 성장과 함께 생존과 관련된 불안은 많이 줄어들었다. 그러나 더 조급해지고 경쟁적으로 되었다. 우리 사회는 외부로는 윤택해졌다. 초고층 빌딩과 최첨단 기기가 즐비하다. 그러나 우리 내부까지 그렇게 바뀌었는지는 오리무중이다. 우리는 아직도 생존을 위해 뛰고 있을 수 있다. 무엇인가에 쫓기고 있을 수 있다. 몇 년 치 선행학습을 하는 아이, 자격시험을 준비해야 하는 고시생, 소진에 다다른 직장인, 조금 있으면 은퇴를 앞두고 있는 중·장년층, 모두가 막막하다. 좋은 직장에 다니고 있어도 카드빚, 대출, 전세금, 각종 청구서의 압박으로부터 자유롭기는 어렵다. 사회는 많이 변모했으나 이상하게도 경쟁은 더욱 심화되었다. 이러한 조급함과 경쟁심은 우리 심연의 불안을 더욱 증폭시키고 있다.

불안하면 더 예민해진다. 그러다 보니 더 많이 싸우게 된다. 짜증을 내게 된다. 불안하니 모든 것을 회피하고 싶다. 불안하다 보니 집밖에도 나가기 어렵고 누군가를 만나는 것이 두렵다. 무력감에 둘러싸여 아무것도 할 수 없을 것 같다. 우울감이 든다.

싸움, 회피 그리고 얼어붙음

앞으로 돌아가 왜 교련 선생님은 뭉치면 살고 흩어지면 죽는다고 그렇게 강조했을까? 대한민국은 짧은 시간 안에 초고도의 성장을 했다. 그러다 보니 개발도상국과 중진국과 선진국의 구성원이 세대별로 나뉘기도 한다. 그 나눠진 구간이 사회 안에도 있고 기업 내에도 있으며 가족 내에도 있다. 세대 간의 차이가 심각한 것이다. 나이가 지긋한 사람 중엔 빈곤을 겪은 사람도 있다. 전쟁을 겪었거나 그 무서움을 전해 들은 사람이 있다. 정신 무장을 해야 살아남는다고 생각한 기구한 역사가 있기도 했다.

교련이라는 과목이 커리큘럼으로 짜여 있고, 좀 더 군사 교육 같았던 시기엔 그러한 생각을 가진 분들이 사회의 유력한 현직에 있기도 했다. 그들에게 삶과 죽음이라는 주제는 철학적 주제가 아니라 실제 일상에서 해야 하는 고민이었다. 그래서 그렇게 뭉쳐야 한다고 강조했을지 모른다. 생존하기 위해서 모이려고 했다. 그러나 너무 붙어 있다 보니 사회에서 여러 문제가 발생하는 것이다. 바로 싸움과 회피와 얼어붙음이다. 집단 안에서 이 세 가지 행동은 어떻게 일어날까?

회사 상황이 어려워지고 있다고 생각해보자. 지금 구조조정이 계속되고 있고, 나도 어떻게 될지 모른다. 그 상황에서 상사가 계속 잔소리를 한다고 생각해보라.

먼저 싸울 수 있다. 나는 그 상사에게 이판사판이라는 생각으로 싸울 수 있다. 둘째, 도망갈 수 있다. 혹은 지금, 이 상황 자체가 너무 불안해 점심때만 되면 약속이 있다고 하며 그 자리를 피할 수도 있다. 심한 경우 그냥 무단결근을 하는 것이다. 셋째, 얼어붙어 있을 수 있다. 회사에 출근은 하지만 시간만 보낸다. 줌 회의를 한다고 하면 화면을 끄고 있다. 회의 때도 조용하다가 다 끝나고 의견을 물어보면 다 좋다고 생각한다고 말한다.

그럼 가족 안에서는 어떻게 나타날까? 누군가는 싸우려고 하고 있다. 아내가 이번에도 늦게 오는 남편 때문에 화가 단단히 나 있다. 분명히 술 약속을 일주일에 최대 1번만 하기로 약속을 했었다. 그런데 이번 주 들어 벌써 세 번째 늦는 것이다. 게다가 술을 먹는 날도 9시까지는 오기로 했다. 근데 벌써 시간이 10시가 넘어가고 있다. 허리에 손을 얹고 이놈의 인간이 언제 들어오는지 벼르는 중이다.

누군가는 회피하고 있다. 지금 남편은 뭘 하는 중일까? 남편은 평소엔 눈치가 없지만 지금 들어갔다가는 난리가 날 것을 잘 알고 있다. 어쩌면 문 뒤엔 아내의 형상을 한 사나운 호랑이가 떡 하니 버티고 있을지도 모른다. 그래서 남편은 30분 늦게 도착했지만, 집에 들어가지 않고 배회 중이다. 편의점에 가서 맥주 한 캔을 마시고 있다. 아내가 잠들기만을 기다리는 것이다. 어느덧 11시. 남편은 지금쯤이면 아내가 자고 있을 거로 생각하고 조심스럽게 집 안에 들어간다. 깜짝이야.

아내가 문 앞에서 자신을 기다리고 있는 것이 아닌가? 남편은 여기서 쫄면 완전히 끝장난다는 생각이 들어 아내의 거친 잔소리를 못 들은 척하면서 "좀 피곤해"라고 짧게 말하고 자신의 서재로 들어가 버린다. 문 밖에서 아내가 소리를 지른다. "우리 차라리 이혼하자"

누군가는 얼어붙어 있다. 다른 방에서 자는 척하고 있는 아이는 아까부터 못 나오고 있다.

이렇게 세 가지 행동 패턴 안에는 불안이 숨어 있다. 아내는 항상 늦게 오는 남편 때문에 불안해서 싸우려고 했다. 아내의 불안 이면엔 '기다림'이 숨어 있다.

남편은 불안해서 집에 못 들어갔고, 집에 들어갔다가도 서재로 도망 중이다. 남편의 불안 이면엔 '비난받을 것에 대한 두려움'이 숨어 있다.

부모의 고성을 들으며 아이는 꽁꽁 얼어붙어 이불에 숨어 있다. 아이의 불안 이면엔 가정이 깨질지 모른다는 절망감이 숨어 있다. 불안은 관계 안에서 나타난다. 공동체에 불안이 엄습하면 이러한 세 가지의 형태가 반복된다. 어떤 사람은 예민해져서 싸우고 다른 이는 회피한다. 또 다른 이는 얼어붙어 있다.

불안이 관계에 일으키는 뫼비우스의 띠

많은 이가 누군가와 연결되려고 함에도 왜 서로에게 상처를 주는지를 알기 위해서는 그 핵심 기지에 있는 불안의 소용돌이를 이해할 필요가 있다. 물론 어떤 이는 의도적으로 다른 사람에게 상처를 주려고 하기도 한다. 그러나 대부분의 경우는 서로가 불안한 상황 가운데 발생하는 불협화음이다.

인간은 인간과 함께할 때 불안을 느낀다. 낯선 존재면 더욱 그 불안이 어색함으로 나타난다. 친숙한 관계가 되면 불안이 많이 사라진다. 그러나 다시 관계 안에서 갈등이 생길 때 불안은 증폭된다. 불안한 내면 때문에 신경이 곤두서고 예민해지며 싸우거나 회피하거나 얼어붙는 세 가지의 행동 방식이 나타나는 것이다.

따라서 내가 특정한 누군가와 있을 때마다 유독 증폭되는 불안은 인식하지 않은 채, 몇 가지 대화법이나 자기주장 훈련으로 인간관계를 해결하려고 하는 것은 적절하지 않은 방법이다. 어떻게 불안의 마음 기지에서 여유로운 대화가 나올 수 있겠는가?

요약하자면, 우리가 관계를 그렇게 원하면서도 불편해하는 이유는 관계가 본래 불안을 덜어 주는 안전한 장소인 동시에 불안을 되레 증폭시키는 장이기도 하기 때문이다.

우리가 만약 고슴도치같이 다른 사람을 찌르고 있다면, 이는 나쁜 의도 때문이 아니라 너무 불안해서일 수 있다. 사랑하는 존재이지만 불안한 사람 둘이 계속 붙어 있다면 서로는 서로에게 상처를 주기도 한다. 관계에서의 가장 큰 상처는 대부분 가까운 사람에게서 일어난다.

관계의 핵과 가까운 가족 이야기를 좀 더 진행해보자. 가족 역시 사람들로 이뤄진 공동체다. 가족 관계 역시 대인관계이다. 그러나 이곳이 다른 곳과 구별되는 점이 있다. 그 공동체는 본래 사랑하는 사람이 만나 형성된 곳이라는 사실이다. 그리고 이 안에서 사랑의 결실로 자녀들이 생긴다. 타인이긴 하나 완전히 타인은 아닌 곳이다. 그러나 이상하게도 '사랑'으로 시작된 공동체인데, 시간이 지나면 불안으로 뒤덮이는 가족이 많아진다. 만약 가족 구성원들이 서로 불안하다면 그곳은 곧 어둠으로 뒤덮인다.

당신은 혹시 아주 불안한 사람 옆에 있어 본 적이 있는가? 아마 그런 경험이 있었다면 숨이 막힌다는 느낌이 무엇인지 잘 알 것이다. 그런데 그런 사람과 24시간 같이 있다면? 점점 답답하고 심장이 조이는 느낌이 든다. 아무리 큰 침대가 있어도 좁아 보인다. 서로 눈을 마주치기 힘들다. 부부는 서로 어색하다. 자녀는 빨리 자라서 독립하고 싶으며, 엄마는 게임만 하는 자녀의 얼굴을 보면 화가 치민다. 함께 있기만 해도 속이 답답하고 어깨가 뭉친다.

더 큰 문제는 이렇게 불안한 가족은 똘똘 뭉쳐야 한다는 이상한 규칙을 가지고 있어 더 큰 불안을 형성한다는 사실이다. 가족의 구성원은 모든 것을 같이 해야 한단다. 식사도 같이해야 하고, 무슨 행사가 있으면 꼭 모두가 모여야 한다. 모이면 해피엔딩일까? 그 안에서 싸우고 회피하고 얼어붙는 형태가 반복된다. 불안하니 똘똘 뭉친다. 그러나 똘똘 뭉쳐 있으니 더 불안해진다. 이것이 불안이 관계에 일으키는 뫼비우스의 띠다.

반면, 안전하고 여유가 가득한 가족과 함께 있으면 숨이 트인다. 그 안에서는 서로 속마음도 진실하게 나눌 수 있다. 함께하는 활동도 있지만, 개인의 공간과 시간을 존중한다. 가족과 함께하다가도 얼마든지 나만의 독립적인 활동을 할 수도 있다. 소위 좋은 관계란 함께 있을 땐 안전하고 여유로우며 서로의 심리적 공간을 존중하고 인정하는 태도다. 이른바 '따로 또 같이'이다.

3장.

마음을 알 수 있는
가장 강력한 증거,
'의사소통'

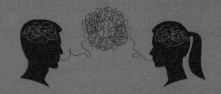

1. 도저히 이해가 안 되는
그 사람의 심리

관계 회복의 첫 번째 관문은 마음 이해하기

불안 때문에 관계를 추구하고 관계 때문에 불안하다니! 우리는 불안을 달래기 위해 사람을 만나면서도 또 정작 만나면 싸우고 도망가고 얼어붙는다. 그렇다면 불안에 휘둘리지 않는 관계란 불가능한 걸까?

결론적으로 말하자면 그렇지는 않다. 인간은 불안을 느끼긴 하지만 불안만 느끼는 것도 아니요, 인간 존재가 불안 그 자체는 더더욱 아니기 때문이다. 오히려 인간은 불안의 감정을 관조하고 딛고 넘어설 수 있는 존재다. 우리는 불안에 자극된다고 하더라도 불안을 조절하고 통제할 힘이 있다. 이를 좀 더 안전한 감정으로 바꿀 수 있는 조절력을 가지고 있기도 하다.

그렇다면 어떻게 불안을 딛고 좋은 관계를 이뤄나갈 수 있을까? 그것은 우리 사이에 안개처럼 형성되어 있는 불안을 관조하고, 본질적인 측면에서 우리의 관계가 어떠한 방식으로 상호작용하고 있는지를 정확하게 인식하는 태도에서 출발해야 한다.

　다른 말로 "우리는 어떤 관계일까?"라는 질문에 좀 더 명확하게 대답을 해보려면 그 사람과 있을 때 느끼는 불안을 먼저 응시해야 한다. 앞서 말한 바와 같이 불안은 실체가 없다. 대상도 명확하지 않으며 주제도 불분명하다. 그것은 뿌연 안개와 같다. 그러나 안개란 본질적인 것이 아니다. 안개가 걷히면 우리는 다시 발을 옮길 것이다. 뿌연 안개를 가만히 응시하다 보면 안개가 걷히면서 조금씩 세계도 보이고 사람도 보이기 시작한다.

　세계는 안개로만 되어 있지 않다. 안개를 걷어낼 때 비로소 우리는 진짜 세계를 볼 수 있다. 그 세계란 바로 '마음'이다. 즉, 나와 타인을 짓누르고 있는 불안을 관조하고 그 이면으로 들어가 '마음'을 이해하는 것이 관계를 회복하는 데 필요한 가장 첫 번째 관문이다.

　'지피지기면 백전불태(知彼知己, 百戰不殆)'라는 말이 있다. 손무가 집필한《손자병법》에 나오는 말이다. 상대를 알고 나를 알면 백번 싸워도 위태롭지 않다는 뜻이다. 전장에서 쓰였던 말이지만 관계에서도 얼마든지 적용할 수 있다.

　당신의 관계를 위태롭게 하는 것이 무엇인가? 상대에게 무작정 맞춰주려는 경향, 상대의 의도를 오해하는 것, 신경질적인 반응, 문제를 회피하려는 태도, 상대가 날 싫어할지도 모른다는 믿음…. 내가 이러한 패턴을 보이거나 상대가 이러한 패턴을 보인다면 이를 잘 숙고하는 능력이야말로 상대의 의도를 좀 더 정확하고 명확하게 살펴볼 수 있는 시발점이 될 수 있다. 이러한 직관력은 위태로운 관계를 좀 더 건강한 관계로 뒤바꾸는 변곡점이 된다.

그러나 마음을 이해하는 데는 사실 어려움이 있다. 그 어려움은 크게 세 가지다.

첫째, 마음은 보이지 않는다.

둘째, 마음은 계속 변한다.

셋째, 마음은 복합적이다.

마음은 보이지 않는다

먼저, 본질에서 마음이 보이지 않는다는 점을 생각해보자. 손무는 전장에서 쓸 수 있는 병법서를 집필했다. 전장에서는 자신을 따라온 병사의 숫자와 보급로, 상황이 눈에 보인다. 상대의 것 역시 뛰어난 정찰병만 보내면 잘 파악할 수 있을 것이다. 그러나 마음은 다르다. 마음은 도무지 볼 수도 없고, 만질 수도 없고 냄새 맡을 수도 없다.

마음을 측정하거나 예견할 수 있을까? 인류 역사상 가장 뛰어난 과학자 중 한 명인 아이작 뉴턴(Isaac Newton)은 수학자이자 물리학자이자 과학의 혁명을 주도한 사람이다. 사과가 떨어지는 것을 보고 만유인력의 법칙을 발견한 사람으로 초등학교 때 귀가 닳도록 배우기 때문에 아마 모르는 사람이 없을 것이다. 그러나 그 천재적인 두

뇌를 가진 뉴턴도 주식투자를 했다가 자기 재산의 80%를 넘는 금액을 잃은 적이 있었다. 그때 뉴턴은 명언을 한 마디 남겼다.

"내가 천체의 움직임은 계산할 수 있어도 인간의 광기는 계산할 수 없다."

뉴턴 역시 인간의 광기, 인간의 내면과 심리에 대해서는 계산하기 어렵다는 것이다. 이것이 마음이 어려운 이유이다. "열 길 물속은 알아도 한 길 사람 속은 모른다."라는 말은 지금도 유효하다. 마음은 보이지 않는다. 마음을 이해하기 어려운 이유가 바로 여기에 있다.

마음은 계속 바뀐다

많은 이들이 사랑하는 연인이나, 부모, 배우자, 친구와 같은 중요한 타인이 날 어떻게 생각하는가를 끊임없이 생각한다. 즉, 중요한 타인이 날 어떻게 생각하고 평가하는지에 대한 주제는 생이 끝날 때까지 끝나지 않을 주제다. 그러나 이를 실제로 아는 것은 매우 어렵다.

왜냐하면 그 사람이 날 어떻게 생각하는지는 알기도 어려울뿐더러 만약 알게 되었다고 하더라도 이는 고정되는 것이 아니라 다양한 사건과 역동 속에서 계속해서 바뀌기 때문이다. 상대만 그런 것이 아니다. 나 역시 그러하다. 어떤 사람은 나를 찾아와 자신의 마음을 잘 모르겠다고 토로하기도 한다. 연인을 내가 사랑하고 있는지, 아닌지를 알 수 없어서 상담에 온 것이다. 분명히 어떨 땐 좋은데, 어떨 땐 헤어지고 싶은 마음으로 가득하다. 내 마음 역시 시시때때로 바뀌기 때문이다.

게다가 만약 내가 불안으로 뒤덮여 있다면, 더욱 심하게 마음이 이랬다저랬다 변한다. 상대 역시 그러하다면 더욱 그렇게 된다. 불안한 사람끼리 모여 있으면 수시로 마음이 바뀐다. 이 패턴은 도무지 너무나 변덕스러워서 속마음을 종잡기 어려울 때도 있다.

내가 누군가의 마음을 알았다고 하더라도 그것은 모래처럼 손의 빈틈을 어떻게든 찾아 빠져나간다. 시시때때로 마음은 바뀌기 때문이다. 그러므로 오늘 내가 어떤 사람의 마음을 확실히 알았다고 하더라도 내일은 담보할 수 없다.

마음은 복합적이다

우리는 누군가를 그리워하면서도 미워하고 사랑하면서도 서운해할 수 있다. 정말 그럴까? 궁금한 사람은 지금 잠시 눈을 감고 당신의 어머니에 대한 감정을 한번 떠올려 보라.

아마 100% 좋기만 한 사람은 없을 것이다. 그렇다고 100% 밉기만 한 사람도 없을 것이다. 어머니는 보고 싶고, 그립고, 사랑하면서도 밉고 서운하고 거절감을 주는 복합적인 대상이다. 가까운 존재일수록 이러한 복합성은 더욱 짙어진다.

또한 특정 행동을 관찰했다고 하더라도 그것으로 마음을 예측하기가 쉽지는 않다. 이를테면 연인이 포옹하는 사진을 본다고 생각해

보자. 이 행동에 아무런 의미가 없다거나 우연의 일치로 그런 행동을 한다고 생각하는 사람은 거의 없을 것이다. 이 둘 사이의 마음엔 어떤 격동이 일어나고 있다는 것을 우리는 짐작한다.

그럼 둘 사이의 격동은 어떤 형태인가? 둘이 안고 있다고 해서 무조건 사랑에 빠진 사람으로만 볼 수는 없다. 둘이 사랑을 해서 그런 행동을 하는 것일 수도 있지만, 이별하면서 그러한 행동을 할 수도 있다. 그러므로 단순히 포옹하고 있다는 행동만으로 그 사람이 사랑에 빠진 것으로 판단하기보다는 그 둘의 미세한 행동, 즉 눈빛이나 안고 있는 모습을 미세하게 살펴볼 필요가 있다. 즉, 행동을 섬세하게 관찰해야 하고 종합적인 고려를 할 수 있어야 한다. 그 토대에서야 마음이 좀 더 드러난다.

어떤 이는 악수를 하고 있지만, 상대에 대한 짜증으로 가득하다. 누군가가 무언가를 자랑할 때 같이 있는 사람은 지금 웃음을 짓고 있지만, 상대에 대한 질투로 가득 차 있다. 그러므로 우리는 마음을 이해하기 위해서 겉으로 보이는 행동 이면에 있는 의도, 생각, 감정 등을 좀 더 면밀하게 살펴보아야 한다. 그리고 여러 행동을 종합적으로 고려해 보면서 마음의 입체적 특성을 파악해야 한다. 마음을 이해하기가 그리 쉽지 않은 이유다.

2. 마음이 남긴 강력한 흔적 : 의사소통

보이지 않는 마음을 추적하려면

그렇다면 보이지도 않고 수시로 바뀌며, 복합적이고 종잡을 수 없는 마음을 어떻게 포착할 수 있단 말인가? 결론적으로 말하자면 우리는 마음을 완전히 파악할 수는 없다.

그러나 아예 방법이 없는 것만은 아니다. 적어도 우리는 미세한 포착 속에서 마음의 경향성을 판별할 수 있다. 어떻게 그것이 가능할까? 보이지 않는 마음은 보이는 명확한 흔적을 남기기 때문이다. 이랬다저랬다 하더라도 어떠한 경향성이 계속 반복될 때 우리는 그 사람의 패턴을 이해할 수 있다. 그러므로 우리는 보이지 않는 마음을 추적하기 위해 볼 수 있는 흔적을 찾아 나서야 한다. 그 흔적의 너

머 그 끝에서 우리는 마음을 발견할 것이다. 흔적은 반복된다. 제아무리 잘 보이지 않고 종잡을 수 없어도 엄청난 흔적이 모이고 증거가 쌓일 때 마음의 윤곽은 좀 더 명료해진다.

만약 당신이 훌륭한 형사라고 생각해보자. 그리고 오늘 어떤 집에서 절도사건이 발생했다는 연락을 받았다. 당신이 처음에 할 일은 무엇인가? 아마도 당신은 고도로 훈련받은 사람이기 때문에 무작정 누군지도 모르는 용의주도한 범인을 찾으러 가지는 않을 것이다.

오히려 당신은 범인을 찾기 위해 절도가 일어난 현장에 먼저 갈 것이다. 범인이 멀리 떠났다고 하더라도 당신은 그 사람이 누구인지, 왜 그러한 일을 했는지, 패턴은 무엇인지를 차근차근 현장에서 살펴볼 것이다. 현장엔 피해자와 여러 물건이 흩어져 있다. 여러 증거를 가지고 온 당신은 그 이후에도 바로 용의자를 좇는 것이 아니라 피해자와 흩어져 있는 작은 물건들, 이를테면 담배꽁초, 발자국, CCTV 등을 조사한다.

놀랍게도 피해자를 둘러싼 현장을 철저히 조사하다 보면 범인의 흔적과 발자국이 보이기 시작한다. 어떻게 보면 먼 길을 돌아가는 것처럼 보이지만 이것이 용의자를 잡을 수 있는 가장 빠르고 정확한 방법이다. 우리는 보이는 피해자와 물건들의 확실한 증거를 모아가면서 보이지 않는 용의자를 가늠할 수 있다.

그 사람의 언어를 보면 마음을 알 수 있다

이처럼 마음은 보이지 않는다. 그러나 마음은 행동으로 그 흔적을 남긴다. 인간의 마음은 보이지도 않고 계속해서 변화한다. 그러나 변화하는 것 중에서도 변화하지 않는 것이 있다. 패턴이다.

마음은 계속 바뀌고 복합적이다. 어떤 이가 내게 호감이 있다는 것을 특정한 행동 하나로 알 수는 없다. 그러나 그 사람이 나를 대하는 것을 지속해서 관찰하다 보면 어떤 특정한 패턴이 보일 것이다. 먼저 연락을 한다. 항상 밝게 웃는다. 시간이 많다고 한다. 나와 있으면 즐겁다고 한다. 그 사람은 지금 무엇인가의 패턴을 강력하게 지속적으로 보여주고 있다.

그렇다. 어떤 마음은 일정한 패턴이 있다. 그것의 흔적 역시 일정한 형태를 보인다. 그 패턴을 따라가다 보면 강력한 증거가 나타난다. 그 보이는 패턴이란 무엇일까? 그것은 바로 '행동의 반복'이다. 일시적인 행동이 아니라 반복적 행동 말이다. 그런데 그 행동 중 가장 강력한 행동이자 빠르게 알아차릴 수 있는 것은 무엇일까? 눈으로도 관찰되고 활자로도 남길 수 있는 행동은 무엇일까?

나는 많은 행동 중 의사소통을 조망해 보려고 한다. 의사소통엔 말과 태도 등 여러 요소가 모여 있다. 이는 마음에 대한 강력한 증거를 남긴다.

게다가 누군가의 의사소통 패턴을 보면 지난한 역사가 있다. 우리는 의식의 영역이 생기는 아주 어린 시기부터 의사소통을 배워

왔다. 그리고 의사소통은 보편적이기도 하지만 그 사람의 성격에 따라 서로 다르기도 하다. 관계가 어떤지를 잘 보여주는 것은 서로가 어떤 말을 반복적으로 하는지를 관찰하는 것이다. 거기에 열쇠가 있다.

즉 우리가 어떤 관계인지, 서로가 어떤 마음인지를 알고 싶다면 우리가 사람들과 어떤 의사소통을 하고 있는지를 들여다봐야 한다. 우리 사이의 관계 방식이 무엇인지를 명확하게 들여다보는 것은, 심지어 그 패턴까지 살펴보는 것은 그 말을 하는 서로의 마음을 이해하는 강력한 증거가 된다.

이처럼 의사소통은 그 사람이 무슨 생각을 하는지, 어떤 감정인지를 알 수 있는 가장 직접적인 도구다. 의사소통 중 가장 강력한 것 중 하나는 아무래도 언어다. 말은 보이고 기록할 수도 있기 때문이다. 그러므로 어떤 사람의 마음이 알고 싶다면, 그 사람이 무슨 말을 반복적으로 하는지 보라. 그럼 당신은 그 사람을 누구보다 더 잘 이해할 수 있을 것이다.

3. 의사소통의 패턴으로
마음의 패턴을 읽다

마음은 행동 속에 중요한 흔적을 남긴다

인간은 항상 생각한다. 그리고 언젠가 생각은 행동이 되어 의사소통의 방식으로 밖으로 표현된다. 마음과는 다르게 행동은 눈에 보이기 때문에 나타나기만 한다면 매우 뚜렷한 증거를 남긴다. 이 행동이 반복된다면 그것은 하나의 패턴을 형성하고, 나와 다른 사람의 마음의 패턴을 볼 수 있는 매우 강력한 증거가 된다.

만약 어떤 사람이 상사에게 충성을 다 한다고 해보자. 그러나 어느 날 그가 상사의 이야기를 듣는 중에 혼잣말로 "웃기고 있네!"라고 말했다. 불행히도 그 상사가 귀가 무척이나 밝아서 그 말을 들었다고 하자. 그렇다면 그 상사는 앞으로 그 사람이 아무리 자신에게 좋게 행동한다고 하더라도 믿지 못할 것이다. 심지어 직원이 교묘하다는 특성까지 알았기에 그 사람을 멀리할 것이다. 그 사람의 본심을 알아차렸기 때문이다. 그러한 소리를 나뿐만 아니라 다른 사람에게도 은밀히 해온 것을 알았다고 해보자. 그 사람의 본심이 분명하게 이해가 된다.

결혼을 차일피일 미루고 있는 남자친구는 사랑하냐고 물으면 그렇다고 한다. 그러나 이 행동 하나만 갖고 전체의 마음을 알 수는 없다. 실제로 남자친구는 부쩍 자신과 만날 때마다 돈을 아낀다. 문자를 보내도 답장이 계속 늦는다. 먼저 연락을 하는 횟수가 현저히 줄었다. 심지어 만나서 이야기를 해도 딴 곳을 바라본다. 뭐하냐고 물으면 단답식으로 대답한다. 주말에 만나자고 할 때 피곤하다고 하면서 짜증을 낸다.

남자친구의 행동 경향성을 총합해보면 어떤 마음이 보이는가? 그 사람이 결혼을 미루고 있는 이유는 무엇인가? 그 사람은 여자친구를 바라보며 어떤 생각을 하고 있을까? 그 사람의 행동 속에서 마음은 중요한 흔적을 남긴다. 이렇게 인간관계의 어떤 행동 속에서 마음이 보이기 시작할 때 누군가는 깊은 상처를 받는다. 심리적 고통을 느낀다.

상담의 공간에서는 보통 우울과 불안, 분노와 같은 감정에 관한 이야기가 많이 나올 것으로 생각한다. 그러나 그것은 처음에나 그럴 뿐 결국 그 감정의 메커니즘 밑으로 내려가다 보면 사람 사이의 관계가 대부분을 차지한다.

선구자의 출현 '버지니아 사티어'

상담 영역 중 한 사람과 한 사람이 만나는 상담을 '개인 상담'이라고 한다. 둘은 작은 공간에서 만난다. 어떤 방은 방음장치까지 설치되어 있다. 깊은 이야기를 듣기 위해서다. 상담에 온 사람은 이 공간에서 자신이 겪고 있는 깊은 심리적 고통과 이러한 문제가 언제, 어디서, 어떻게 왔는지를 이해한다. 더 나아가 이를 바꾸고 변화하기 위한 발걸음을 내딛기 시작한다.

또한, 다수가 함께 만나는 집단상담도 있다. 집단상담에서는 여러 사람이 함께 모여서 다양한 주제와 내용에 관해 이야기한다. 이 안에서 서로에 대한 다양한 역동이 생기기 시작한다. 누군가에게 갖는 호감, 경계, 시기와 질투, 힘 싸움 등이 일어난다. 상담사는 이 집단의 역동을 안전하게 다루고 치료적으로 활용할 수 있는 능력이 있어야 한다.

한편으로는 가족의 구성원을 함께 만나는 '가족 상담'이라는 분야도 있다. 가족 상담은 말 그대로 가족의 이슈를 다루는 곳이다. 모든 문화권에서 가족은 매우 중요한 주제이지만 유독 대한민국에서 가족은 더 중요한 주제이다. 한국 사회가 집단적 문화가 강한 까닭 중 하나는 가족 중심의 문화가 강한 것이 큰 몫을 차지하고 있다. 가족 상담이라고 해서 가족 모두가 오는 것은 아니다. 오히려 가족의 일부가 오거나 부부 상담, 부모 아이 상담, 형제자매 상담이 이뤄지기도 한다. 그리고 이 모든 분야는 가족 상담에 속한다.

가족 상담의 분야는 상담 분야 안에서도 매우 중요한 위치를 차지하고 있고 방대한 학문 분야이기도 하다. 가족 상담 분야 안엔 '가족의 치유'라는 사명을 가진 수천 명의 학자와 임상가들의 피땀 어린 노력이 귀중한 결실로 담겨 있다. 많은 상담심리사는 이를 치열하게 배우고 실습하는 과정을 거친다.

가족 상담을 배우다 보면 많은 훌륭한 임상가와 학자들을 만난다. 그리고 그 사이에서도 두각을 나타내고 있는 탁월한 임상가들을 만나게 된다. 처음엔 그 사람의 발자취와 사상을 배우며 '어떻게 이 사람은 이런 생각을 했을까?' 하는 감탄사를 연발한다.

이런 탁월한 임상가 중에서도 유독 빛나는 사람이 있다. 복잡하기 이를 데 없는 가족 관계의 복잡함을 명쾌하고 분명하게 풀어나간 사람이다. 가족 상담을 공부한다면 알 수밖에 없는 천재적인 사람이다. 그 사람의 이름은 바로 '가족 상담의 어머니'라고까지 불리는 버지니아 사티어(Virginia Satir)다.

자존감이 우리 사회에서 화두이다. 수십 년 전 사티어는 자신의 핵심이론으로 자존감을 꼽았다. 자존감이란 '자아존중감'의 줄임말로, 이른바 자신을 소중히 여기고 존중하고 사랑할 수 있는 태도를 말한다. 그렇다. 우리는 작은 실수에도 불구하고 자신을 탓하고 비난하지만, 실제로는 자신을 소중히 여기고 긍정하기를 바란다. 내가 임상과 여러 교육 현장에서 수많은 사람을 만나며 느낀 것은 모든 사람은 다 자신이 중요한 사람이 되고 싶어 한다는 것이다. 인간의 내면 깊은 곳엔 항상 인정받고 싶고 존중받고 싶은 마음이 있다.

숙련된 상담심리사가 상담실에서 하는 작업은 이 터전에서 일어난다. 그 사람을 진정으로 만나고 그 사람의 존재성을 재발견하려는 태도이다. 그 사람에 대해 온전히 긍정적인 태도를 유지하는 것이다. 오랫동안 부정적인 사람들과 함께 해왔던 내담자가 사실 자신이 괜찮은 사람이었다는 것을 상담사를 통해 알게 되기도 한다. 여기에서 그는 도약할 수 있는 큰 용기를 얻게 된다.

스스로 존중감을 가질 수 있는 행동을 하는 것도 중요하다. 그러나 본질에서는 인정받고 싶고 존중받고 싶은 욕구를 채워줄 수 있는 대상은 바로 타인이다. 왜냐하면 우리의 자아가 세계 안에 속해 있기 때문이다. 독일의 실존철학자 마르틴 하이데거는 우리가 홀로 존재하는 것이 아니라 '세계 안에서' 존재한다고 했다. 즉, 우리 주변을 둘러싸고 있는 세계가 어떤지에 따라 우리 자아의 모습도 바뀐다는 것이다. 자아는 독야청청 홀로 존재할 수 있는 것이 아니다.

그렇다면 우리를 둘러싸고 있는 세계란 무엇을 의미할까? 그것은 바로 사람이다. 물론 세계엔 나의 존재를 업그레이드해줄 수 있는 좋은 물건들이 많이 존재한다. 좋은 차, 좋은 집, 일등석 티켓, 멋진 슈트…. 그러나 이 모든 물건은 인정을 받으려는 수단이지, 인정 그 자체는 아니다.

아무리 억만장자가 된다고 한들, 금덩이로 가득 찬 무인도에서 산다고 한들, 자기를 인정해 줄 사람이 아무도 없다면 무슨 소용이 있겠는가? 명품 산업이 번성하고 많은 이가 성공을 꿈꾸는 이유는 모두 자존감과 연관이 있다. 어떤 여성이 주말에 화장을 정교하게 하고 불편하기 짝이 없는 하이힐을 신고 있다면 그 이유가 무엇일까? 어떤 이가 아침이 되자마자 목을 조이는 넥타이를 매고 무거운 시계를 차는 이유가 무엇일까? 그들은 어디로 가기 위함이 아니다. 누구를 만나기 때문이다.

어떤 제품이 비싸다고 할 때, 그것은 단순히 사용하기 편리하거나 편안해서가 아니다. 그 제품을 가지면 자신이 마치 대단한 사람이 된 것 같은 느낌을 주기 때문이다. 그 많은 물건 자체를 소유하고 있으면 그것으로 인해 사람들에게 괜찮은 사람이 되는 느낌이 든다. 그러므로 자존감은 혼자 형성하는 것이라기보다는 타인과의 관계에서 형성된다.

의사소통은 관계를 맺는 가장 직접적인 방법

사티어는 자존감의 상당 부분이 가족에서 형성된다고 한다. 우리는 모두 가족의 울타리에서 탄생하기 때문이다. 그리고 그곳에서 걸음마를 하고 세상을 향해 한 발을 내디딘다. 지금 내 이름조차도 누군가가 나의 동의 없이 지어준 이름이다. 아이가 처음 만나는 것은 바로 부모의 얼굴이다. 그래서 도널드 위니캇이라는 정신분석학자는 갓 태어난 아기가 거울보다 먼저 보는 것은 엄마의 얼굴이라고 했다.

본래 아이는 처음 태어날 때 자신이 누구인지 모른다. 여기가 어느 병원인지 알 수 없다. 내 앞에 있는 사람이 부모인지, 누구인지 알 길이 없다. 아이는 아직 언어를 모른다. 자신이 누구인지도 모른다. 그 공간에서 누군가가 내게 이름을 붙이고 나를 안는다.

그러므로 내가 누구인지, 어떤 존재인가는 누군가의 품에서 형성된다. 마음은 가족의 품에서 탄생한다. 부모가 아이를 보면서 활짝 웃는다면 아이는 자신의 모습을 환한 존재로 느낄 것이다. 한편, 부모가 아이를 보며 항상 찡그리고 귀찮게 여긴다면, 아이는 깊은 거절감과 단절감을 느낄 것이다. 이렇듯 인생 초기에서부터 만나는 가족 관계에서 충분한 관심과 사랑을 받았는지는 사회적 관계에서 매우 지대한 영향을 미친다. 자존감의 중심에 가족이 있는 이유이다.

가족이 확장되면 사회가 된다. 사회적인 상호작용은 사실 가족 관계의 연장선이다. 만약 어떤 이가 부모로부터 지속적인 사랑과 안정감을 받았다면 사회생활의 관계에서도 자신감 있고 자존감이 높은 모습을 보일 것이다.

그러나 만약 부모로부터 관심을 받지 못하고 지속적인 거절을 겪었다면 사회관계에서도 단절감과 소외감을 유독 많이 느낄 것이다. 한 아이가 자신의 언니들과 질투와 시기를 품은 상호작용을 지속해서 하고 있다면, 이는 향후 성인이 되었을 때 다른 사람과의 갈등을 예고한다.

자존감이 이렇게 어린 시절에 형성된다면, 성장한 후 자존감을 올리는 것은 어려운 일일까? 사티어가 위대한 까닭이 바로 여기에 있다. 사티어는 단호하게 그렇지 않다고 한다. 오히려 그녀는 자존감은 지금 현재에도 충분히 올라갈 수 있다고 한다. 그것은 체험과 경험을 통해서이다. 어떻게 그것이 가능한가? 그녀는 '의사소통'을 이야기한다. 건강한 의사소통을 형성하고 경험하면 자존감이 올라갈 수 있다는 것이다.

사티어는 그래서 자존감을 올리기 위해선 이른바 '의사소통의 패턴'을 주의 깊게 살펴보아야 한다고 한다. '의사소통'은 우리가 관계를 맺는 방식 중 가장 직접적이기 때문이다.

종합하자면, 그 사람의 의사소통 방식은 그 사람의 마음을 이해하는 가장 명료한 지표이다. 그리고 사티어는 의사소통의 패턴을 분류하여 이를 다섯 가지로 구분한다.

자! 당신은 어떤 의사소통을 보일까? 당신은 보통 어떤 말의 형태를 보일까? 그 말은 당신의 어떤 심리적 상태를 보여줄까? 이를 위해 의사소통 유형을 살펴볼 수 있는 질문지를 뒤에 수록해 놓았다. 이 테스트는 비진단용으로서, 의사소통 유형 이론에 기반하여 내가 내담자의 의사소통 방식을 질문할 때 주로 쓰는 것 중 가장 현저한 특성을 보이는 것들을 토대로 만든 것이다.

당신은 한 문제당 다섯 가지 보기를 보게 될 것이고, 당신은 이미 이 다섯 가지 보기의 의사소통을 어느 정도 쓰고 있을 것이다. 그 중 현재 주로 쓰는 의사소통 유형을 하나만 골라 체크하면 된다. 지금 한번 간단한 테스트를 해보자.

4. 다섯 가지 의사소통 패턴

당신의 의사소통 유형 검사지

1. 당신은 의견을 말할 때 실제 어떤 모습을 많이 보이는 편인가?

① 나는 상대의 눈치를 보느라 내 의견을 말하는 것이 어렵다.

② 나는 상대의 입장을 잘 받아들이지 않으며 내 의견을 주장하는 편이다.

③ 나는 공정성에 기반을 두고 무엇이 옳은지를 따지는 편이다.

④ 나는 어떤 사안에 대해 내 욕구나 생각을 명확히 잘 모르겠다.

⑤ 나는 타인의 눈치를 보기보다는 내가 원하는 바를 명확히 표현한다.

2. 친한 사람과의 관계에서 문제가 생겼다면 당신은 보통 어떤 방식을 취하는가?

① 상대에게 사과를 잘 하는 편이다.

② 상대가 뭘 잘못했는지 이야기한다.

③ 객관적 기준에 따라 논리적으로 사안을 분석한다.

④ 그것을 잊기 위해 분주히 다른 활동에 전념한다.

⑤ 상대에게 연락해 부정적인 감정도 솔직하게 말한다.

3. 내가 그동안 사람들과의 관계에서 보인 방식은 무엇인가?

① 누군가를 도와주거나 돌보기 위해 노력한다.

② 내 의견을 존중해주지 않아서 예민해지고 화가 자주 난다.

③ 합리적인 사람이라고 생각하지만 상대에게는 종종 냉정하다는 이야기를 자주 듣는다.

④ 하나의 주제에 대해 말을 하기보다는 계속 화제를 바꾼다.

⑤ 나의 힘든 이야기를 상대에게 잘 하고 상대의 이야기도 경청할 수 있다.

4. 내면을 들여다볼 때 실제 나의 모습을 가장 잘 설명하는 문장은 무엇인가?

① 내가 원하는 바를 명확히 이야기하기에는 자신감이 부족한 편이다.

② 누군가에게 짜증과 화를 많이 낸다는 이야기를 자주 듣지만 내

의견이 잘 받아들여지지 않아 억울한 것이 사실이다.

③ 많은 이들이 나를 유능하다고 하지만 사실 나는 깊은 무기력감을 느끼고 통제력을 잃게 될까봐 두렵다.

④ 어디에도 소속되지 못한 것 같고 내가 느끼는 진짜 감정이 무엇인지 잘 모르겠다.

⑤ 내가 원하는 것을 명확히 이해하고 느끼고 있으며 이를 상대에게 잘 표현한다.

5. 누군가와 친밀해지려고 하거나 거리감을 느낄 때 당신이 가장 많이 보이는 패턴은 무엇일까?

① 누군가에게 친밀해지려고 할 때 혹시라도 거절을 겪지 않을까 조심한다.

② 누군가가 나를 멀리하려고 하면, 가서 왜 그랬는지를 묻거나 따지는 편이다.

③ 친밀감을 요구하지도 않을뿐더러 누군가가 내게 접근할 때 거리감을 유지하려고 한다.

④ 누군가에게 상당히 친한 것처럼 이야기하나 실은 그렇게 친한 것인지 잘 모르겠다.

⑤ 누군가에게 거절감을 받을 때 그 아픈 감정에 충분히 머무를 수 있으며, 그 과정을 충분히 숙고한다.

6. 상대와 대화할 때 당신이 가장 많이 보이는 모습은 무엇일까?

① 상대와 대화할 때, 상대의 표정이나 말투, 태도가 가장 중요하게
보인다.

② 상대와 이야기할 때, 나의 감정과 생각이 가장 중요하다.

③ 나와 상대의 생각이나 감정보다는 명확한 원리원칙에 따라 옳고
그름을 판단한다.

④ 어떤 주제에 잘 집중하지 못하며 긴장된 상황에서는 특히 그러
하여 동떨어진 주제나 엉뚱한 행동을 한다.

⑤ 지금 대화하고 있는 자기와 상대의 생각과 감정을 잘 수용할 수
있으며, 타인을 기꺼이 신뢰한다.

**7. 친구들이 나에게만 연락을 하지 않고 같이 모여 식사를
했다는 이야기를 들었다. 그들을 다시 만났을 때 당신이 보이는
패턴은?**

① 혹시 내가 뭘 잘못한 것은 아닌지 그들의 동태를 계속 살펴본다.

② 어떻게 그럴 수 있냐고 하면서 화를 낸다.

③ 그렇게 하는 것은 친구로서 도리가 아니라고 차분히 말하며 그
들을 타이른다.

④ 아무렇지 않은 척하며 다른 이야기로 화제를 돌린다.

⑤ 나에게 연락을 하지 않고 식사를 한 것에 대해 서운한 마음을 표
현한다.

8. 당신이 평소 쓰는 말투와 가장 가까운 것을 골라본다면?

① 지나치게 상냥하고 조심스러운 태도를 보인다.

② 명령적이고 지시적인 말투를 쓴다.

③ 똑똑하고 합리적인 말투를 쓴다.

④ 유쾌하고 유머러스하나 내면은 늘 불안하다.

⑤ 외부의 눈치를 보기보다는 내 의견을 부드럽지만 명확하게 이야기한다.

9. 상대에게 부당한 일을 겪었을 때 주로 대처하는 방식은?

① 아무렇지 않은 척하고 괜찮다고 하지만, 속으로는 화가 난다.

② 화가 나는 것을 직접적으로 표현한다.

③ 근거를 찾아 합리적으로 따지거나 논리적으로 상대를 설득한다.

④ 갑자기 화제를 전환하며 다른 이야기를 한다.

⑤ 부당한 일에 대해 단호하고 유연하게 내 의견과 감정을 표현한다.

10. 당신이 속한 공동체에서 갈등이 일어나고 있다. 당신은 보통 어떤 행동을 하는가?

① 중간 다리 역할을 하면서 공동체를 화해시키려고 애쓰며 상처받은 이들을 위로한다.

② 보통 공동체 안에서 가장 화가 나는 사람 중 한 명이고, 이를 있는 그대로 표현한다.

③ 저렇게 싸우는 것은 미성숙한 행동이라고 생각하며 내가 해야할

과제에 집중하거나 누가 더 잘못했는지 판단한다.

④ 너무나 불안한 나머지 무엇을 해야할지 모르겠어서 얼어붙어 버린다.

⑤ 갈등의 원인을 살펴보는 동시에 어떻게 하는 것이 바람직한 것인지를 함께 논의한다.

11. 공동체가 어려움에 처해 있다. 당신이 가장 많이 보이는 패턴은?

① 이 일이 잘못될 때 상대에게 비난받고 부정적인 평가를 받을까 봐 노심초사한다.

② 이 일이 잘못된 이유는 상대의 결점이나 잘못 때문인 것을 잘 알고 있고 기회만 주어진다면 이를 명백하게 이야기할 것이다.

③ 공동체가 원칙을 얼마나 잘 따랐는지를 살펴보는 동시에 나 역시 그 원칙에 입각하여 실수하지 않으려고 애를 쓴다.

④ 이 일이 잘못되어 간다는 이야기를 듣는 것이 두려워 다른 일에 집중한다.

⑤ 공동체가 겪은 어려움이 큰일이지만 공동체 구성원들에게 기본적인 신뢰를 느끼며 충분히 이를 극복할 수 있다는 믿음을 가지고 있다.

12. 당신이 타인과의 관계에서 갖고 있는 장점 중 가장 가까운 것은 무엇인가?

① 타인의 미세한 표정과 반응을 잘 읽어낸다.

② 자기주장을 잘 하고 리더십이 있다.

③ 논리적이고 어떤 문제를 잘 해결할 수 있다.

④ 대부분의 관계에서 유쾌하고 재밌다.

⑤ 누군가와 쉽게 친밀해질 수 있고 자신과 타인을 마음 깊이 신뢰
할 수 있다.

총 12개 문항에서 체크한 번호를 합하여 적기

각 번호	체크한 개수
①	_____개
②	_____개
③	_____개
④	_____개
⑤	_____개

**체크한 개수가 가장 많은 번호가 자신의 의사소통 유형일 가능성
이 높다.**

① : 회유형

② : 비난형

③ : 초이성형

④ : 산만형

⑤ : 일치형

만약 당신이 가장 많이 체크한 번호와 다른 번호와의 개수 차이가 2개 이하라면, 이는 '복합적 의사소통 유형'에 해당된다. 예컨대 ① 5개, ② 3개, ③ 3개 라면 회유형, 비난형, 초이성형이 모두 등장하는 복합적 의사소통 유형인 것이다.

우리는 지금부터 각 의사소통 유형과 복합적 의사소통 유형의 특징에 대해 살펴볼 것이다. 당신의 의사소통 유형과 당신과 밀접한 관계에 있는 상대와의 의사소통 유형을 살펴보고, 이에 대한 역학을 조망해 보면서 당신이 다양한 사람과의 관계에서 어떤 의사소통 유형을 반복하고 있는지도 살펴볼 것이다. 더 나아가 이러한 반복된 패턴이 당신의 삶에 어떤 영향을 주는지도 같이 조망해 볼 것이다.

비일치형 의사 소통(회유형, 비난형, 초이성형, 산만형)

의사소통 유형은 회유형, 비난형, 초이성형, 산만형, 일치형의 다섯 가지로 분류된다. 이중 일치형을 제외한 나머지 네 유형은 모두 비일치형의 의사소통에 속한다.

비일치형은 속마음과 겉으로 드러나는 행동이 일치하지 않거나 언어적 행동과 비언어적 행동 사이에 괴리가 발생하는 것이다. 이들의 형태는 각기 다른 특징이 있지만, 공통점이 있다면 모두 가면을 쓴 것처럼 실제 속마음과 겉모습이 일치하지 않는다는 점이다. 속마음을 겉으로 내보이지 않는 까닭은 정도의 차이일 뿐, 인간관계가 불안하기 때문이다. 또한 네 가지 비일치형 의사소통은 스스로의 감정과 욕구, 생각을 외부로 이야기하면 안된다는 믿음을 가지고 있는데, 뒤에서 상세히 다루겠지만, 상처에 기반을 두고 있다. 사티어는 비일치형 의사소통은 모두 자존감이 낮은 의사소통으로, 일치형 의사소통은 자존감이 높은 의사소통으로 보았다. 하나씩 간단히 살펴보자.

누군가에게 맞춰 주는 회유형

회유형은 자신의 의견을 표현하지 못하고 누군가에게 맞춰 주는 경향성이 높은 유형이다. 이들은 누군가에게 부탁을 하지 못하는 동시에 누군가의 부탁을 잘 들어주기 때문에 억울한 일이 많다. 이들은 누군가를 배려하는 것을 넘어 누군가의 일을 떠맡기도 한다. 즉, 누군가의 일을 대신해 주느라 어느 순간, 인생의 주인공이 자신이 아니고 상대방이 되는 경우도 빈번하다. 그래서 이들은 누군가를 위해 봉사하고 돌본다. 어린아이라면 부모를 돌보고, 결혼해서는 배우자를 돌본다. 자녀를 낳으면 자녀를 돌보느라 자신을 잃어버리기까지 한다. 문제는 가정에서만 그런 게 아니다. 이러한 패턴은 다양한 사회적 관계에서도 반복된다. 따라서 능력과 역량이 있는 사람도 사회에서 그 역량을 발휘하기 어렵다. 왜냐하면 사회에서도 계속 양보로 점철되어 있기 때문이다. 이들은 타인과의 관계에서 나 때문에 누군가 상처받지는 않을까, 내가 이렇게 행동하면 타인이 날 비난하지 않을까를 노심초사한다.

그럼에도 이러한 경향이 건강하게 발현된다면 누군가를 수용하고 돌보며 사랑하는 사람이 된다. 우리는 그런 사람에게 어떤 마음을 가질까? 관계는 상호적이다. 이들은 관계를 잘 맺을 수 있는 역량이 있는 사람이다.

자신의 의견이 분명한 비난형

비난형은 정확히 회유형과 반대 유형이다. 이들은 자신의 의견을 잘 표현하는 동시에 다른 사람의 의견은 무시하는 경향이 높다. 회의 중엔 자신의 의견을 분명하게 표현하고 그것이 받아들여지지 않을 때 분개한다. 자신의 의견은 강요하면서 스스로는 다른 사람의 의견을 잘 받아들이지 않기 때문에 주변 사람들과 갈등을 겪는다. 이들은 자신이 하려던 것이 좌절되면 심하게 화를 낸다. 즉, 자신에게 몰두해 있느라 상대방의 마음을 헤아리는 데 서툴다. 그래서 타인에 대한 배려가 현저히 적다. 비난형은 자신의 것을 손해 보기 싫어하나 자신을 늘 피해자라고 생각하는 경향이 있다. 이들은 타인과 문제가 생길 때, 이건 당신 때문이라는 반응이 자동적으로 나온다.

그럼에도 이러한 경향이 건강하게 발현된다면 자신의 주장을 적절히 표현할 수 있는 담대함이 있는 유형으로 나아갈 수 있다.

합리적으로 보이지만 차가운 초이성형

초이성형은 남의 의견만 따르거나 내 의견만 관철하지 않는다. 언뜻 보면 합리적으로 보이지만 사실 이들은 굉장히 차갑다. 이들은 감정을 중요하게 생각하지 않는다. 심지어 감정은 시간 낭비이자 불필요한 요소라고 생각하기도 한다. 이들에겐 변명이 통하지 않는다. 이유야 어찌 되었든 기준과 규칙에 어긋나는 일이기 때문이다. 이들은 객관성을 중시하고 통계나 근거를 중시한다. 이들은 논리적이고 사회에서 성공할 확률이 높다. 왜냐하면 자신도 규칙과 규율에 따라 열심히 노력하고 높은 완벽성을 지니고 있기 때문이다. 그러나 이들은 누군가와 깊은 교감을 갖지 못하기 때문에 늘 관계 안에서 소외되어 있다.

많은 사람이 이들과 있으면 뭔가 벽에 계속 막힌다는 느낌이 들수 있는데, 그건 이들이 항상 거리감을 두기 때문이다. 초이성형에게 감정을 묻는다면 잘 모르겠다고 할 수 있다. 이들은 늘 거리감을 유지한다. 자신도 누군가에게 친밀해지려고 하지 않으며, 상대도 자신에게 가까이 오려고 하면 얼른 거리를 둔다. 이들은 누군가와 가까워지는 것에 대해 두려움을 갖고 있기 때문이다. 그러나 이러한 경향이 건강하게 발현된다면 합리적이고 유능하며 높은 성취를 이룰 수 있다.

걱정이 많고 불안을 못 견디는 산만형

산만형은 언뜻 보기에는 유쾌하고 재밌으며, 아무런 걱정이 없는 것처럼 보인다. 그러나 이들은 그 어느 유형보다 가장 걱정이 많다.

이들은 복합적이고 혼란스러운 감정을 느끼는데, 기쁨과 소외감, 외로움, 서러움 등을 동시에 느끼기도 한다. 이들은 조금이라도 불편한 상황이 되는 것을 참기 힘들어하며 그럴 땐 난데없이 화제를 돌리거나 재미있는 이야기로 무마하려고 한다. 또한 어떤 질문을 할 때 완전히 다른 이야기가 나오고 맥락과 전혀 관련 없는 행동이 생뚱맞게 나타나기도 하기에 함께 있다 보면 주위 사람도 산만하다는 느낌을 받는다.

이들이 가장 싫어하는 것은 긴장감이다. 이들은 불안을 견디기 힘들어하므로 긴장감에서 벗어나려고 한다. 그래서 대인관계 안에서 지속적인 좌절이나 갈등을 겪으면 갑작스럽게 잠적해 버리거나 연락을 두절하는 모습도 나타날 수 있다. 그러나 이러한 경향이 건강하게 발현된다면 유머를 발휘하여 주위를 즐겁게 하거나 창의적인 일을 할 수 있다.

속마음과 행동이 일치하는 일치형

그럼 일치형의 의사소통이란 무엇일까?

일치형은 속마음과 겉으로 나타나는 행동이 대략 일치하고 언어적 행동과 비언어적 행동도 일관적인 경향성을 가지고 있다. 이들은 인간관계에서 매우 솔직하기 때문에 여러 사람과 잘 어울리면서도 깊은 대화를 나눌 수 있다.

이들은 스스로 생각하고 느끼는 것을 잘 표현하고 자신의 주장을 유연하게 펼칠 수 있는 능력이 있다. 또한 이들은 상대의 욕구와 감정을 경청할 수 있는 사람이기도 하다. 이들은 자신의 한계를 인정할 줄 알고 상대와 협력하는 것을 꺼리지 않는다. 누군가에게 도움을 줄 수도 있고 누군가에게 도움을 받을 줄도 안다. 그리고 이들은 그럴 때 진심으로 고마움을 느낀다. 자신과 타인 모두에게 수용성이 높고 사람에 대한 따뜻한 마음이 있으므로 인간관계 안에서 유연하고도 호감 있는 사람으로 존재한다.

이렇게 다섯 가지의 의사소통 유형을 간단히 살펴보았다. 우리는 이제 이 의사소통의 유형이 어떻게 나타나는지, 어떤 원인으로 이러한 패턴이 형성되는지에 대한 생생한 현장을 살펴볼 것이다. 모든 것이 딱 들어맞지 않을 수도 있다. 또한 이 유형으로 누군가를 재단하려는 것도 아니다.

다섯 가지 유형을 이해해보는 작업은 나와 상대를 좀 더 깊게 이해하고 좀 더 유연하게 대처하는 시각을 갖게 하는 데 그 목적이 있다. 자신이 특정한 유형과 많이 들어맞는다면, 그 유형과 매우 가까운 의사소통을 쓰는 사람일 수 있다. 정도가 강하다면, 그 유형이 유독 강하게 나타나는 것이다.

그렇다면 상황에 따라 다르거나 여러 유형이 함께 있다면 어떨까? 이는 뒤에서 좀 더 자세히 알아보겠지만, 복합적인 의사소통을 쓰는 사람일 수 있다. 그럼 하나씩 살펴보도록 하자.

4장.
의사소통 패턴으로
나와 상대를 이해하다

1. 회유형
'다른 사람에게 맞춰 주는 사람'

회유형이라면 들었을 이야기

당신이 오랫동안 회유형이었다면 누군가의 목소리, 주장을 들어 주느라 자신의 목소리는 잃어버렸을 수 있다. 그래서 믿을 수 있는 친구나 소중한 사람들로부터 이런 이야기를 많이 들었을 가능성이 있다.

"왜, 너는 네 주장을 하지 않아?"

"뭐가 맨날 괜찮아! 어? 또 그런다."

"남의 일은 그만하고 네 일을 해."

"네가 뭐가 부족해서 그런 사람과 함께 지내니?"

"넌 참 속도 좋다."

이러한 이야기들은 무엇인가 인생에서 손해가 오고 있다는 이야기다. 이들은 왜 이런 이야기를 들으면서도 건강하지 못한 관계를 이어나가고 있는 것일까? 이를 알기 위해서는 회유형의 핵심적인 생각을 들여다볼 필요가 있다. 그것은 바로 다음과 같다.

"내가 틀리고 당신이 옳아요."

회유형의 말투와 특징

회유형이 많이 쓰는 말투가 있다. "아무거나요" "죄송해요" "괜찮아요"가 그것이다. 당신이 만약 회유형이라면 이런 말투를 얼마나 자주 쓰는지를 한번 점검해보라. 하루에도 여러 번 그런 말투를 쓰고 있다면 당신은 자기 자신을 부정하고 누군가의 눈치를 보고 비위를 맞춰주는 경향이 현저할 것이다. 어쩌면 이전부터 지금까지 부모, 친구, 자식, 상사, 동료 등 누군가를 위해 사느라 자신을 잃어버렸을 가능성이 크다.

만약 당신의 인생이 정말 풀리지 않을 때, 그것을 자신의 게으름이나 나태함 때문이라고만 생각하지 않길 바란다. 심지어 당신이 객관적 기준이 분명한 입시나 어떤 시험을 준비하는 사람이 아니라 인간관계 가운데 있는 사람이라면 더욱 그러하다. 심지어 당신이 회유형이라면 한번 진지하게 고민해 볼 필요가 있을 것이다.

당신이 착하고 성실하기만 하다면 어떻게 될까? 어떤 이는 그런 당신에게 고마워할 것이다. 그러나 어떤 이는 당신에게 무엇인가를 떠맡길 것이다. 그리고 그 몫을 당당히 가져갈 것이다. 누군가는 당신에게 도움을 요청하면서 이건 꼭 당신이 해야 한다고 당당히 주장할 것이다.

인류 역사엔 뛰어난 능력을 갖고도 흔적도 없이 사라진 사람이 있다. 다른 사람의 뒤치다꺼리만 하느라 그림자가 되어버린 경우다. 반대로 어떤 유력한 사람들은 자신의 능력보다 훨씬 뛰어나게 평가받는 경우가 있다. 그들 뒤에는 유능한 회유형들이 있었을 가능성이 있다. 회유형은 누군가를 빛나게 하는 충실한 보조자가 되기 때문이다. 이름도 없이, 빛도 없이 누군가를 비춰주기만 하는 예도 있다.

토머스 에디슨은 천재는 1%의 영감과 99%의 노력으로 이뤄진다고 했다. 그런데 그 99%나 되는 노력을 꼭 자신이 직접 했는지는 두고 볼 일이다. 게다가 1%라는 영감도 자신의 것이 아닌 경우가 허다하다. 에너지는 한계가 있다. 무엇인가에 에너지를 쏟으면 그만큼 자신의 에너지는 빠져나가는 법이다. 회유형은 지속해서 자신의 것들을 손해 본다. 그들은 무엇인가를 떠맡지만 정작 돌아오는 열매는 노력에 비교하면 현저히 부실하다.

심지어 그들은 희생양이 되기도 한다. 그들은 이 모든 일을 하면서도 항상 웃음 짓고 괜찮은 척한다. 누군가가 이 사람이 가지고 있는 짐이 너무 많은 것 같아 괜찮냐고 물어보면 그들은 마치 기다렸다는 듯이 괜찮다고 한다. 이 정도는 아무것도 아니라고 한다. 그들은 자신이 잘못한 게 아닌데도 습관적으로 이렇게 말한다.

"죄송합니다."

그들은 늘 쾌활해 보인다. 그들은 늘 괜찮다.

"전 괜찮아요."

지금 친구들과 함께 식사하고 있다. 그런데 만약 자신만 빼고 다른 친구들은 모두 취업을 한 상태면 어떻게 할까? 그런 자리에서도 그들은 예전처럼 얼른 계산하러 나가며 이렇게 말한다.

"나 돈 있어. 오랜만에 만났으니 내가 살게."

만약 뭘 먹으러 가자고 하면 그들은 자신이 좋아하는 것을 먹자고 할 때가 거의 없다. 그들은 바로 이렇게 물어본다.

"아무거나 다 좋아요"

한 직장에서 아주 좋은 프로젝트가 생겼다. 이 프로젝트는 승진과도 연관되고 잘하면 본부로도 갈 수 있는 기회가 된다. 본부장은 이 프로젝트를 누가 할 거냐고 묻는다. 모두가 아주 좋은 기회인 것을 알기 때문에 서로 눈치만 보는 사이, 회유형인 김대리는 이렇게 말한다.

"저는 괜찮습니다."

그들이 누군가를 돌보고 희생양을 자처하는 이유

이들이 누군가의 일을 떠맡고 누군가를 돌보며 희생양을 자처하는 이유가 무엇일까? 그들은 좋은 사람, 착한 사람으로 인정받는 것을 매우 중요하게 생각한다. 자신이 누군가를 위해 희생하고 누군가를 돌보면 그때는 적어도 자신이 필요한 사람이 된다. 그렇게 함으로써 그들은 자신이 가장 두려워하는 것을 마주하지 않아도 된다.

그 두려움이 무엇일까? 그것은 바로 '거절감'이다. 그들은 어린 시절부터 거절감이나 편애를 겪었을 가능성이 크다.

만약 부모가 자신을 거절한다면 어떨까? 부모가 자신이 아닌 언니나 오빠를 더 사랑하는 것을 보게 된다면 어떤 마음이 들까? 내가 부족해서 부모님은 나를 그토록 거절했던 것일까? 내가 언니처럼 공부도 잘하고 오빠처럼 씩씩하게 운동도 잘한다면 나도 사랑받을 수 있을까? 그러나 나는 아무리 노력해도 언니나 오빠처럼 운동이나 공부를 잘하기 어렵다. 공부나 운동은 그냥 열심히만 하면 되는 것이 아니라 재능의 영역과 밀접하게 연관되기 때문이다.

그럼 아이가 선택할 수 있는 것은 무엇이 있을까? 그것은 바로 '착한 사람'이 되는 것이다. 나는 착해져서 부모에게 사랑을 받을 수 있다. 내가 부모에게 싹싹하게 군다면 나도 언젠가는 사랑을 받을 수 있을 것이다. 심지어 부모가 "아빠, 엄마 말을 잘 들어야 착한 아이라고 했지?"라고 반복적으로 말하게 된다면, 착해야 한다는 강박관념은 더욱 강화된다.

만약 회유형 아이의 부모가 하루가 멀다고 싸운다면 어떻게 될까? 아이가 성인이 되면 그 당시 부모가 그렇게나 싸웠던 이유가 자신 때문이 아니었음을 알게 될 것이다. 그것은 자신이 뭘 잘못했기 때문이 아니라 부모의 성격적 문제였거나 혹은 경제적으로 어려웠기 때문이었다는 것을 말이다.

그러나 아이가 성인이 되어 부모님이 그렇게 싸웠던 것이 그분들의 이슈임을 이해했다고 하더라도 이전의 어렸던 나의 생각까지 바꾸는 것은 아니다. 그 당시의 나는 아이의 시선으로 세상을 바라보고 부모를 바라보았다. 그리고 그 아이는 성인이 되었다고 해도 그때의 마음이 사라지지는 않는다. 오히려 여전히 내면 깊은 곳에서 어린아이의 마음을 지니고 있다.

성인과 아동의 현저한 차이 중 하나가 '조망 수용' 능력이다. 조망 수용이란 타인이 어떤 감정을 느끼거나 생각을 하고 행동을 할 때, 이를 타인의 처지에서 생각해 볼 수 있는 능력이다. 이른바 조망 수용은 타인의 의도와 감정을 읽을 수 있는 능력이다. 그러나 어린아이는 조망 수용의 관점으로 세상을 바라보기보다는 자아 중심성(egocentrism)으로 세상을 해석한다.

조망 수용과 자아 중심성의 차이가 무엇일까? 보통 조망 수용이 있는 성인은 생일 선물을 살 때 그 사람이 무엇을 좋아할지를 생각한다. 그러나 어린아이는 내가 좋아하는 것이면 상대도 당연히 좋아할 것으로 생각한다.

예를 한번 들어보자. 어린아이가 엄마에게 와서 생일 선물을 준다고 한다. 그리고 뒤로 손을 감추고 있다. 비장의 무기인 깜짝 선물이 있는 것이다. 엄마가 무엇이냐고 물을 때 아이는 감춘 손을 꺼낸다. 손에는 막대사탕이 있다. 엄마가 정말 막대사탕을 좋아할 것으로 생각하는 것이다. 왜냐하면 자신이 그것을 좋아하기 때문이다. 이처럼 아이는 자아 중심성을 갖고 세상을 바라본다. 즉, 아이는 자신을 중심으로 세상을 바라보기 때문에 좋은 일이 있을 때, 그것을 자신 때문이라고 생각한다. 반대로 나쁜 일이 있으면 그것 역시도 자기 때문에 생긴 것이라고 생각한다.

만약 부모가 이혼하기로 선언한다면, 아이는 엄청난 충격과 함께 이 모든 문제가 자기 때문이라고 생각한다. 자신이 뭔가를 잘못해서 부모가 이혼하는 것으로 생각하는 것이다. 왜냐하면 세계가 자신을 중심으로 돌아가는 자아 중심성의 입장에서는 부모의 이혼이 그분들의 이슈라기보다는 자신과 직접 연관되기 때문이다.

나 때문에 부모님이 싸운다고 여긴다면 아이는 어떻게 할까를 생각한다. '엄마, 아빠 말씀을 듣지 않아서 그랬구나. 이제부터는 말을 잘 들어야지', '맞아, 이제부터는 동생하고 안 싸워야지'라는 생각을 하게 될 것이다.

실제로 엄마와 아빠가 싸우면 갑자기 당사자도 아닌 아이가 울면서 "엄마, 아빠, 이제부터 제가 더 잘할게요."라고 말하는 경우가 많이 있다. 아이는 내가 좀 더 착해지고 잘하면 가정에 다시 평안함이 찾아올 것으로 생각한다. 그러나 만약 가정에 더 많은 위기가 찾아오면 어떻게 할까? 아이는 더 착해지려는 행동을 취하면서도 더 잘하지 못했던 자신을 탓한다. 이렇게 죄책감이 싹트기 시작한다.

부모들에게는 결혼하기 이전의 시간이 있다. 거기엔 자신의 어린 시절, 부모, 가족, 친구가 있었다. 자신만의 기억과 추억이 있다. 배우자는 매우 소중한 존재지만 그럼에도 불구하고 둘은 인생의 중턱에서 맺어진 관계다. 결혼은 법적으로 맺어진 것이기 때문에 이혼의 가능성도 있다. 그래서 부부로 묶여 가족을 이룬 성인은 이중적인 가족을 가지고 있다. 어린 시절의 가족과 현재의 가족이다.

나는 내담자와 심리검사를 하면서 그 과정에서 그림 검사를 진행할 때가 있다. 그림 검사 중에는 가족 그림을 그리는 경우도 있다. 그러면 많은 성인은 그림을 그리려다가 갑자기 멈추고 "지금 우리 가족을 그리라는 건가요? 아니면 어렸을 때 가족을 그리라는 건가요?"라고 묻는다. 심지어 어떤 성인은 묻지도 않고 지금의 가족이 아닌 어린 시절의 가족을 그린다. 그 그림에서 자신은 어린아이로 등장한다. 마음 깊은 곳에 자리잡은 어린 시절의 그 가족이다. 이렇듯 성인에겐 지금의 가족 이전의 가족이 있었다. 다 커서도 그곳에 계신 아버지와 어머니는 큰 존재다. 나는 여전히 어린아이다. 성인인 경우에도 내 안에 있는 어린아이는 여전히 내 안 깊은 곳에 숨어 있다.

부모에게 담겨지지 않았을 때 발생하는 일

부모는 아이의 마음을 담는다. 그리고 아이는 부모에게 정서적으로 담긴다. 왜냐하면 어른인 부모는 부성과 모성으로 아이를 정서적으로 담을 수 있는 능력이 있기 때문이다. 그리고 아이는 부모에 담겨서 성장하기 시작한다. 그 안에서 어리광도 부리고 안아달라고도 한다. 사랑의 표현이다. 내 존재를 사랑해주는 사람이 인생 초기에 있다는 것은 엄청난 행운이다.

그러나 만약 부모가 아이를 담지 않는다면 어떻게 될까? 아이에게 부모는 필요하다. 아이에게 부모는 가장 사랑하는 존재이다. 만약에 아이가 부모에게 학대를 겪는다면 아이가 갈 수 있는 곳은 어디일까? 우선 아이는 집을 나갈 수가 없다. 집이 아이의 유일한 세계이기 때문이다. 집 밖은 죽음을 뜻한다. 그래서 아이는 가혹한 학대를 겪을 때, 방의 모서리 끝, 구석 자리에 내몰린다. 그 밖엔 다른 뾰족한 수가 없다.

아이에게 부모는 세계이며, 생존 그 자체이다. 자신의 모든 것이어서 지켜내야 한다. 그러므로 아이는 도리어 부모를 담기 시작한다. 아이가 갑자기 어른이 되어버린다. 엄마, 아빠가 경제적인 문제로 격렬하게 싸우고, 집안 물건이 박살이 나기 시작할 때, 아이는 엄마와 아빠보다 더욱 절망스러워한다.

"우리 집은 끝났어"라는 이야기가 들릴 때, "너희들은 누구와 살래?"라는 말이 들릴 때 아이의 마음은 털썩 가라앉는다. 싸움의 폭풍이 끝난 뒤 울고 있는 엄마에게 간 아이는 "엄마 내가 더 잘할게"라고 말하며 안기기도 한다. 그러면서 뭔가를 준비해 오거나 새로운 희망이 되려고 한다.

"엄마, 이것 봐. 내가 그린 그림이야."

"엄마, 내가 더 잘할게, 동생하고 이제 싸우지 않을게."

"내가 나중에 크면 엄마, 아빠 큰 아파트 사줄게. 거기서 우리 행복하게 살자."

아이는 부모의 기분을 풀어주려고 하고 자신이 달라질 것이라고 선언한다. 또 모든 문제를 해결해 줄 거라고 이야기하기도 한다. 심지어 가정의 희망이자 기둥이 되려고도 한다. 자신이 나중에 조금만 크면 경제적인 어려움을 해결해 줄 것이라고 말한다.

　모든 말이 진심이지만, 사실 아이는 아이일 뿐이다. 아이가 집안의 가장이 될 수는 없고, 기둥이 되어서는 안 된다. 기둥이 되기에 아이의 어깨는 작고 연약하다. 그러나 그들은 그것을 해낸다. 그들은 마치 가족의 구원자가 된 것처럼 행동하고 모든 것을 해결해주는 해결사가 된다. 그들은 심지어 부모를 이해하고 동생을 돌보기도 한다. 그러나 그 속에는 깊은 쓰라림과 버거움이 있다. 웃고 있는 사랑스러운 아이 이면엔 어둡게 몰아치고 있는 불안의 격동이 있다. 우리 집이 무너질지도 모른다는 불안, 가장 사랑하는 존재를 잃을지도 모른다는 불안, 자신이 버려질지도 모른다는 불안을 경험한다. 아이는 불안의 격동에서 신음한다. 그러나 소중한 존재를 지켜야 한다는 마음이 생긴다. 그래서 겉으로는 웃고 괜찮은 척하는 중이다. 그렇게 그들은 자신의 목소리, 자신의 바람을 잃게 된다. 그렇게 어른이 된 이는 부모가 아닌 다른 사람들과의 관계에서도 비슷한 패턴을 갖는다. 자신의 목소리를 희생하고 타인의 욕구, 바람에 맞춰 사는 것이다.

그들이 본래 좋은 사람이기 때문이다

　다른 한편, 회유형에겐 좋은 자원이 있다. 그것은 바로 타인을 돌볼 수 있는 능력과 민감한 정서다. 그리고 그들은 누구보다 사람을 중요하게 생각하는 사람이다. 그들이 시간이 많아서 그것을 다 떠맡은 게 아니다. 그들이 먹고 싶은 것이 없어서 당신이 먹자는 대로 가는 것이 아니다. 그들이 돈이 많아서 그 돈을 다 낸 것도 아니다. 그렇게 했던 이유는 그들이 본래 좋은 사람이기 때문이다.

좋은 사람도 억울한 법이다. 그러나 그들은 계속 더 좋은 사람이 되어야 한다고 생각한다. 그러므로 회유형이 웃을 때, 그것이 정말로 웃는 게 아닐 수 있다. 그들이 괜찮다고 할 때 정말 괜찮은 것이 아닐 수 있다.

2. 비난형
'분노와 억울함으로 가득 찬 사람'

비난형이라면 들었을 이야기

만약 당신이 비난형이라면 소중한 누군가로부터 이러한 이야기를 들었을 가능성이 클 것이다.

"제발 잔소리 좀 그만해."

"화 좀 그만 내."

"네 말이 너무 아파."

"당신이 날 비난하지만, 속은 따뜻한 것을 알고 있어."

"네가 상처를 많이 받아서 그런 매서운 말을 했던 거구나."

비난형이 가지고 있는 핵심적인 생각은 다음과 같다.

'나는 옳고 당신은 틀리다.'

비난형의 말투와 특징

회유형이 "나는 틀리고 당신이 옳다."는 의사소통 패턴을 갖는다는 점에서 비난형은 정확히 반대에 속한다. 비난형이 많이 쓰는 말투가 있다. "넌 도대체", "다른 사람은 이런다더라", "왜 그렇게 했어?"와 같은 비난과 비교의 말투다.

회유형이 자신을 부정하고 상대에게 맞춘다면, 비난형은 자기 뜻에 상대가 맞추기를 바란다. 회유형이 죄송하다고 하고 괜찮다고 하는 것이 습관화되어 있다면, 비난형은 사과를 요구하는 것이 습관화되어 있다. 누가 괜찮은지 묻지 않아도 스스로 목소리를 높여 안 괜찮다고 따지기 일쑤다. 이들은 성인이 되어서도 조망 수용 능력이 덜 발달되어 있어서 많은 것들을 자신의 기준으로만 생각한다.

이를테면 어떤 사람이 모임에서 피곤해서 먼저 가야겠다고 할 때, 그 사람이 그동안 얼마나 피곤했었는지를 떠올리기보다는 내가 싫어서 가는 것으로 생각하고 괘씸해할 수 있다. 이들은 누군가를 비난하지만, 자신이 비난을 당하는 것은 못 견뎌한다.

만약 그들이 비판이나 비난을 받는다면 불같이 화를 낼 수 있다. 비난형과 함께 협업을 했을 때 일이 잘 안 되면 당신 때문에 그렇다고 비난할 가능성이 크다.

심한 비난형의 경우 내 편 혹은 다른 편이라는 이분법적이거나 편집증적인 생각을 하고 있다. 또한 자신이 옳다는 신념으로 가득 차 있으며 독선적이며 다른 사람을 무시하는 경향이 있다. 비난형의 핵심 감정은 '분노'다. 분노는 짜증, 예민, 화 등으로 나타난다.

"나 지금 화났거든?"이라는 표현을 살펴보자. 이러한 분노라는 감정의 속성을 가만히 살펴보면 "너 때문에"라는 말이 숨겨져 있다. 즉, 내가 화난 것은 바로 너 때문이라는 것으로서 내가 화난 것은 정당하고 그 이유는 네가 무엇인가를 잘못했다는 것을 의미한다. 요컨대 분노는 내가 옳다는 감정인 동시에 너는 틀렸다는 감정이다. 정확히 분노가 많은 비난형의 의사소통과 일치한다.

만약 누군가가 당신에게 화가 났다면, 그 사람은 지금 자신이 옳다고 하고 당신은 틀렸다고 말하는 중일 가능성이 매우 크다. 당신이 그런 일을 겪으면 어떤 감정이 올라올까? 당신도 화가 날 것이다. 왜냐하면 본래 사람은 자신이 틀렸다고 하는 것을 견디기 어려워하기 때문이다. 그렇게 된다면 서로는 서로가 틀렸다고 하면서 싸우게 된다.

비난형이 극단적일 경우 강렬한 분노 감정을 더 자주 느낀다. 예를 들면 누군가가 자신을 조금이라도 무시하고 있다는 생각이 들면 속으로 "감히…"라는 생각과 함께 얼굴이 붉어질 수도 있다.

그러나 분노 감정은 결코 아무에게나 표현할 수 있는 것이 아니다. 만약 부하직원이 상사에게 막무가내로 분노를 표현한다고 생각해보자. 상사는 부하직원이 그 순간을 사과한다고 하더라도 향후 그 사람을 자신이 챙겨야 할 사람으로 생각하지 않을 가능성이 농후하다. 동료끼리는 어떨까? 사실 분노 감정은 한번 표출하면 수습이 안 될 가능성이 크다. 동료도 화가 많은 사람이라면 같이 싸울 수도 있겠지만 그렇지 않는다고 하더라도 그 사람과 다시는 가까이하지 않을 것이다. 즉, 분노 감정은 사회적 관계를 해치는 독약과 같다.

또한 아무리 극단적인 비난형이라고 하더라도 활활 타오르는 분노 감정을 아무에게나 터뜨리는 것은 아니다. 어떤 분노조절장애인 사람이 고속도로에서 운전을 하고 있는 상황을 생각해보자. 갑자기 어떤 차가 깜빡이도 없이 파고 들어오는 바람에 급브레이크를 밟고야 말았다. 다행히 사고는 나지 않지만, 그 사람은 지금 화가 머리끝까지 났다. 끼어 들어온 앞차를 향해 경적을 울려댄다. 그런데 이게 웬일. 보통 같으면 비상 깜빡이를 켜면서 가던 길을 계속 갈 텐데, 앞차가 갑자기 갓길에 서는 것이다. 분노에 휩싸인 사람은 잘 걸렸다고 여긴다. 그 차의 뒤쪽으로 차를 가까이 주차한다. 그리고 차에서 얼른 내려 앞차를 향해 성큼 다가간다. 그런데 앞차에서도 어떤 이가 내린다. 눈빛만 봐도 살벌하고, 사람 몇 명은 쉽게 해치울 것 같은 아우라가 느껴진다. 심지어 키도 20cm는 더 크고 덩치도 산만하다. 게다가 차에서 뭔가를 뒤지고 있는데 아무래도 연장인 듯싶다.

분노조절장애인 사람은 그 순간 "아차" 싶다. 지금 그의 전전두엽에서 이런 외침이 들려온다. "빨리 도망가" 그 사람은 얼른 뒷걸음질을 쳐 차를 타고 유유히 사라진다. '분노조절장애'가 '분노 조절 잘해'로 바뀌는 순간이다.

분노 감정이 많은 사람도 사회적인 관계에서는 여간해서 이를 그대로 표현하지는 않는다. 그래서 그들은 분노 감정을 낮춰 은근한 비난을 한다. 노골적인 비난도 있지만, 그것도 하기가 어렵다면 은근히 뒤에서 험담하거나 비꼬는 말투를 하기도 한다. 그런데 이 비난도 아무에게나 그러는 것은 아니다. 이 비난은 만만한 사람, 그래도 될만한 사람에게 향한다. 상사보다는 부하직원, 강자보다는 약자에게 향한다. 그 대상은 주로 회유형이다.

비난형이 만나는 유형

당신에게 문제를 한번 내보겠다. 그렇다면 이 비난형은 주로 어떤 유형과 연애를 할 것 같은가? 실제로 결혼까지 하게 되는 유형은 무엇일까?

다름 아닌 '회유형'이다.

왜 그럴까? 잘 살펴보자. 먼저 비난형은 "내가 맞고 당신은 틀렸다."는 것이다. 그런데 "맞아, 내가 틀렸고 당신이 맞다."라고 표현하는 사람이 있다. 바로 회유형이다. 그래서 비난형은 회유형과 결혼하는 것을 원한다. 수동적인 회유형은 상대에게 맞춰주다가 이 결혼이라는 제도에 들어와 버리게 된다.

서로 간에는 환상이 생긴다. 비난형인 남편은 회유형인 아내가 순종적이고 자기 뜻을 맞춰줄 것을 기대한다. 다른 한편, 회유형인 아내는 리더십도 있고, 강한 힘을 지닌 비난형의 남편이 자신을 이끌어주고 보호해줄 것이라는 환상을 갖는다. +극은 -극과 만난다. 그러나 결혼은 환상대로 되지는 않는 법. 사실 비난형은 그리 믿을만하지 못한 경우가 많다. 오히려 책임을 질 문제가 있으면 회유형에게 은근히 미루고 잘못되면 비난을 하는 경우도 자주 발생한다.

나는 지금껏 부부 상담을 하면서 내담자가 회유형이라면 그의 배우자는 비난형인 경우를 무수히 보아왔다. 실제 많은 연구에서도 이러한 경향성은 확연하게 나타난다. 사회적 관계에서는 분노를 표현하기가 어렵다고 했다. 그렇다면 이 분노는 누구에게 향할까? 사회적 관계보다 가족 관계는 훨씬 분노를 쏟아내기가 쉽다. 사회는 자신에게 등을 돌릴 수 있어도 가족은 그러기가 쉽지 않다. 그래서 많은 비난형들은 사회적 관계에서 참았던 분노를 가족에게 터뜨린다. 비난형의 희생양이 가족이 되는 것이다. 다른 사람에게 풀지 못한 분노가 가족을 향하는 것이다. 그래서 심한 비난형과 같이 살고 있으면 가족 관계가 서서히 무너지기 시작한다.

한 회유형인 아내는 남편을 돌보고 가정을 돌보고 일도 열심히 하느라 너무나 지친 상태였다. 그에 반해 알코올 중독에다 여러 행동 문제를 가지고 있는 비난형 남편은 자신의 잘못을 도무지 인식하지 못한 채 아내를 비난하기 일쑤였다. 아내는 그런 남편의 비난을 묵묵히 듣고 있었다. 겉으론 괜찮아 보였지만, 속은 곪아 터질 지경이었다. 그 아내는 사실 거의 화병에 가까울 정도로 울화가 가득했다.

1970년대 가부장적 시대를 묘사한 드라마를 보면 이러한 장면이 자주 나온다. 남편은 무슨 일에선지 아내가 차린 밥상을 보며 이것도 반찬이냐고 큰소리를 낸다. 그때만 해도 그런 남편을 "사내답다." 라고 했던 풍조가 있었다. 그러나 사실 이러한 행동은 치료를 받아야 하는 상당히 병리적인 비난형을 의미할 수 있다.

가족에게만 그런 것은 아니다. 처음엔 조용하다가도 직급이 높아지거나 힘이 강해지는 시점에서 그들은 서서히 비난형의 면모를 드러낸다. 그들은 자신이 잘못했을 때도 습관적으로 이렇게 말한다.

"내가 뭘 잘못했는데?"

반대로 상대가 뭔가를 잘못했거나 기대에 못 미쳤을 때는 거침없이 비난한다.

"너는 도대체 누구 닮아서 성적이 그 모양이니?"

또한, 일이 틀어졌을 땐 그 원인을 반드시 외부에서 찾는다.

"그러니까 제가 이렇게 하자고 했잖아요. 이제 이거 어떻게 할 거예요?"

시험이나 경제적 실패 등 역경을 겪을 땐, 세상과 타인 모두를 비난한다.

"아무리 노력해도 안 되는 참 더러운 세상이야."

"어차피 다 부모 수저로 결정되는 거더라고..."

그들은 항상 문제를 외부에서 찾는다. 문제는 외부에 있으므로 이들은 남 탓을 하거나 비난을 하면서도 정작 자신이 비난받는 것을 극도로 싫어한다. 문제는 분명히 저쪽에 있는데, 왜 나를 비난하는 거야. 그들은 황당하다는 표정을 짓는다.

이들은 보통 어느 정도의 공격성을 가지고 있으며, 다혈질이고, 통제적이기도 하다. 그렇다고 해서 그들이 모두 소시오패스나 사이코패스라는 의미는 결코 아니다. 오히려 비난형의 공격성 이면엔 약한 상처가 있는 경우가 많다. 그들의 강한 다혈질 이면엔 두려움이 숨어 있다. 그들의 통제적 면모에는 모든 것을 상실할지도 모른다는 깊은 위축감이 숨겨져 있다. 그들은 사실 겉으로는 강해 보이지만 속을 살펴보면 매우 약한 유형이다.

그들이 자주 분노를 느끼게 된 이유

비난형은 어떻게 형성된 것일까? 모든 사람은 아기였던 때가 있다. 그리고 아이가 처음부터 비난형으로 태어나는 것은 아니다. 아이는 아직 말을 배우기 전이고, 비난형이라는 말투는 누군가와의 관계와 환경에서 형성되었을 것이다.

만약 내가 거부되거나 부정된다면 어떻게 될까? 심지어 누군가에게 끊임없는 비난을 들었다면 어떻게 될까? 나는 더 목소리를 높일 것이다. 그것이 부당하다고 항의할 것이다. 화가 날 것이다. 그들은 오랫동안 거절되고 부정되었던 역사가 있을 가능성이 매우 크다. 이러한 환경과 시간에서 그들은 목소리를 높이게 된 것이다.

회유형과 비난형은 모두 부모로부터 수용 받지 못하고 사랑받지 못한 상처가 있다. 둘 다 누군가로부터 거절 받는 것을 두려워하기도 한다. 그러나 둘 사이엔 현저한 차이가 있다. 먼저 회유형은 힘든 상황을 이겨내기 위해 자신의 존재를 버리고 상대에게 모든 에너지를 투여한다. 그리고 버림받지 않기 위해 상대에게 의존하려고 한다. 누군가를 돌보는 경우도 마찬가지다. 누군가를 돌본다는 것은 다시 말하자면 내가 버림받지 않는 것이기도 하기 때문이다.

그러나 비난형은 이 힘든 상황에서 자신의 주장을 펴는 사람이다. 이것은 부당하다고 저항하는 것이다. 그들은 내가 틀리지 않았고 오히려 당신이 틀렸다고 항변하는 것이다. 그런 상황을 겪으며 그들은 자라면서 비난형이 된다. 그들의 강한 주장은 자신의 주장이 수용되지 않고 거부되어 왔던 지난한 역사가 숨어 있는 것이다.

3. 초이성형
'차갑고 억압이 강한 사람'

초이성형이라면 들었을 이야기

만약 당신이 초이성형이라면 소중한 누군가로부터 이러한 이야기를 들었을 가능성이 크다.

"넌 왜 맨날 네 주장을 하지 않고 책에 나온 것을 이야기해?"

"당신은 다 맞는 말만 하는구나!"

"넌 심장이 없는 차가운 로봇 같아."

"아빠 말이 다 맞아요. 그런데 그거 알아요? 아빠 말에 숨이 막혀요."

"옳고 그른 것이 그렇게 중요해?"

초이성형의 핵심적인 생각은 다음과 같다.

"감정적으로 생각할 게 아니라 상황 파악 좀 해라"

초이성형의 말투와 특징

초이성형이 자주 쓰는 말투가 있다. "객관적으로 말해서", "생각 좀 해", "이성적으로 말하면…", "네가 그렇게 말하는 근거는 뭐야?" 등이다.

초이성형은 겉으로 보면 공정한 것처럼 보인다. 왜냐하면 그들의 말투만 보면 자신이나 타인의 욕구나 의견보다 어떤 규칙과 법칙에 따라 살아가는 것처럼 보이기 때문이다. 그래서 그들로 가득한 조직은 매우 합리적이고 이성적인 사람만 있는 것으로 보인다.

그러나 그만큼 감정이 메말라 있다. 그들은 타인의 감정을 잘 모르지만, 자신의 감정에 대해서도 둔감하다. 그들은 감정을 잘 느끼지 않으려 한다. 그래서 표정이 늘 굳어 있고, 경직되어 있어 차가워 보이기까지 한다. 특히 상대의 감정에 대해서는 놀라울 만큼이나 무감각한데, 상대가 아무리 화를 내거나 위로를 요구해도 "감정적으로 구는 것은 도움이 안 돼"라고 냉소적으로 대한다. 강한 분노를 쏟는 비난형도 이들의 차가운 말투에는 얼어붙는 듯한 느낌을 받는다.

이들에게 있어서 자신이나 타인의 감정은 그리 중요하지 않다. 대신 그들은 객관적인 법칙이나 외부 상황에 많은 주의를 기울인다.

위축감과 불안에 눌려 있는 아이를 상담하다가 초이성형인 어머니와 상담을 하게 되었다. 어머니는 아이에게 엄청난 양의 규칙을 제시하고 있었다. 아이가 조금이라도 실수를 할 것 같으면 바로 달려와 지적과 훈계를 했다. 나는 어머니에게 이 규칙이 아이를 지나치게 숨 막히게 할 수 있다고 말했다.

그리고 난 뒤 건강한 의사소통에 대해 상의하려고 할 때였다. 어머니는 이미 심기가 불편했는지 얼굴 표정이 차갑게 굳었다. 어머니는 나를 째려보며 다음과 같이 쏘아붙였다.

"선생님, 그럼 반찬을 골고루 먹어야지, 그래야 튼튼한 거잖아요."

"요즘 시대에 아이에게 공부하라고 하는 게 무슨 문제가 있나요?"

서로를 끊임없이 판단하고 정죄하는 부부가 있었다. 그들은 서로를 옥죄다가 내가 이를 다루려고 하면 둘 다 나에게 따지기 시작했다.

"선생님, 남편에게 일찍 들어와야 한다고 말한 것이 뭐가 문제인가요. 그럼 늦게 오라고 말할까요?"

"당연히 집밥을 먹어야죠. 맨날 시켜 먹나요? 그리고 제가 일을 하는데, 그럼 누가 밥을 해야 하나요?"

물론 규칙은 필요하다. 그러나 뭐든지 과한 것엔 문제가 있다. 그리고 그 규칙이 지나치게 강하다면 사람은 숨을 쉬기 어렵다. "어떤 것을 했으면 좋겠다."라는 말은 소망의 언어이다. 그러나 "어떤 것을 해야만 해!"라는 것은 당위적 언어다. 전자는 안전하고 유연한 말이다. 반면, 후자의 언어는 압박감을 주는 딱딱한 말이다.

가령 반찬을 골고루 먹었으면 '좋겠다'라는 말은 나의 소망이다. 그러나 반찬을 골고루 먹어야'만' 한다는 당위적인 언어가 반복되면 숨이 막힌다. 공부를 좀 더 열심히 했으면 좋겠다는 내 바람을 담는 말과 반드시 이 정도는 해야 한다고 압박을 주는 말투엔 생각보다 큰 차이가 있다.

남편에게 일찍 들어왔으면 좋겠다는 나의 바람을 담는 말투와 반드시 몇 시까지는 들어오라는 압박감의 말투에도 큰 차이가 있다. 건강을 위해 집밥을 먹었으면 좋겠다고 하는 것과 나는 일을 하고 있으니 당신은 밥을 해야 한다는 명령의 언어엔 큰 차이가 있다.

"~을 했으면 좋겠다"라는 말은 나의 바람이다. 그러나 "~을 반드시 해야 해"라고 말하는 것은 타인을 통제하는 것이다. 바람과 통제는 언뜻 보기엔 비슷해 보이나 사실 상당한 차이가 있는 것이다.

이들 역시 어떤 규칙에 종속되어 있다. 그래서 그들은 눈치를 본다. 그러나 그들이 눈치를 보는 대상은 타인의 눈치가 아니다. 자신이 만든 어떤 규율에 대한 눈치다. 앞서 말한 회유형도 눈치를 본다. 그러나 회유형은 혼자만 눈치를 보고, 초이성형은 자신뿐만 아니라 주변 사람도 모두 눈치를 봐야 한다고 한다. 그들은 이렇게 말한다.

"지금, 이 상황이 안 보여? 넌 눈치가 없니?"

회유형이나 비난형이나 초이성형이나 모두 어떤 당위적인 사고가 있다. 그러나 회유형은 자신이 그 당위적 사고를 지키고 해내려고 부단히 노력한다. 비난형은 남이 그것을 지킬 것을 지시한다. 초이성형은 그 당위적 사고를 은밀히 만들어 놓고 그것에 모두가 따라야 한다고 생각하는 유형이다.

예를 들어 회사에 절대 늦으면 안 된다고 생각하는 회유형은 본인이 항상 일찍 온다. 혹여라도 늦으면 죄송하다는 말을 연거푸한다. 비난형은 이번엔 또 누가 늦는지 보고 있다가 비난을 한다. 만약 자신이 늦었다면, 차들이 안 비켜줘서이다. 자신이 늦게 왔으면서도 화가 가장 많이 나 있다. 초이성형은 애초부터 절대 회사에 5분 이상 늦으면 안 된다는 규칙을 은근슬쩍 만드는 유형이다. 그러한 분위기를 조성하는 곳에 초이성형이 배치되어 있다.

그들은 매우 합리적인 것 같다. 그러나 가만히 속을 들여다보면 그 규칙이 자신에게 유리한 경우가 적지 않다. 예전에 본 드라마에서 시어머니가 며느리에게 이렇게 쏘아붙이는 것을 본 적이 있다.

"너희 집에서 그렇게 가르쳤니?"

이 말은 어떤 절대적인 가르침이 있다는 듯이 들린다. 상대는 뭔가를 어겼다는 생각에 죄책감을 느낀다. 그러나 이 말을 가만히 뜯어보면 '가르침'이라는 법칙의 잣대는 어디까지나 시어머니가 생각하는 우리 집안이다. 그것이 공자든, 맹자든, 어떤 성현의 말을 갖다 붙인다고 해도 마찬가지이다. 즉 누군가의 이름으로, 공정한 법칙인 양 이야기하지만, 그것에 대한 가장 큰 이득은 바로 자기 자신이다. 비난형보다 좀 더 간접적이지만 본질에서는 그다지 다르지 않다.

회유형은 내면에 깊은 상처를 받았지만, 여전히 타인에게 희망을 품고 있다. 그들은 누군가의 비위를 맞추고 돌보면서 타인의 사랑과 인정을 갈구한다. 초이성형 역시 속에 깊은 상처가 있는 경우가 많다. 그러나 초이성형은 타인에게 그다지 희망을 두지 않는다. 그들은 그보다는 오히려 성공이나 가치를 추구하는 것이 더 낫다고 생각한다. 억울한 마음이 들면 누군가에게 호소하기보다는 성공해야 한다는 충동이 더 강하게 든다. 어느 순간 우울감이 밀려오고 공허함이 생기면 더 열심히 해야 한다는 생각으로 빠르게 전환된다.

따라서 이들은 감정을 느끼지 않는다기보다는 감정을 억압하는 것에 가깝다. 상담을 하면서 억압 이면을 들여다보면 그들의 차가운 겉모습과는 달리 상당한 분노가 있는 경우가 많다. 그러나 이들은 분노를 노골적으로 드러내지는 않는다. 오히려 자신이 분노를 표출하기보다는 외부의 손을 빌려 간접적으로 표현하거나 좋은 명언이나 가르침과 같은 슬로건으로 넌지시 표현하는 경우가 많다.

어떤 초이성형 남편은 좋은 회사에서 꽤 성공을 이룬 사람이었다. 그는 아내에게 깊은 불만을 품고 있었다. 아내는 강한 비난형이었다. 아내는 무슨 일이 있으면 남편을 비난하고 싸우려고 들었다. 그러나 그는 이런 비난에 거의 흔들리지 않았다. 그냥 그 모든 것은 아내의 문제 때문이라고 생각했다.

그는 아내에 관해 이야기를 할 때 "본인도 생각이 있겠죠."와 같은 거리감이 있는 용어를 썼다. 그러나 그가 아내에게 불만을 느끼지 않는 것은 아니었다. 그는 아내와 갈등이 고조될 무렵엔 생활비를 자꾸 늦게 보내거나 생활비를 줄여 버렸다. 아내가 이에 대해 항의를 할 때면, 그는 자꾸 회사 사정을 핑계대거나 깜박 잊었다는 식으로 모면하고 있었다. 그는 이 불만을 생활비라는 형식으로 전환하여 간접적으로 표현했다.

그럴 때마다 아내는 분노로 가득 차 싸우려고 들었지만, 같이 싸우지 않는 남편 때문에 어느 순간부터 지쳐 있었다. 남편은 상당히 간접적이고 장기적인 측면으로 이 싸움을 진행하고 있었다. 노련한 초이성형은 맹렬한 비난형보다 더 고단수다.

이들의 또 다른 특징 중 하나는 '거리감'이다. 그래서 주변 사람도 초이성형을 보면 로봇처럼 느낀다. 심지어 그들은 감정을 차단하고 있으므로 훈련받은 상담사들조차 접근하기가 쉽지 않다. 예를 들어 "얼마나 괴로우셨을까요?"라고 물으면, "아뇨, 그냥 그랬어요."라고 대답한다. 중요한 통찰 지점을 발견하여 상담자가 "그 순간에 어떤 일이 있던 거예요?"라고 물으면, "기억이 나지 않아요."라고 대답한다. 접촉이 어려운 이유이다.

합리적이지만 감정을 잘 모르는 사람

초이성형은 사회적으로 성공하는 경우가 꽤 많이 있다. 그들은 다른 사람보다 좀 더 완벽주의적이고 합리성을 강조하기 때문이다. 초이성형이 유독 강한 사람은 강박적으로 일에 몰두한다. 심한 강박은 심리적 장애에 가깝지만 일정한 수준의 완벽주의는 일에서 성공할 수 있는 훌륭한 토대가 된다.

그래서 겉으로 보면 훌륭해 보이고 똑똑해 보이고, 실제로도 그렇기 때문에 일은 잘하지만 관계는 미숙하다. 그들은 정서적 접촉을 하는 것에는 매우 취약하다. 부모 중에 초이성형이 있다면, 또 부모가 성공했다면 가족들은 물질적인 풍요를 얻을 수 있을 것이다. 초이성형들은 심지어 성공했다고 하더라도 그것을 누리기보다는 계속 일에 더 빠져들기 때문에 그 열매는 오히려 가족이 누린다.

내가 아는 어떤 50대 전문직은 큰 성공을 했는데, 그는 여전히 12시간 이상을 일에 몰두하고 있었다. 반면, 가족은 모두 해외에 있었다. 처음엔 아이들 영어 때문에 갔던 것이지만 조금 있으니 아내까지 가족 모두가 해외로 가버렸다. 가족들은 한국에서 일만 하는 이 아빠이자 남편에 대한 정이 거의 없었다. 놀라울 정도였다. 아이는 이렇게 쏘아붙였다.

"아빠하고는 도저히 말이 안 통해요."

어떤 사람은 IT 회사에서 빠르게 부장까지 진급했다. 이 사람의 능력은 조직 내에서도 알아주는 편이었다. 그러나 그는 임원으로 올라갈 수 있는 라인에서 번번이 미끄러졌다. 부장에 계속 머물다 보니 부하직원이 자신과 경쟁을 하는 자리까지 올라왔다. 그는 조바심이 들어 더 열심히 일했고, 성과도 괜찮았지만 계속 승진에서 빠지고 있었다. 그는 여전히 자신이 일에서 무엇인가를 놓치고 있다고 생각했다. 그러나 사실 본질은 다른 곳에 있었다. 그는 임원들과 어떤 교류도 하지 않았다. 심지어 그를 싫어하고 시기하는 사람들은 있었지만 그를 인간적으로 좋아하는 사람은 별로 없었다. 그는 항상 차가운 기계처럼 행동했기 때문이다.

문제는 그를 싫어하는 사람들이 회사의 의사결정 구조를 쥐고 있었다는 점이었다. 인사는 사람이 하는 것이다. 인간은 이성적 동물이라기보다는 감정적 동물이다. 그는 정말로 그 과정을 전혀 모르고 있었다.

맞다. 그들은 어떤 유형보다도 가장 억울한 사람일 수 있다. 그들은 집에서나 조직에서 무엇인가를 많이 맡고 있다. 물론 회유형도 남의 일을 떠맡긴 하지만, 그들은 약해 보이기 때문에 좋은 마음을 가진 이들의 지지를 받는다.

그러나 초이성형은 틈이 없는 사람 같아서 옆에 사람이 붙어 있을 여지를 주지 않는다. 그래서 그들은 그 어느 유형보다 외로움이 깊지만 이러한 감정을 그대로 느끼는 것이 그들에겐 매우 힘든 일이다. 그들은 심리적 고통을 느끼지 못해 이를 신체로 전환하여 호소하기도 한다. 그들은 "머리가 아파요.", "소화가 안 돼요."라고 이야기하곤 한다. 감정을 느끼기 어려우니 신체로 전환된 것이다. 그러나 그렇다고 해서 그들이 정말로 감정을 못 느낀다거나 공감 능력이 없는 경우는 아니다. 오히려 그들은 그 모든 감정을 깊은 내면의 빙하 속으로 꼭꼭 숨겨 놓았을 수 있다.

그래서 그들은 겉은 차가워 보이나 깊은 속을 탐색해 보면 따뜻한 경우가 많이 있다. 겉으로는 자기중심적이지만 다른 사람을 위해 봉사하기도 한다. 가족들을 통제하지만, 누구보다 가족을 사랑하는 사람일 수도 있다. 그러나 그들은 가까운 사람에게조차 철면피라느니, 바늘로 찔러도 피 한 방울 안 나오는 사람이라는 오해를 받는다.

상담에서는 가족과의 관계를 묻는 시간이 있는데, 그럴 때면 초이성형의 성인에겐 공통점이 있다. 그것은 그들의 부모 중 한 명이나 두 명 모두가 초이성형으로 그려지고 있다는 점이다. 그들은 부모로부터 따뜻한 정서적 접촉을 많이 받지 못했기 때문에 어떻게 이러한 접촉을 해야 하는지 잘 모른다. 무엇인가를 열심히 하라는 압박을 계속해서 받아왔기 때문에 그쪽으로 그저 가는 중이다.

그들은 누군가가 어떤 주장을 할 때, 가만히 듣고 있다가 이처럼 말한다.

"근데, 근거가 뭔가요?"

누군가 자신에게 다가와 감정을 쏟아내려고 하면 차갑게 쏘아붙이기도 한다.

"제발 감정적으로 굴지 좀 마"

모든 주장은 주관에서 출발한다. 그러나 초이성형은 자신의 주장을 관철할 때 다음과 같은 말을 자주 쓴다.

"객관적으로 생각해보자"

누군가 실수를 할 때, 그들은 차분하고 냉정하게 이렇게 말한다.

"이건 정확히 네 잘못 맞지?"

효도를 권하는 부모는 이렇게 말한다.

"그 정도는 자식 된 도리로 당연히 해야 하는 일이야!"

그들은 합리성을 중시하기에 자신의 삶도 정돈되어 있다. 그들은 겉은 냉정하지만, 가족과 소중한 사람을 은근히 챙기고 실질적인 열매를 많이 나눈다. 그러나 그들은 그로 인한 감사함을 거의 받지 못한다. 심지어 자식마저도 그 사람과 최대한 마주치지 않았으면 좋겠다고 이야기한다. 왜 이런 일이 일어나는 것일까? 왜 그들은 타인의 많은 필요를 채워주는데, 타인의 마음을 얻지 못하는 것일까?

우리는 인간관계의 본질을 7장 헤아림의 언어에서 본격적으로 다룰 것이다. 그 장을 통해 우리는 인간관계가 깊어지기 위해 진정으로 필요한 것이 무엇인지를 살펴볼 수 있을 것이다.

차가운 척하는 초이성형에게 숨겨진 것

초이성형은 차가워 보인다. 그들에게 가장 필요한 것은 따뜻한 '친밀감'이다. 그러나 그들은 오히려 이 '친밀감'을 가장 두려워한다. 그들은 항상 사람과 거리를 두려고 한다. 그들은 남을 판단하고 따지는 것을 잘하지만, 누군가와 깊은 교감을 나누는 데는 서툴다. 그러면서도 마음 깊은 곳에서는 누군가 자신에게 다가와 주기를 바란다.

나는 수년 전 한 70대 노인과 상담을 한 적이 있다. 그는 젊은 시절에 꽤 성공했지만 아들의 사업을 지원해 주다가 경제적으로 엄청난 위기를 겪게 되었다. 그는 여전히 아들을 사랑했지만, 아들은 아버지를 피했다. 그는 아내나 다른 자녀들에게도 인정을 받지 못했다. 그는 급속도로 어려워진 경제적 상황 때문에 아내와 자주 다투게 되었고 결국 혼자 산다고 하며 작은 방을 얻어 나왔다.

처음에 그는 거의 아들뻘 되는 나에게 자신의 마음을 열기 힘들어했다. 자존심이 매우 높았던 그는 나의 자격이나 경력을 꼬치꼬치 캐물었고 은근히 테스트를 진행하기도 했다. 그는 심리 관련 책을 도서관에서 읽고서는 이 개념에 관해 설명을 해보라고도 했다. 나는 대단한 압박감을 받았었는데, 나는 그런 나의 내면을 들여다보고서야 왜 아들이 그를 피하게 되었는지 비로소 이해하게 되었다.

그는 검사 결과 초이성형으로 나왔고, 실제로도 초이성형의 면모를 많이 보였다. 그러나 그는 조금씩 나에게 마음의 문을 열기 시작했다. 그는 마치 아들에게 유언하는 것처럼 나를 향해 여러 이야기를 쏟아내기 시작했다. 나는 고생과 어려움이 많았던 그의 인생을 알게 되면서 서서히 그에게 호감을 느끼게 되었다.

그의 큰 성공 이면엔 젊은 시절 엄청난 노력이 있었다. 그는 누구에게도 잘 표현하지 않았지만 밤낮없이 일했었다. 그는 가난했던 가족 이야기를 하기 시작했다. 그중 아버지는 그의 단골 주제였다. 아버지는 돌아가신 지 십수 년이 지났지만, 지금도 그에겐 지대한 영향을 미치고 있었다. 그에게 있어서 아버지는 늘 엄한 존재셨다.

실제 노인들을 상담하면 자녀나 손자녀 이야기들로만 점철되어 있을 것 같지만 그렇지 않다. 처음엔 근엄한 모습을 보이며 그들의 이야기를 하고 죽음과 노화에 관해 이야기를 하는 것이 일반적이지만, 좀 더 이야기가 깊어지면서 그들은 자신의 삶을 되짚기 시작하고 회상하기 시작한다.

그러는 과정에서 어느 순간 그들은 어린아이가 된다. 그리고 그 가운데서 지금은 돌아가신 부모와 함께했었던 이야기가 많이 나온다. 그들의 이야기 속에서 5살, 6살 된 천진난만한 어린아이를 만난다. 나는 그때의 아이를 만난 적은 없지만 내 눈앞에 있는 그들의 이야기를 통해 그 아이가 어떤 미소를 가졌는지, 무엇을 꿈꿨는지, 무엇을 사랑했는지를 이해하기 시작한다. 나는 그 노인과도 상담하면서 그 안에 숨겨진 어린아이의 모습을 만나게 되었다.

노인은 자신의 아버지는 한 번도 자신을 칭찬한 적이 없었던 분이라고 했다. 어린 시절부터 돌아가시는 순간까지 자신에게 명령과 지시만 하다가 돌아가셨다는 것이다. 그는 힘닿는 데까지 아버지가 하라는 대로 열심히 노력했다. 아주 어린 나이부터 안 해본 일이 없었다. 경제적으로 어려운 집안을 일으키고자 죽을 고생을 했다. 그러나 아버지는 그렇게 그를 회초리로 때렸다고 했다.

어릴 때부터 할아버지와 아버지에게 우리 가문이 조선 때부터 끊임없이 학자를 배출한 집안이라는 이야기를 들었다고 했다. 그는 낮엔 일하고 밤에는 죽으라고 공부를 해서 꽤 좋은 대학에 들어갔다. 그러나 아버지는 입학식에도 오지 않았다. 서울대 안 갈 거면 뭐 하러 그런 곳에 돈을 낭비하냐는 핀잔을 들었을 뿐이었다.

사업에서 큰 성공을 했지만, 아버지는 그에 대해 일언반구도 하지 않았다. 그는 아버지에게 경제적으로 큰 도움을 주었지만, 여전히 아버지는 다가가기엔 너무나 어려운 존재였다.

그에게 아버지와 함께 있을 때 어떤 마음이었는지 묻자 그는 늘 평가를 받는 느낌이었다고 했다. 그는 아버지와 함께 있으면 주눅이 들었다고 표현하기도 했다. 그것은 내가 그와의 관계에서 경험하는 바로 그 느낌이었다. 그가 아버지에게서 느꼈던 감정은 이후 그의 아들이 경험하게 되었다. 그리고 그 감정은 나 역시 느끼고 있었다.

그는 아버지에게 분노를 쏟아내기 시작했다. 대단한 진전이었다. 사실 그는 기쁨은커녕 분노도 전혀 보이지 않았던 사람이기 때문이었다. 그는 아버지가 이기적이기 짝이 없는 사람이라고 했다. 그렇게 성공을 좋아하는 분이 왜 자신은 그 모양으로 사셨는지 모르겠다며 비아냥거리기도 했다.

그리고 이야기는 아버지의 죽음과 이어졌다. 그는 아버지가 돌아가시기 몇 개월 전부터 아버지와 냉전 상태였다. 아버지의 뜻대로 하지 않자 아버지가 연락을 끊어버린 것이다. 그는 그전엔 아버지에게 가서 늘 사과를 하고 굽혔지만, 이번만은 그러지 않았다. 그러던 중 아버지가 갑자기 새벽에 폐렴으로 돌아가신 것이다.

그는 사업체에서 일하다가 연락을 받고 황망한 마음으로 아버지의 장례식장에 갔었다고 한다. 그리고 상주로서 장례식 전체를 지휘하고 사람을 맞이하면서 번듯하게 장례식을 치르려고 애썼다고 했다. 장례를 치르는 동안에는 너무나 바쁜 나머지 아버지에 대한 감정을 추스를 수가 없었다. 그는 장례식에 관해 이야기를 하면서도 아버지에게 분노를 쏟아냈다. 십 년도 더 된 이야기지만 거기엔 아버지에 대한 풀리지 않은 감정이 깊이 숨겨져 있었다. 그렇게 분노를 쏟아내던 중 유언장도 남기지 않고 돌아가신, 이제는 관에 들어가신 아버지의 주검에 관해 이야기를 하기에 이르렀다.

나는 그때 "돌아가신 아버지에게 꼭 하고 싶은 말이 있으셨어요?"라고 넌지시 질문을 했다. 그는 무슨 이야기를 하다가 머리를 한 대 얻어맞은 것 같은 표정으로 입을 다물었다. 그의 표정은 조금씩 어두워졌다. 미간이 찌푸려지기 시작했고 주름도 짙어졌다. 그는 갑자기 와락 눈물을 쏟아내기 시작했다.

그는 아버지에게 실은 인정받고 싶었다. 사랑받는 아들이기를 원했다. 아버지를 존경하고 사랑했기에 그렇게 열심히 살았던 것이었다. 아버지는 늘 큰 산과 같은 존재였다. 그는 한참을 울다가 아버지와 함께했던 기억을 떠올리기 시작했다. 6살 때였다. 아버지는 그와 손을 꼭 잡고 읍내에 가면서 그렇게 말했다고 한다.

"너는 아버지를 닮아서 훌륭한 아들이 될 거야."

나는 그의 눈을 보면서 이렇게 말했다.

"어르신께서는 정말로 그렇게 되셨어요."

초이성형의 삶엔 상처가 있다. 그들은 차가운 것이 아니라 차가운 척하는 것이다. 그들은 억압이 심해 감정을 잘 느끼지 못하지만 그렇다고 해서 감정이 없는 것이 아니다. 그것은 숨겨져 있다. 그것은 그들의 마음속 깊은 어느 한 켠에 숨겨져 있다.

4. 산만형
'웃고 있지만 웃고 있는 것이 아닌 사람'

산만형이라면 들었을 이야기

만약 당신이 산만형이라면 소중한 누군가로부터 이러한 이야기를 들었을 가능성이 크다.

"넌 참 유머러스하다."
"넌 항상 활기차. 에너지가 많나 봐."
"너는 아무 걱정도 없는 것 같아."

반면 산만형은 그 어느 유형보다 이중적인 모습이 있으므로 이런 비판도 함께 들었을 가능성이 농후하다.

"지금 분위기 파악 좀 해."

"왜 계속 말을 돌려?"

"너는 유쾌한데 네 이야기를 거의 하지 않아."

"어휴 정신없어, 제발 그만 좀 해."

산만형의 핵심적인 생각은 다음과 같다.

"너무 불안해, 무슨 말이라도 해야겠어."

산만형의 말투와 특징

산만형은 항상 즐거워 보인다. 익살맞고 유머러스한 말을 잘하기 때문이다. 그들은 겉으로 보기엔 아무런 걱정이 없는 것 같다. 그들은 보통 어렸을 때부터 '분위기 메이커' 소리를 많이 듣는다. 침울한 곳도 이들이 오면 분위기가 바뀐다. 마치 어두운 밤에 여명이 비추듯이 분위기가 반전되기 때문이다.

그러나 그들의 이야기를 계속 듣다 보면 주제가 일관적이지 않은 경우가 많다. 이 이야기를 했다가 바로 다른 이야기로 화제를 전환한다. 그들은 밝게 웃으면서 무엇인가를 정신없이 말한다. 그 이야기의 흐름 사이엔 맥락이 없어 듣고 있는 사람도 헷갈린다.

그들은 모든 것에 관심을 두고 있는 것 같다. 그래서 그들은 화제를 주도하기도 한다. 그러나 그들은 초이성형만큼 성취 욕구가 높지 않다. 그들이 이야기하는 주제는 정교하게 구축되어 있다기보다는 즉흥적으로 만들어질 때가 많다. 그는 자신과 타인, 모든 상황에 관심을 두고 있는 것 같지만 역설적이게도 그들은 모든 유형 중 가장 나와 타인, 상황 그 모든 것에 관심이 없는 유형이다.

그들은 정신없이 이야기할 뿐 자신이 지금 이 순간 어떤 느낌을 느끼고 있는지, 타인은 어떤 생각을 하는지 잘 모른다. 심지어 분위기를 파악하지 못해 비난형이나 초이성형에게 핀잔을 듣기도 한다. 그들은 반갑게 누군가와 이야기하지만 바로 그 앞에 있는 사람의 이름도 기억하지 못하는 경우가 많다.

즉, 모든 것에 관심을 많이 두지만 사실 정작 아무에게도 관심이 없는 사람이다. 그렇다면 그들은 무엇 때문에 이렇게 과한 행동을 하는 것일까? 그 이유는 그만큼이나 그들은 타인의 인정을 갈구하기 때문이다. 그들은 보통 회유형보다도 인정 욕구가 크다. 산만형은 자신의 재미있는 행동이나 말에 대해 항상 호응을 해줘야 한다고 느끼는 것이다.

또 다른 한편으로는 그들은 소외되는 것에 대해 깊은 두려움을 갖는다. 그들이 계속 재미있는 연기를 하도록 밀어붙이는 것은 바로 인정욕구와 소외에 대한 두려움이라는 두 기둥이다.

멈추지 않는 기차에 타고 있다고 해보자. 그리고 불과 10km 앞엔 철로가 끊어져 있고 낭떠러지로 떨어지게 된다. 그곳에 앉아 있는 승객 모두는 그것을 알고 있다. 그러나 이 상황을 벗어날 수 있는 방법은 없다. 모두가 침울해져 있을 그때, 한 사람이 갑자기 일어서서 춤을 추고 노래를 부른다. 재미있고 신나 보인다. 그러나 그곳에서 가장 불안한 사람은 바로 그 사람이다.

그들은 누구보다 밝고 재미있지만 속은 그만큼 어둡다. 그들은 가장 불안에 취약한 사람이다. 양파를 까보면 무엇이 나올까? 양파를 까면 또 양파가 나온다. 또 까면? 다시 양파가 나온다. 계속하다 보면? 아무것도 없다. 텅 빈 공허만 있을 뿐이다. 불안은 안개와 같은 감정이다. 안개를 헤치고 가만히 보면 그것의 본질은 공허이다.

그들은 정말로 기뻐서 웃고 있는 것이 아니다. 오히려 그들은 웃음으로써 불안을 느끼지 않으려고 연기하는 것이다. 그 연기의 껍질을 벗겨보면 공허함과 허무함으로 가득 차 있다.

그들이 산만형인 이유는 생각 자체가 혼란스러움으로 뒤덮여 있기 때문이다. 그래서 그들은 묻는 말에 대답을 잘하지 못한다. 동문서답을 하는 경우가 많다. 묻는 말과는 관련 없이 준비된 멘트를 하는 것 같기도 하다. 처음엔 재미있고 익살스러울 것으로 생각해서 대화를 해보면 속이 텅 비어 있는 경우가 많이 있다. 그들이 가지고 있는 공허를 얼핏 엿보는 것이다. 맞다. TV 속에 나오는 개그맨이 정말로 항상 신날 거라고 믿지는 않는 것처럼 그들은 즐거운 것이 아니라 즐거운 연기를 하는 것에 가깝다.

이들이 가장 두려워하는 것은 누군가와의 갈등이다. 애초에 이들이 가장 과한 행동을 하고 화제를 전환하는 타이밍도 가만히 살펴보면 가족이든, 조직이든, 사회 공동체든 뭔가 갈등이 생길 때이다. 그들은 갈등을 끔찍이 싫어한다.

이를테면 회사에서 지금 갈등이 나타나고 있다고 하자. 잘못된 전략에 대한 책임을 묻고 있다. 분위기가 점점 험악해질 무렵 산만형인 한 사원은 다른 사원을 향해 밝게 웃으면서 조용히 귓속말로 이렇게 말한다.

"근데, 오늘 좀 덥지 않아요?"

그는 이 회의를 중요하게 생각하지 않는 듯하나 실은 누구보다 의식하고 있다. 의식하다 못해 너무나 큰 불안 때문에 이렇게 엉뚱한 말을 하는 것이다.

부모가 한바탕 싸웠다. 엄마는 안방에서 속이 턱턱 막히는 아빠 때문에 눈물을 흘리고 있다. 아빠는 씩씩거리면서 혼자 소주를 들이키는 중이다. 그럴 때 아이는 안방에 있는 엄마와 다른 방에 있는 아빠에게 번갈아 들어간다. 아이는 엄마에게 가서 춤도 추고 노래도 부른다. 그리고 다시 소주에 취해 있는 아빠에게도 가서 춤과 노래를 부른다. 아이는 공연이 끝나면 이렇게 묻는다.

"짠, 엄마, 이 춤 어때, 재미있지?"

"아빠, 나 노래 잘했어?"

그러나 엄마가 소리를 꽥 지르면서 분위기 좀 파악 좀 하라고 하면 아이는 고개를 푹 숙이고 방을 나간다. 아빠가 아이에게 너희가 공부하지 않아서 그런 것이라고 험한 말을 하면 아이의 얼굴은 급속도로 침울해진다.

내가 웃는 게 아니야

리쌍(LeeSSang)이라는 가수가 부른 〈내가 웃는 게 아니야〉의 가사처럼 그들은 웃고 있지만 웃고 있는 것이 아니다. 피에로가 밝게 웃고 있다고 해도 그 가면 안에 있는 사람이 정말로 웃고 있는지는 두고 볼 일이다. 그래서 그들의 익살스러움과 웃음은 현실에 발을 딛고 있지 않다. 그들은 항상 재미있는 사람처럼 방방 뛰고 환상의 세계에 사는 것처럼 보이지만 실제로는 그렇지 않다. 태양이 가장 밝을 때 그림자도 짙은 법이다. 그들은 밝아 보이지만 그들의 원래 자리는 어둡다. 그들은 누군가와 대화를 하고 있으면서도 마치 자신만 진공으로 된 어떤 막 속에 있다는 느낌을 언뜻 받는다. 어떤 막이 있어서 타인과 자신 사이엔 간극이 있다. 그들은 한없이 밝지만 사실 그들은 모든 것으로부터 차단되어 있다. 그곳은 적막한 진공 속이기 때문이다.

이는 마치 우주에 던져진 우주여행사와 같다. 그는 다시는 돌아올 수 없는 편도행 우주선을 타고 홀로 우주를 탐사하는 임무를 갖고 있다. 세상은 온통 새까맣다. 어디가 위인지, 아래인지 알 수 없다. 신나는 음악을 들으며 진공으로 포장된 음식을 먹고 차도 한잔 마셨다. 그러다가 음악이 멈출 때쯤 다가오는 한기가 있다. 차가운 우주선 철판 밖엔 내가 알지 못하는 세계가 있다. 아니 그는 그 미지의 세계에 깊이 들어와 있다. 그곳에 두려움이 있다. 이곳은 시릴 정도로 차가운 장소이다. 세상에서 가장 외로운 장소이다.

그들은 외로움으로 가득하다. 그들의 곁엔 사람이 많은 것 같으나 깊은 속마음엔 아무도 없다. 신나는 음악을 듣고 누군가와 맛있는 음식을 먹지만 무엇인가가 크게 결핍된 것 같다.

그들은 그 어느 유형보다 깊은 공허함과 외로움이 많은 사람이다. 그래서 그들은 꽤 친한 사람 같았는데, 갑자기 잠적해 버리기도 한다. 어제까지만 해도 재미있게 이야기한 친구였는데, 갑자기 연락이 안 된단다. 전화를 해보면 비행기 모드로 해놓은 것 같다.

화려한 파티가 끝난 다음, 그만큼 공허함이 밀려오듯 그들은 역경이나 좌절이 오거나 누군가에게 비난을 받을 때 아무에게도 티를 내지 않고 자신의 모습을 감춰버린다. 그들은 모두에게 즐거워 보이지만 지독하게도 침울하다. 화려한 쇼가 끝나고 난 뒤 무대 뒤에서도 계속 춤을 추고 있을 거란 생각은 환상에 가깝다. 쇼가 끝나면 은둔의 시기로 들어간다. 신비주의가 아니라 그들은 원래 있던 은둔의 장소로 회귀하는 것이다. 심지어 상처를 받으면 이 은둔의 시간은 길어진다. 아예 세상 밖으로 나오는 것을 두려워한다. 놀랍게도 가장 인기가 많을 것 같은 산만형이 한순간에 은둔형 외톨이로 바뀌어 버린다.

유쾌해 보이는 산만형 이면에 숨겨져 있는 것

나는 산만형인 16세 청소년을 상담했다. 그 아이는 어른이 되면 국제기구를 만들어 난민 가족과 어린이를 돕는 재단을 만들고 싶다고 했다.

내가 부모를 어떻게 생각하는지 물어보니 너무 좋은 분이라고 했다. 그 아이는 늘 SF 관련 영화, 드라마, 만화책을 읽었다. 그리고 상담실에 오면 밝게 웃으면서 나에게 읽었던 소설 이야기를 해줬다. 학교에서 검사했을 때 우울한 감정이 현저히 높아 나에게 연계가 된 것인데, 그 아이는 항상 신나 보였다.

처음에 그 아이는 나에게 굉장히 친밀감을 보였으나 내가 조금 더 접근하여 실제 심리적 어려움이 무엇인지를 살피려 하면, 다시 거리감을 두기 시작했다. 그 아이는 진지한 질문이 있을 땐, 재빨리 화제를 바꿔 주제와는 아무 상관없는 이야기를 쉴새 없이 쏟아냈다. 겉으로는 재미있어 보였으나 마치 술래잡기 같은 지루한 대화가 이어졌다.

그러던 어느 날, 그 아이는 이야기하던 중 친구들 사이에서 어려움을 겪고 있다고 스쳐 지나가듯 고백했다. 나는 그 지점에 집중해서 친구들 사이에서 어떤 일이 있는지 조심스럽게 묻기 시작했다. 생각보다 이 어려움은 심각해 보였다. 그 아이는 친구들로부터 몇 개월간에 걸쳐 왕따를 겪고 있었기 때문이다. 그 주동자들은 원래 자신과 가장 친한 사이였다. 그 아이는 친구들을 재밌게 해주려고 과장을 했을 뿐인데, 친구들은 그 아이를 거짓말쟁이자 허풍쟁이라고 했다는 것이다.

왕따는 절대 가벼운 일이 아니다. 나는 무수히 많은 사람을 상담해 오면서 깨달은 것이 있는데, 성인이 되어서도 인간이 겪는 가장 큰 트라우마 중 하나는 왕따라는 사실이다. 그리고 왕따라는 사건은

144

생각보다 빈번하게 발생한다.

인간은 소외감과 거절감을 가장 두려워한다. 불안을 견디기 힘들어하는 산만형이 왕따를 겪는다면 그 고통은 배가 될 것이다. 그 아이는 혼자 밥을 먹고 짝이 없이 구석에서 혼자 체육활동을 했다. 심지어 이전에는 함께 웃으며 대화하고 고민을 이야기했었던 친구가 뒤에서 머리를 때리며 모멸적인 말을 하기도 했다. 자신의 교과서를 찢기도 했고, 지독한 험담을 퍼뜨리기도 했다. 원래는 고등학교 내에서 레크레이션 부장이라는 말을 들을 정도로 신났던 아이지만 지금은 잔뜩 위축되어 지냈다.

그 아이는 마음의 깊은 상처를 어떻게든 견디려 하던 중이었다. 그 아이는 이 이야기를 좀 더 자세하게 나에게 들려주었다. 그 이야기 속에서 나는 그 아이의 고통을 생생하게 마주하게 되고 이해하게 되면서 쓰라린 아픔을 함께 느끼기 시작했다. 가장 아픈 것은 괴롭힘이 아니었다. 그 아이가 완전히 외톨이가 되고 있다는 사실, 즉 소외되고 있는 그 과정이었다. 그 아이는 그제야 자신이 무엇 때문에 우울했는지를 밝히기 시작했다.

그 아이는 밝게 웃고 있었지만 실은 절망스러운 우울감과 치열하게 싸우는 중이었다. 나는 이 왕따의 과정이 매우 사악하고 교묘하다고 생각했다. 그 아이는 조금 과장을 했지만 누구를 속여서 이득을 취하려고 했던 것이 아니다. 그저 즐거운 모습으로 보이려고 했었을 뿐이다.

어제까지 친구였던 아이들이 돌변하여 자신을 괴롭힌다는 것이

가능한 것일까? 그러나 실제로 왕따는 많은 경우 원래는 친했던 관계에서 발생한다. 그 아이 역시 그러했다. 그 아이는 친구들과 맞서지 않았다. 아니, 맞설 힘이 없었다고 하는 것이 더 정확하다. 부당하다고 항변하지도 않았다. 항변할만한 내적인 힘도 없었다. 심지어 선생님이나 부모님에게도 말하지 않았다. 그 아이는 헤드폰을 쓴 채 SF 만화나 그와 관련된 영상을 볼 뿐이었다. 그 아이는 우두커니 앉아 그 고통을 모두 삼키고 있었다.

나는 그 아이가 왜 이 부당함에 얼어붙어 있는지 함께 탐색하기 시작했다. 나는 왜 이 사실을 부모님께 이야기하지 않았는지 질문하고 나서야 그 이유를 알게 되었다. 부모가 몇 년 전 이혼했다고 했다. 게다가 어머니가 재혼한 뒤 연락이 잘 안 된다고 했다. 나를 처음 만난 접수 면접 때 그 아이는 부모와 함께 살고 있다고 했었다. 심지어 처음 상담에 온 아버지 역시 그런 이야기를 하지 않았었다.

그 아이는 아버지와 살고 있었다. 아버지는 그런 사정을 들어줄 만한 사람이 아니었다. 나는 그 아이의 마음이 다칠까 봐 조심스럽게 탐색하기 시작했다. 이 우울감이 언제부터 있었는지 물으니 그 아이는 아주 어린 시절이었다고 했다. 그 이유는 부모의 반복적인 다툼과 갈등 때문이라고 고백했다. 그 아이는 어릴 때부터 지금까지 부모의 이혼을 막기 위해 온몸을 던져왔다. 밝게 웃으면서 부모에게 재밌는 이야기도 하고 춤도 추고 노래도 했다. 그러나 그 모든 행동이 정말로 신나서 그랬던 것이 아니다.

어느 날 이 모든 과정은 물거품이 되었다. 부모님은 자신과 동생을 한자리에 불러 모았다. 냉랭한 분위기가 이어졌다. 부모님은 이혼을 하기로 했다며, 누구랑 살지는 너희들의 의견에 따를 것이라고 했다. 어린 남동생은 말이 나오기 무섭게 엄마를 따라간다고 했다. 그래서 그 아이는 체념한 듯이 아빠를 따라간다고 했다.

내가 왜 아빠를 선택했는지 묻자 그 아이의 눈시울이 붉어지기 시작했다. 그 아이는 손으로 눈을 가리면서 펑펑 울기 시작했다. 실은 자신도 엄마를 따라가고 싶었다고 했다. 그 아이는 할 수만 있다면 부모님이 이혼하기 이전의 시절로 돌아가고 싶다고 했다.

"저는 만화에 나오는 타임머신을 타고 행복했던 그 시기로 다시 가고 싶어요."

그 아이는 부모님이 이혼하기 훨씬 전, 엄마 아빠 손을 붙잡고 골목길을 걸어다녔던 그때가 좋았다고 정신없이 말하기 시작했다. 그러나 어느덧 이혼을 결정하던 그 날이 다시 나오기 시작했다.

부모가 이혼 이야기를 꺼낼 때 그 아이는 고개를 푹 숙이고 있었다. 이 상황에서 할 수 있는 것은 아무것도 없었다. 무력하게 그 자리를 지키는 것이 다였다. 이 자리가 가족이 함께 모여 있는 마지막 자리라는 생각이 들었다. 결국 올 것이 오고야 말았다는 생각과 함께 그럼에도 불구하고 희망을 잃지 않고 지켜내야만 한다는 생각이 함께 들었다.

그 상황에서 무엇을 지켜내야 했느냐고 묻자 그 아이는 휴대폰을 들고, 무엇인가를 찾기 시작했다. 그리고 나에게 사진 한 장을 보여주었다. 지금보다 훨씬 어릴 적의 가족이었다. 밝게 웃고 있는 엄마와 아빠, 자신과 동생 모두가 모여 있는 사진이었다.

그 아이도 사실 엄마를 따라가고 싶었다. 그러나 엄마를 따라가면 아빠를 영원히 잃어버릴 것 같았다. 동생이 이미 엄마를 따라간다고 했기 때문이다. 그럼 내가 아빠랑 살게 된다면? 엄마는 날 사랑한다고 했으니 내가 있는 한 아빠를 아예 떠나지는 않을 거야. 나는 여러 번 부모님의 싸움을 말려왔으니 잘하면 둘이 화해를 할 수 있지 않을까? 나는 지켜야 해, 가족을 지켜야 해.

그 아이가 왕따를 겪을 때 무력하게 있었던 이유를 비로소 온전히 이해할 수 있게 되었다. 그 아이는 자신이 무엇을 원하는지, 어떤 것을 원하지 않는지 알 수 없었다. 그 아이는 왕따의 과정 중에서 엄청난 거절감과 단절감을 느꼈지만 어떻게 해야 할지 도무지 알 수 없었다. 관계의 단절은 인간이 경험하는 가장 아픈 고통이다. 그 아이는 어린 나이지만 그 고통을 감내했다. 얼어붙어 있으면서 끙끙대며 견디고 있었다.

수년 전 이혼하기 전의 시절, 부모가 반복적으로 싸웠던 날에도 자신은 늘 그곳에서 얼어붙어 있었다. 그리고 부모가 각자의 방에 들어가면, 조용히 들어가 둘의 마음을 풀어주려고 애썼다. 엄마에게는 아빠가 하지도 않은 엄마 칭찬을 꾸며서 말해주었다. 아빠에게는 자신이 준비한 간식을 건네며 엄마가 주는 거라고 했다.

그러나 그 가족이 둥글게 모여 앉아 있던 어느 날, 부모를 지키려던 모든 노력이 물거품이 되어버렸다. 그리고 시간이 지나 이제는 다시 회복될 수 없는 가족이 되었다. 그렇게 그 아이는 그토록 사랑하는 엄마가 없는, 반쪽뿐인 가족에 혼자 덩그러니 남겨졌다. 그렇게 시간이 지나갔다. 몇 년이 흘러갔다. 비로소 감춰져 있던 그 아이의 공허함과 우울감이 드러나기 시작했다.

산만형은 겉으로 보일 땐 유쾌하고 재밌을 것 같지만 그 안에 깊은 불안과 혼란스러움이 있다. 항상 몰려오는 불안을 매우 급하게 처리하느라 지금 자신이 겪고 있는 느낌이나 생각에 머무르기 힘들다. 그 이유가 무엇인가? 공허함이다. 허무함이다. 그 텅 빈 자리를 가만히 들여다보면 깊은 불안이 숨겨져 있다. 홀로 남겨질지도 모른다는 아니, 이미 홀로 있는 것 같은 불안 말이다.

5. 일치형
'속마음과 감정 표현이 일치하는 사람'

일치형의 특징

일치형은 자신의 내면적 상황과 생각, 감정을 인식하는 능력이 뛰어나다. 이들은 지금 내가 어떤 느낌이고 어떤 생각을 하고 있는지 알아차릴 수 있다. 심지어 그들은 그 알아차린 감정과 생각을 누군가에게 표현할 수 있다. 그들이 기쁘다면 환하게 웃으면서 누군가에게 표현할 것이다. 만약 화가 난다고 하더라도 그것을 유연하고 솔직하게 표현한다.

당연한 것 아니냐고? 생각보다 그렇지 않은 사람이 너무나 많다. 기뻐도 안 기쁜 척하며 표정 관리를 하는 이가 적지 않다. 내가 기쁘다는 것을 티를 내면 큰일이 일어날 것처럼 말이다. 반대로 화가 나도 화가 안난 척한다. 그러한 감정은 무조건 참는 것이 능사라고 생각하는 사람이다. 그러다가 쌓인 감정이 한꺼번에 터지기도 한다.

그러나 일치형은 그렇지 않다. 그들은 자신이 느낀 속마음을 내 앞에 있는 사람에게 적절하게 표현할 수 있다. 그들이 만약 남편에게 단절감을 경험한다면 그들은 지금 자신이 겪고 있는 불안이 단절감 때문이라는 것을 알아차릴 수 있다. 그리고 그것을 건강하게 배우자에게 표현할 수 있다. 나를 감히 단절하다니 사람 무시하는 거냐며 싸우는 것이 아니다.

오히려 내가 당신에게 수용 받고 싶은 마음이 커서 지금 느끼는 단절감이 너무 아프다고 표현하는 사람이다. 이들은 화를 적절히 표현할 수 있고 그 강도를 유연하게 줄일 수도 있다.

이들은 긍정적인 감정도 이야기하지만, 부정적인 감정도 솔직하게 이야기할 수 있다. 내가 솔직하게 이야기한다고 하더라도 상대가 나를 떠나갈 것으로 생각하지 않기 때문이다. 인간에 대한 기본적 신뢰가 있기 때문이다.

만약 누군가 잘못된 행동을 할 때, 일치형의 친구는 따끔한 충고도 할 수 있다. 처음엔 이들의 충고나 비판이 아플지도 모른다. 그러나 이들은 진정성을 가지고 있어서 장기적으로 볼 때 그들의 충고와 비판은 들을만한 가치가 있다. 그들이 그렇게 말하는 이유는 나를 험담하기 위해서가 아니라 나를 진정으로 위하기 때문이다. 그래서 그들과 오랜 친구 관계를 맺게 되는 것은 인생의 큰 행운이라고 할 수 있다.

배우자가 만든 음식이 맛있을 때, 일치형의 사람은 환하게 웃으며 맛있다고 말할 것이다. 어려운 일에 봉착했을 때, 이를 회피하거나 지나치게 부정적으로 보지 않고 여기에서의 어려움과 자원을 함께 고민해 보는 균형감을 가지고 있을 것이다. 그런 의미에서 일치형은 투명한 사람이다. 진실한 사람이다.

일치형의 사람은 내가 원하는 것을 진솔하고 적절하게 표현할 수 있다. 그들은 보고 싶을 땐, 보고 싶다고 하고 사랑받고 싶을 때 사랑받고 싶다고 한다. 회의 시간에 자신의 의견을 묻지 않는 과장님에게 "왜 사람 말을 안 들으시고 본인 말만 하세요?"라고 쏘아붙이기보다는 웃으면서 "저도 의견이 하나 있는데요."라고 건강하게 표현할 줄 안다.

남편 때문에 너무 화가 나서 시어머니에게 전화해서 "어머님, 아들 참 잘 두셨네요."라고 비꼬기보다는 "어머니는 꼭 제 편을 들어주실 것 같아 전화했어요. 제 편 좀 들어주실 거죠"라고 말한다. 이들은 자신의 의견을 건강하게 표현하면서도 사람을 자신의 편으로 만들고 진정한 친구를 사귀는 법을 안다.

또한, 그들은 자신의 의견만큼 타인의 의견도 소중하다는 것을 이해하고 있다. 그래서 그들은 타인의 의견을 경청하고 감정을 존중하며 배려한다. 그들은 들을 귀가 있다. 그들은 누군가가 이야기할 때 고개를 끄덕이며 그 말을 열심히 들어준다.

그리고 그 안에 있는 그 사람의 어려움을 진심으로 공감하는 한편, 그 사람의 자원과 가능성을 발견하여 제안하기도 한다. 그들은 자신의 감정과 타인의 감정 모두를 존중한다. 맞다. 그들은 매우 자존감이 높은 유형이다.

일치형은 의사소통을 하면 할수록 상대를 존중하며 가치 있는 대화를 꾸려나갈 수 있다. 좋았던 관계는 더 깊어지고 이미 안 좋아지고 틀어졌던 관계는 회복된다. 일치형의 의사소통은 자신의 욕구와 감정을 중시하는 한편, 상대의 욕구와 기대도 충족하는 방향을 찾기 때문이다.

그들이 우리 주변에 있을 때, 우리는 인간관계가 주는 행복감과 든든함을 느낄 수 있을 것이다. 그들과의 관계에서 '진실한 관계'가 무엇인지 체험할 수 있을 것이다. 내가 만약 일치형이라면, 나는 나 스스로가 가치가 있고 소중하며 긍정적인 존재라는 믿음을 가지고 있을 것이다. 그래서 삶이 괜찮다고 느낄 것이다. 어려운 점이 있지만 좀 더 나은 미래가 우리를 기다리고 있을 것이라고 믿을 것이다.

비일치형에서 일치형으로의 변화

자신이 비일치형으로 나왔다고 해서 너무 걱정할 필요는 없다. 사티어는 자존감을 즉시 올릴 수 있다고 자신 있게 주장했다. 어떻게? 다시 의사소통 검사지를 살펴보라. 검사의 문항에 나와 있는 나의 비일치형 의사소통을 좀 더 일치형 의사소통으로 점진적으로 바꾸면 된다.

마음을 바꾸면 행동이 바뀐다. 그러나 행동이 바뀌면 마음도 바뀐다. 내가 나를 존중하는 습관을 지닐 때, 나를 존중하는 마음이 든다. 상대를 존중하면서도 함께 나를 존중하는 의사소통을 쓸 때, 더 나아가 이러한 의사소통이 반복될 때 나의 자존감은 올라간다.

그러므로 어렵게 보면 한없이 어려운 일이지만 꼭 그런 것만은 아니다. 갑작스럽게 자존감을 올리는 방법 따위는 세상에 존재하지 않는다. 그러나 시간에 기대어 자존감을 올리는 행동을 지속해서 해나갈 때, 어느 순간 자존감은 올라간다.

주변의 대인관계 안에서의 갈등과 문제가 현저히 사라지기 시작한다. 연인과 친구의 꽉 막힌 관계가 조금씩 회복되고 단절된 부모와 대화를 시작하기도 한다. 진정으로 아이를 사랑하는 법을 알고 중요한 관계를 형성해 나간다. 중요한 친구가 생길 것이며 사회 안에서 좀 더 친밀하고 건강한 관계가 꽃피우기 시작한다.

6. 복합적인 의사소통 유형들

독립적인 의사소통 유형

앞서 이야기했듯이 의사소통 유형엔 크게 비일치형 의사소통 유형과 일치형 의사소통이 있다. 그리고 비일치형 의사소통 유형엔 회유형, 비난형, 초이성형, 산만형이라는 네 가지 유형이 있다. 만약 검사 결과 회유형이 유독 많이 나왔다면, 아마 회유형의 특징 중 많은 부분이 내 생각, 말, 행동과 맞아떨어져 나타났을 것이다. 이렇게 어떤 유형이 유독 크게 나타나는 유형은 다음 도형인 '독립적인 의사소통'에 해당한다.

이렇게 독립적인 의사소통 유형을 보면 서로 독립적으로 떨어져 있다. 각 유형끼리는 서로 교류하지 않고 자신만의 영역이 있다. 이

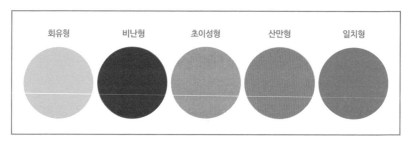

독립적인 의사소통 유형

에 따르면 초이성형인 사람은 초이성형의 모습이 유독 돋보인다. 초이성형과 다른 유형 사이엔 아무런 교집합이 없기 때문이다.

일정 부분 중첩된 의사소통 유형

그러나 실제로 이렇게 완벽하게 독립적인 유형을 가진 사람은 흔치 않다. 대부분은 여러 유형이 중첩되어 나타난다.

물론 비일치형과 일치형이 함께 나타나는 경우보다는 비일치형 의사소통이 더 복합적으로 나타난다. 비일치형 의사소통인 회유형, 비난형, 초이성형, 산만형 모두는 사실 자존감이 낮은 유형의 여러 다른 현상이기 때문이다. 그래서 이들끼리는 상황에 따라 중첩되어 나타난다.

이를테면 어떤 사람은 회유형이지만 비난형의 특징도 일부 가지고 있다. 비난형은 초이성형의 특징을 일부 가지고 있기도 하다. 따라서 각 유형은 서로 상당 부분 겹쳐 있다. 이를 복합적인 의사소통 유형이

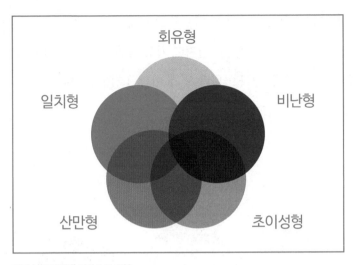

일정 부분 중첩된 의사소통 유형

라고 한다. 다음 도형을 한번 살펴보자.

이 도형을 보면 각 유형은 서로 독립적이기도 하면서 겹쳐져 있기도 하다. 우리 안엔 여러 모습이 있다. 그 중 주력인 모습이 있지만 그렇다고 해서 보조적인 모습이 없는 것은 아니다. 어떤 유형이 유독 두드러질 수는 있다. 그러나 우리는 모두 어느 정도 다른 유형도 조금씩 가지고 있다.

복합적인 의사소통 유형

겹치는 영역이 지나치게 많거나 아예 두세 가지의 의사소통이 지나치게 결합하여 있는 때도 있다. 이러한 경우를 복합적인 의사소통 유형이라고 한다. 가장 높은 점수와 그 다음의 점수 차이가 2개 이하라면 여기에 속할 수 있다. 심지어 가장 높은 점수와의 차이가 2개이하인 경우가 두 개가 아니라 세 개 이상인 경우가 있다.

다음 그림을 살펴보자.

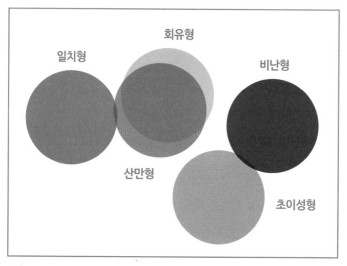

복합적인 의사소통 유형의 예

이 그림에서 회유형이 나왔다면 상당 부분 산만형 역시 중복되어나타날 수 있다. 이런 경우는 상황이나 대상에 따라 이러한 유형이복합적으로 나오는 경우다. 이들은 누군가의 비위를 아무렇지도 않게 맞추다가 갈등이 더 심해지면 회피하고 자신만의 아지트로 후퇴해 버릴 수도 있다. 사회에서는 누군가의 비위를 맞추지만, 집에서는 혼란스러움으로 가득한 사람일 수 있다.

어떤 사람은 의사소통 유형 검사를 받으면서 이것이 집에서의 의사소통을 말하는 것인지, 집 밖에서의 의사소통을 말하는지 알려달라고 했다. 어떤 사람은 친하지 않을 때와 친할 때의 의사소통이 완전히 다르다고 했다. 어떤 사람은 자신은 기분이 좋을 때의 의사소통과 기분이 좋지 않을 때의 의사소통이 다르다고 했다.

이렇게 복합적인 의사소통은 특정한 의사소통 몇 개가 혼합되어 나타나는 양상을 띠기도 한다. 일반적으로 이렇게 혼합이 반복된다면 좀 더 혼란스러움이 가중될 수 있다. 이를테면 비난형인 경우보다 비난형과 산만형이 혼재될 경우 좀 더 심리적으로 혼란스러울 수 있다. 때와 상황에 따라 여러 의사소통을 쓰느라 자신이 무엇을 좋아하는지, 어떤 감정인지, 어떤 생각을 하고 있는지를 잘 모르기 때문이다.

회유형과 비난형은 반대에 있는 것처럼 보인다. 회유형은 내가 틀리고 당신이 옳다고 한다. 그래서 누군가의 눈치를 보고 비위를 맞춘다. 그러나 비난형은 반대로 내가 맞고 당신이 틀리다고 한다. 그래서 누군가를 비난하고 눈치를 보게 만든다. 그런데 놀랍게도 이 두 개의 유형이 같이 나오는 때도 있다. 바로 회유형과 비난형이 혼합된 경우다. 밖에서는 엄청난 회유형으로 누군가의 비위를 맞추다가, 집에 돌아와서는 비난형으로 돌변하는 경우다. 그러나 같은 상대방에게 이 두 가지의 의사소통 유형이 같이 나오는 경우도 있다.

복합적인 의사소통의 사례

회사에서 엄청나게 열심히 일하는 팀장이 있다. 그리고 항상 팀원에게 "나는 너무 힘들다."고 푸념한다. 심지어 "월급은 다같이 받는데, 나 혼자 일을 다 하니 부당하다."라고 푸념한다. 팀원들은 눈치를 보기 시작한다. 그들은 죄책감이 든다. 그래서 무엇인가를 도와주려고 하면 팀장은 괜찮다고 한다. 그 마음이면 된다고 한다. 그리고 나서 다시 일을 마친 뒤엔 "아무도 날 도와주지 않는다."라고 다시 비난한다.

겉으로 보면 팀원들의 일까지 떠맡는 팀장이 배려하는 것처럼 보인다. 다른 부서 사람들은 이 팀을 부러워할지도 모른다. 그러나 실상을 들여다보면 그렇지 않다. 이 팀은 어딘가 모르게 위축되어 있다. 팀원들이 도와준다고 하면 팀장은 괜찮다고 하고, 안 도와주면 비난하니 어떻게 할 줄 모른다. 그래서 그들은 점점 수동적으로 되어가면서 죄책감을 느낀다. 팀장은 자신이 회유형이라고 생각할 것이다. 그러나 팀원들이 느끼는 그 사람은 비난형에 가깝다.

부모가 일찍 돌아가신 네 자매가 있었다. 가난하게 살며 고생을 했다. 그중 가장 큰언니는 60세 후반이 되었고, 막내도 50세가 훌쩍 넘었다. 가장 큰언니는 항상 동생들을 나무란다. 비난하고 질책한다. 동생들에게 무책임하다고 말한다.

동생들은 언니만 보면 주눅이 든다. 그러나 실상을 들여다보면 언니는 세 명의 동생이 집을 사고 신혼살림을 차릴 때도 부모님처럼 돈을 보태줬다. 그리고 지금도 동생의 가정사를 챙겨주고 있다. 그런데 큰언니는 동생들을 돌보느라 결혼도 하지 않고 살고 있다. 비난형과 회유형이 함께 나타나는 것이다.

회유형과 초이성형이 결합하여 있는 예도 있다. 늘 말썽을 부리고 술을 많이 먹는 남편에게 주눅이 든 아내가 있다. 남편은 소리를 지르든, 자신이 무슨 잘못을 하든 아무 반응을 하지 않는 아내에게 늘 화가 난다. 겉으론 자신의 비위를 맞추는 듯하지만 뭔가 평가를 받고 있다는 생각이 든다. 자신이 아내에게 인정을 받지 못하고 있고 거절당하고 있다고 느낀다.

아내는 겉으로 보면 회유형이다. 그러나 아내는 속 깊은 곳에선 남편을 무시하고 있다. 끊임없이 판단하고 있다. 사실 부유했던 가정에서 자란 아내에 비해 남편의 집안은 가난했다. 학력도 아내가 더 좋다. 겉으론 비위를 맞추고 대화를 나누지만, 더 친밀해지지는 않는다. 음식을 차려주지만, 같이 앉지는 않는다. 각방을 쓴 지 오래다. 어느 순간 남편은 아내가 있는 안방에 들어가는 것이 어색하다. 아내의 방은 자신이 지내고 있는 작은 방보다 훨씬 깔끔하다.

아내는 남편이 없을 때 방에 들어가면 인상부터 찌푸린다. 이렇게 더럽게 살 수 있느냐며 푸념을 하기 시작한다. 아내는 남편이 자신의 기준에 한참 미달하는 사람으로 느끼고 있다. 남편이 없을 때 어린 자식에게도 아버지가 얼마나 형편없는 사람인지 이야기를 한다. 자식들도 어느 순간 말은 안 하지만 아버지를 무시하기 시작한다.

어느 날 아버지가 술을 먹고 들어와서는 이리 나와 보라며 소리친다. 어느덧 18세가 된 큰아들이 문을 열고 나온다. 아버지보다 머리 하나는 더 큰 아들이 더 큰 목소리로 "그만 좀 해요"라고 소리를 친다. 아버지는 깜짝 놀라 정신이 들었다.

그리고 그제야 고개를 들어 아들을 쳐다본다. '아들이 이렇게 컸었나?' 갑자기 더 큰 위축감이 몰려온다. 아들도 아버지의 행태를 어렸을 때부터 잘 알고 있다. 어머니에게 들었기 때문이다. 아내는 겉으로는 회유형으로 보이지만 속 깊은 곳에서는 남편에 대한 끊임없는 판단과 무시로 가득 차 있다. 초이성형이 똬리를 틀고 있다.

이렇게 복합적인 의사소통을 하면 자신도 혼란스럽고 옆에 있는 사람도 그렇다. 인간관계에서 일관성이 없는 것은 장기적인 인간관계에서는 치명적일 수 있다. 의미 있는 인간관계는 대부분 단거리 경주라기보다는 장거리 마라톤에 가깝다. 만약 이런 사례에 해당한다면 좀 더 다양한 상황과 사람에게도 일관적인 의사소통을 써보는 연습을 해볼 필요가 있다. 그 토대에서 상대도 나를 예측할 수 있고, 나도 나를 예측할 수 있다. 인간관계는 신뢰가 기본이며, 그 신뢰라는 것은 예측될 수 있고 일관적인 태도에 기반을 두고 있다.

5장.

인간관계가 만드는 그늘,
'과대기능'과 '과소기능'

1. 사회는 여러 의사소통 유형이
함께 모여 있는 집단

개인과 만남, 집단과 만남에서의 의사소통

사람이 모일 땐 여러 말과 행동이 오간다. 결국, 우리는 의사소통을 통해 상대와 관계를 하므로 의사소통 유형은 집단의 관계에 막대한 영향을 끼친다. 내가 누군가에게 한마디를 하는 것은 상대에게 적든, 크든 영향을 미친다. 반대 역시 마찬가지이다. 여러 사람이 모이는 곳에서도 마찬가지이다. 의사소통은 긍정적이든, 부정적이든 힘을 갖고 있다. 많은 사람이 모인 곳에서 누가 마이크를 잡고 있는지가 중요한 이유가 여기에 있다.

우리는 의사소통을 통해 개인적 만남을 이루는 동시에 집단의 성격을 구축하기 시작한다. 이렇게 의사소통을 통해 사람과 사람이 얽

히고설키며 다양한 역학을 이뤄낸다.

만약 여럿이서 밥을 먹고 계산을 해야 하는 상황을 그려보자. 누군가가 "얼마 나왔지?"라고 묻자 모두 약간의 불안이 올라오기 시작한다. 그럴 때 각 유형에 따라 어떤 행동을 하게 될까?

회유형은 언제나 그랬듯 조용히 나가서 결제하는 중일 수 있다. 비난형은 갑자기 다른 사람을 손가락으로 가리키며 "이번엔 당신이 사라"고 말하는 중이다. 초이성형은 1/n로 내면 될 것 같다고 계산기를 두드리고 있다. 산만형은 이제 점심시간이 거의 끝나가서 얼른 가야 함에도 갑자기 다른 이야기를 꺼내는 중이다. 일치형은 정확히 이 상황을 감지하고 전에 냈던 사람들을 제외하고 나머지 사람들이 함께 내면 좋겠다고 웃으며 말을 한다.

가상의 상황이지만 얼마든지 이런 방식은 집단에서 나타날 수 있다.

일이란 주제로 인간관계의 역동이 발생하는 회사

어떤 회사에서 회의를 진행하고 있다. 모든 팀원의 심기가 불편한 상황이다. 비난형인 김 차장이 자기 부서가 하지 않아도 되는 일을 굳이 해야 한다며 큰소리를 내고 있기 때문이다. 해당 부서는 마케팅 부서인데, 영업활동을 하는 프로젝트를 떠맡게 된 것이다.

사실 생각해보면 아예 상관이 없는 것은 아니지만, 우리 팀이 주축으로 이를 진행한다는 것은 아무리 봐도 부당하다. 그러나 김 차장은 큰 목소리로 우리 부서가 적극성이 없고 책임감이 없다고 되려 비난을 하고 있다. 그러나 모든 팀원은 알고 있다. 김 차장은 상위 부서에 잘 보이기 위해 우리 부서가 할 것도 아닌 것을 떠맡아왔다는 것을. 누군가는 이런 생각을 한다.

'그런데 저 사람은 왜 우리에게 뭘 시키면서도 항상 화가 나 있담?'

지루하고 짜증 나는 잔소리가 끝날 때쯤, 김 차장은 해야 할 일을 나열하면서 화이트보드에 적는다. 그리고 가장 어려운 것을 손으로 가리키며 팀원 중 누가 이 일을 할 것인지 묻는다. 약간의 적막감이 감돈다. 이 프로젝트를 한다는 것은 며칠 간의 잠을 포기한다는 것과 같다. 게다가 개인적으로는 아무런 이득이 없는 것이다. 사지로 뛰어드는 격인 걸 모두가 안다.

몇 초가 지났을까? 회유형인 최 대리가 혼자 손을 번쩍 든다.

"제가 하겠습니다."

최 대리는 사실 이전 프로젝트에서도 가장 많은 일을 맡았었다. 그러나 그는 이번에도 이 프로젝트를 떠맡겠다며 손을 들고 있다. 그의 속은 왠지 모를 억울함과 분노로 불편하다.

'여기 사람이 나만 있는 것도 아닌데, 이쯤이면 누가 말려줘야 하는 거 아닌가?'

그러나 그는 열심히 표정 관리를 하며 웃음을 잃지 않는다. 누군가 자신이 불편해하는 표정을 발견하면 안 된다는 메아리가 속에서 들리기 시작하기 때문이다.

두 번째 프로젝트를 할 사람을 물어본다. 첫 번째 일보다는 한결 쉽지만 역시나 시간이 많이 소요되는 업무이다. 그때까지 내내 팔짱을 끼고 듣고 있던 초이성형인 오대리가 왜 그 일을 우리가 해야 하는지 냉정한 표정을 유지한 채 반문한다. 그 일은 우리 일이 아니라 다른 부서가 해야 하는 일 아니냐며 따지고 든다.

그러자 더 화가 난 김 차장은 이 프로젝트가 왜 우리가 할 것이 아니냐며 역정을 낸다. 마케팅하면 당연히 영업부서 일을 함께 도와야 한다고 한다. 그러자 다시 오 대리는 나지막하지만 분명하게 이건 돕는 것이 아니라 우리가 떠맡는 것이 아니냐고 한다. 김 차장은 얼굴이 붉으락푸르락해지기 시작했다. '감히 어디서 하극상이야?' 속에서 메아리가 들리기 시작한다.

김 차장은 오 대리에게 지금까지 무슨 프로젝트에서 본인의 것 이상을 맡아본 적이 있는지 거칠게 쏘아붙이고 싶다. 속에서 불같은 것이 올라온다. 자신보다 나이도 7살이나 어리고 직급도 낮은데 한 번도 지지 않는다. '여기는 조직이라고. 그럴 거면 회사 때려치워.' 하마터면 속에 있는 말이 나올 뻔했다.

간신히 참고 김 차장은 오 대리에게 항상 본인 할 것만 하지 않았느냐고 애써 차분한 표정을 유지하며 반문한다. 그러자 오 대리는 작지만, 전혀 눌리지 않는 기세로 말한다.

"원래 회사엔 업무 체계가 있고 그 직제에 맞게 자기 할 일을 하는 게 맞는 거예요."

그의 단호한 표정에 김 차장이 화가 폭발할 지경이다.

갈등이 고조될 쯤 산만형인 이 대리가 갑자기 말을 한다. "그런데 우리 오늘 점심 메뉴가 뭐였죠?" 이 대리는 불안을 견디기 어려워서 화제를 전환하고 있다. 사실 이 대리는 지금 나열하고 있는 저 목록 중 하나도 하기가 어려울 것 같다. 자신은 뭔가 회사 내에서 부적응자 같다. 그래서 맡는다고도 못하고 안 하겠다고도 못하겠다. 다만 지금의 이 상황만 모면하면 좋겠다는 생각으로 가득하다. 그러자 갑자기 초이성형인 오 대리가 날카롭게 이 대리를 쳐다보며 이렇게 말한다. "지금 여기가 식당이 아니라 회의실인 것 안 보이세요?"

산만형인 이 대리는 오대리와 입사 동기지만 그의 기세에 눌려 눈도 못 쳐다보고 가만히 있다. 회사가 단순히 일하는 곳이라고 생각하는 것은 큰 오산이다. 회사는 사실 깊이 살펴보면 인간관계의 장이다.

이들은 지금 회의라는 명목으로 모였지만 일이라는 주제를 갖고 인간관계의 역동이 발생하는 중이다. 어느 순간부터 김 차장은 자신의 프로젝트를 까맣게 잊고 팀원들 앞에서 따지고 든 오 대리에게 앙심이 생기기 시작한다. 언젠가는 둘의 2차전이 벌어질 것이다.

친구 사이에서 관계의 소용돌이

앞서 이야기한 것이 여러 사람이 얽혀서 발생한 의사소통의 역학이라면, 이번엔 바람을 맞은 현경과 친구 소희와의 상황을 한번 살펴보도록 하자. 우리는 이 사례에서 여러 의사소통 유형의 역할을 부여해 보며 둘 사이에 어떠한 역학이 발생할 수 있는지를 살펴볼 것이다.

저녁 6시, 현경은 친구 소희를 만나기 위해 강남에 나와 있다. 현경은 지금 굉장히 고민되는 상황에 있다. 회사를 더 다닐지, 아니면 그만두고 더 늦기 전에 오래전부터 꿈꿔왔던 유학을 떠날지를 2주 안에 결정해야 하기 때문이다. 그래서 현경이 가려는 국가에 먼저 교환학생을 다녀온 소희와 식사를 하면서 의견을 꼭 물어보고 싶었다. 또 친구인 소희를 보고 싶은 마음도 함께 있었다.

약속을 잡을 때 소희는 강남에서 보자고 했다. 자신의 직장이 강남이기 때문이란다. 현경의 직장은 동탄 근처이기에 반차를 내고 강남까지 2시간 가까이 걸려 도착했다. 그리고 약속한 강남역 앞에서 30분을 일찍 와서 기다리고 있었다.

그러나 6시가 되어도, 심지어 6시 10분이 지나도 소희가 오지 않았다. 현경은 혹시 소희가 약속을 잊어버린 것은 아닐까 하는 불안한 마음이 들기 시작했다. 전화를 걸어 보기로 했다. 통화 연결음이 나오고 한참 뒤에야 소희가 받았다. 소희는 오늘 약속을 깜박 잊었다고 말한다. 오늘 비즈니스 차 바로 다른 사람을 만나야 하는 약속이 있어서 지금 당장은 나가기 어렵다고 한다.

그 말을 듣자 현경은 서운한 마음이 들었다. 그냥 만남이 아니었다. 이번 약속을 정할 때 현경은 소희에게 유학 관련해서 진지하게 고민을 이야기하고 싶다고 말했었다. 그래서 소희가 오라는 날짜와 장소에 맞추기 위해 현경은 어렵게 반차를 내고 몇 시간을 달려왔다. 그런데 소희는 일언반구도 없이 다른 약속이 있다고 말하는 것이 아닌가?

– 현경이 회유형이라면?

만약 현경이 회유형이라면 뭐라고 할까?

회유형은 자신의 감정이나 욕구보다 상대의 감정을 우선시한다. 그러느라 지금 내가 경험하고 있는 것을 놓치기에 십상이다.

소희: 정말 미안하게 되었다, 애.

현경: 소희야, 괜찮아. 어차피 나 강남에 올 일이 있었어.

현경은 사실 거짓말을 한 것이었다. 현경은 더듬거리다가 앞에 애플 서비스센터가 있는 것을 보게 되었다.

소희: 강남에 올 일이 있었어?

현경: 어어, 내가 지금 애플 서비스센터 여기 왔거든, 내 휴대폰이 뭔가 문제여서 말이야. 그래 그럼 다음번에 보자. (미안해) 아냐 괜찮아, 나 원래 휴대폰 고치러 오려던 거였어. 내가 그럼 다시 연락 줄게, 다음번에 봐, 응

아뿔싸, 전화를 끊자마자 현경은 자신의 휴대폰이 갤럭시라는 것을 깨달았다. 그리고 그 사실은 소희도 잘 알고 있었다. 현경은 자신이 거짓말한 것을 소희가 알게 되면 어떡하지라는 걱정이 든다. 그러느라 지금 소희가 자신과의 약속을 일방적으로 취소한 것에 대한 거절감은 어디론가 사라져 버렸다.

회유형은 타인의 감정을 고려해준다. 그러느라 자신은 항상 괜찮다고 한다. 심지어 상대가 미안해할까 봐 괜찮다고 하면서 거짓말까지 감수한다. 그러나 그렇게 하느라 정작 자신의 느낌을 생생하게 경험하기 힘들다.

- 현경이 비난형이라면?

만약 현경이 비난형이라면 어떻게 말을 할까? 비난형은 늘 상대의 잘못된 점을 찾아낸다. 그리고 소희가 한 행동은 비난받아 마땅할 행동이다. 오늘 너 잘 걸렸다!

소희: 정말 미안하게 되었다, 얘.

현경: 뭐 미안하게 되었다고?

소희는 현경의 날 선 질문에 주눅이 들었다.

소희: 아니, 오늘 만남이 사실 중요한 만남이어서…

현경: 너, 진짜 이기적인 애구나. 내가 2시간이나 걸려 왔는데, 지금 전화로 미안해? 너 오늘 제대로 임자 만났어.

비난형은 소희가 뭐라고 변명을 하든 그 소리가 들리지 않을 것이다. 일단 자신이 몇 시간이나 걸려 이곳에 왔고 소희는 갑자기 약속을 취소했기 때문이다. 몇 분 후면 둘 사이의 관계는 완전히 끝장날지도 모른다.

- 현경이 비난형이고 소희가 초이성형이라면?

만약 현경이 비난형이고 소희가 초이성형이면 어떻게 될까? 이런 경우 비난형이 매섭지만, 초이성형도 만만치는 않다. 비난형이 불이라면 초이성형은 모든 것을 얼려버리는 얼음과 같다.

현경: 뭐 미안하게 되었다고? 너는 친구와의 약속은 아랑곳하지 않는 그런 이기적인 애구나.

소희: (냉정하게) 이기적이라는 말은 좀 성급한 것 같아

현경: 뭐? 성급하다고? 약속을 네 맘대로 어겨놓고 지금 나보고 성급하다고 했니?

소희: (나지막하고 단호하게) 현경아, 미안하긴 한데 너와 나는 약속에 대한 개념, 그 개념에 대한 이해가 좀 다른 것 같아.

현경: 뭐라고? 뭐가 달라? 너 말 다 했어?

소희: 흥분하지 말고, 나는 네가 틀리다고 한 게 아니라 우리는 약속에 대한 개념이 좀 다른 것 같다고

현경은 소희가 말은 다르다고 했지만, 속으론 자신이 틀렸다고 말하는 것으로 느낄 것이다. 성이 있는 대로 난 비난형인 현경의 목소리는 더 커져만 간다. 그런 현경을 보면서 소희는 약간의 미안함마저도 사라지게 되었다. 오히려 현경이 지나치게 감정적이라는 생각이 들고 그래서 다른 친구들도 현경이를 별로 좋아하지 않는 거라는 생각을 하게 된다.

-현경이 산만형이라면?

현경이 산만형이라면 어떻게 대처할까? 산만형은 자신의 의도도, 상대의 감정도 모르며 분위기 파악도 어렵다. 그저 불안한 상황을 벗어나야 한다는 생각뿐이다.

소희: 정말 미안하게 됐어, 얘.

현경: 괜찮아, 괜찮아. 그리고 너 이번에 데뷔한 여자 아이돌 그룹 X 알아? 조금 있으면 콘서트 한다고 하더라고? 진짜 대박이더라.

지금 현경은 빠르게 화제를 전환 중이다. 사실 현경은 정말로 여자 아이돌에게 관심이 있어서라기보다는 지금의 불안한 상황이 견디기 어려웠을 뿐이다. 회유형과 다른 점은, 회유형은 애플 서비스 센터라는 알리바이를 만들어 타인을 맞춰주는 것이지만, 산만형은 불안한 나머지 떠오르는 대로 이것저것 이야기하는 것이다. 이 이야기엔 일관성도 방향성도 없다. 전화를 마치고 나자 그렇게 열성적으로 칭찬하던 아이돌에 관한 관심도 자연스럽게 사그라들었다. 전화로는 아이돌의 데뷔가 엄청나게 신나고 즐거웠던 것처럼 보였지만 전화를 끊고 난 지금 현경의 마음은 약간 침울하다. 다시 지하철을 타고 돌아가면서 마음이 울적하고 공허해진다.

– 현경이 일치형이라면?

현경이 일치형이라면 어떻게 대처할까? 일치형은 자신의 내면적인 감정과 생각이 겉으로 드러나는 행동과 일치되는 유형이다. 솔직히 말해 현경은 대중교통을 타고 2시간이나 걸려서 왔는데, 지금 와서 약속을 취소해 버린 소희에게 서운했다. 게다가 현경은 매우 중요한 문제를 함께 상의하고 싶었다. 그 마음마저도 몰라준 소희에게 서운한 마음이 들기 시작했다.

현경: 난 사실 너와 만나려고 여러 식당을 검색하고 2시간 넘게 걸려 여기에 왔어. 이전에 말했듯 유학 문제가 너무 고민이 돼서 친한 너와 상의하고 싶었고...

소희: 그랬었구나.

현경: 맞아. 그런데 네가 당일에 다른 약속이 생겼다고 갑작스럽게 취소를 해서 지금 서운한 마음이야. 난 사실 네가 날 가장 최우선으로 생각해주기를 바랐거든.

소희: 내가 실은 약속을 깜박 잊고 있었어. 정말 미안해.

현경: 네가 이번에 회사 옮기면서 엄청 바빴잖아. 그럴 수도 있지. 나는 너와 꼭 만나고 싶지만. 오늘 약속이 중요하다면 함께 다른 방법도 찾아보자.

소희: 그랬구나. 내가 지금은 너무 중요한 약속이라 잠깐은 다녀와야 할 것 같아. 그런데 그리 길지는 않아. 혹시 조금만 기다려 줄 수 있어?

일치형은 좋은 감정과 욕구도 표현하는 것이지만, 반대로 하기 힘든 말도 솔직하게 표현하는 사람이다. 그렇다고 직설적이거나 예민하게 표현해야 한다는 것은 아니다. 지금 일치형의 현경처럼 유연하게 자신의 의견을 표현할 수 있다.

2. 인생에서의 가장 중요한 선택

인생에서의 중요한 세 가지 사건

인생에는 중요한 세 가지 사건이 있다고 생각한다. 첫 번째는 탄생이다. 어떤 부모를 만났는지, 언제, 어느 나라에 태어났는지는 인생에서 너무나 중요하다. 태어났을 때부터 천재적인 머리를 가지고 태어난 사람이 있다. 태어나보니 부모가 재벌인 경우도 있다. 그것은 마치 운명과 같아서 아무리 노력을 해도 그 운명의 파도를 거스르기가 쉽지 않다.

두 번째는 죽음이다. 인간은 반드시 한번 죽게 된다. 그래서 내가 언제 죽는지, 어떤 방식으로 죽는지, 왜 죽는지는 매우 중요하다. 췌장암이 급속도로 진행되고 있는 한 여성이 그 사실을 까맣게 모르고 있다면, 자신이 불과 몇 달 안에 죽는다는 사실을 전혀 생각할 수 없을 것이다. 그녀는 여전히 사소한 경제적인 문제들을 염려하고 별것 아닌 문제에 치여 살 것이다. 그러나 죽음은 작은 번민을 모두 사라지게 한다. 그녀가 비로소 죽음을 이해하기 시작할 때 그녀는 정말 중요한 것에 집중하게 될 것이다.

세 번째는 결혼이다. 방금 말했듯이 사람과의 교감은 인생에서 가장 중요하다. 그것은 죽음이라는 절체절명의 순간에도 전혀 그 빛을 잃지 않는다. 그럼 인간과의 만남에서 가장 핵심적인 관계는 누구일까? 아마 가족일 것이다. 그럼 가족은 어떻게 형성되는가?

바로 결혼이다. 내가 누군가와 결혼을 한다는 것은 내 인생에서 가장 소중한 선택이다. 우리의 인생에서 가장 중요한 것이 관계라면 그중 가족 관계는 인간관계에서 가장 소중한 사람과의 관계다. 두 사람이 결합하면서 비로소 그 가족은 탄생한다. 그들로부터 자녀가 태어나고 가족이 형성된다. 가족 안엔 부모 관계, 고부 관계, 형제자매 관계, 부부관계가 다 포함되지만 그중 부부관계는 가족 탄생의 시발점이다.

둘은 만나 결혼을 하고 새 생명이 탄생하고 아버지, 어머니가 된다. 할아버지, 할머니가 된다. 우리 부모의 부모, 부모, 부모는 이렇게 연결이 되어 있었다. 그것은 인류 역사에 가장 깊은 흔적을 남기고 있다.

처음 아이를 낳고 키울 때는 이 상황이 영원히 지속될 것 같지만 시간이 지나면 그렇게 소중한 자녀들도 다 자신의 짝을 찾아, 자신의 삶을 살기 위해 떠난다. 그리고 떠나야만 한다. 그때 부부는 다시 덩그러니 남는다. 원래 자녀도 그들에게서 나왔고 자녀가 떠난 뒤에도 남는 관계는 그들뿐이다. 그렇다면 부부는 어쩌면 부모만큼이나 더 중요한 관계일 수 있다. 삶의 탄생은 부모와 함께 시작되지만 죽음은 배우자의 품속에서 진행되는 경우가 많이 있다.

그렇게 부부 중 한 명이 먼저 죽고 다른 한 명도 얼마 안 있어 죽음을 맞이한다. 둘은 함께 세월의 역사를 거슬러 올라왔고 함께 나이가 들었기 때문에 처음엔 서로가 아주 다르지만, 함께 한 시간만큼 공통된 경험이 많아지는 법이다. 부모가 알파라면, 배우자는 오메가와 같다. 삶과 죽음에서 가장 중요한 가치와 의미는 이렇게 부모와 배우자라는 토양에서 꽃 피운다.

왜 그들은 합리적인 결혼을 선택하지 않았는가?

인생에서 결혼이 필수가 아닐 수 있지만, 대부분의 가족이 결혼에서 출발한다는 점을 부인할 수 없으며, 가족은 개인에게 막대한 영향을 미치기에 이를 중점으로 살펴보는 것이다. 따라서 여기에서 말하는 결혼의 메카니즘은 연애 단계와 친구 관계와 같은 중요한 만남으로도 치환되어 적용될 수 있다.

다시 돌아와 본다면 인생의 가장 중요한 사건은 탄생, 죽음 그리고 결혼이다. 그리고 탄생과 죽음은 내 맘대로 할 수 없지만 결혼은 내가 선택하는 것이라고 할 수 있다.

그런데 이상한 일이 있다. 나는 부부 상담을 많이 하는 상담자로서 그들의 문제를 주로 듣는다. 그런데 가장 가까워야 하는 그들이 거의 원수가 되어 상담실에 오는 경우가 많다. 그리고 그들은 이렇게 말한다.

"내가 왜 이 사람과 결혼했는지 도무지 모르겠어요."

"그건 나도 마찬가지야."

결혼에 양가의 입김이 있을 수 있고 사회적 압박이 있을 수 있어도 부모가 선택한 사람과 결혼했던 조선 시대와는 같지 않을 것이다. 그렇다면 적어도 결혼은 본인의 선택인데 내가 왜 이 사람과 결혼했는지 잘 모르겠다니, 대관절 이게 무슨 말인가?

대인관계를 맺는 패턴은 반복될 수 있다. 그리고 연애 경험 역시 그 반복되는 패턴 안에 녹아 있다. 그러다 보니 결혼이라는 일생일대의 중요한 결정 역시 내가 이전부터 해왔던 대인관계 패턴에서 벗어나기가 어려운 것이다. 즉, 결혼 역시 선택인 것 같지만 무의식적인 요소를 품고 있다. 그러므로 결혼 역시 내가 합리적으로 선택한 것이 아니라 내 무의식적 측면이 이미 작동되어서 그랬던 것일 수도 있다.

의식이든, 무의식이든 결국 그것은 나일 텐데 나는 왜 굳이 나와 불협화음을 일으킬 것이 뻔한 사람을 내 삶의 중요한 사람으로 받아들이게 되었는가, 심지어 그 사람과 백년가약을 맺으며 배우자로 선택하게 되었는가?

당신은 항상 문제를 일으키는 사람과 뒷수습을 하는 사람이 만나 결혼까지 하고 가정을 이루는 것을 목격한 적이 있는가? 그런 사람을 알고 있다면, 더 나아가 그 커플의 관계 패턴과 결혼의 과정이 그들의 부모의 관계 패턴과 유사하게 나타나고 있다는 것을 발견한 적이 있는가?

왜 그들은 합리적인 결혼을 선택하지 않았는가? 왜 그들은 부모가 해왔던 관계 방식이 그토록 싫었으면서도 성인인 된 후 자신의 이성 부모와 비슷한 이를 만나게 되는가? 심지어 그들은 그들의 이성 부모와 가장 거리가 멀 것 같은 사람을 선택했는데, 알고 보니 가장 비슷한 사람이라는 것을 알게 되는 경우가 빈번하다. 물론 이는 분화가 되지 않은 가족에서 자란 이들에게 더 많이, 자주 일어나는 현상이다.

전혀 어울릴 것 같지 않아 보이는 커플이 만나 한쪽은 다른 한쪽을 돌보고 다른 한쪽은 말썽을 일으키는 사례는 무수히 많다. 말썽을 일으킨 파트너를 어떻게든 수습하다가 도저히 안 되어서 상담에 자를 찾는 내담자가 그만큼 많기 때문이다. 그 사람은 자신과 남편의 중요한 관계 패턴이 부모가 서로 보였던 패턴과 유사함을 깨닫고 소스라치게 놀란다. 어떻게 이것이 가능할 수 있을까?

공동체 중 가장 핵심적인 집단은 어디일까? 우리가 태어나면서부터 만나는 가족일 것이다. 따라서 우리는 가족의 역사가 건강하지 못할 때, 개인의 삶에 어떻게 영향을 줄 수 있는지를 살펴보려고 한다.

문제를 일으키는 사람에게 끌렸던 이유

나는 40대 초반의 남성을 상담한 적이 있다. 그 사람은 전문직에 종사하고 있었으며, 매우 합리적인 사람으로 보였다. 그러나 그가 끌리는 여성은 이상하게도 자주 연락을 끊고 무절제하면서 여러 남자 문제를 일으키고 있는 여성이었다. 그는 경제 사고를 일으키는 여자친구를 경제적으로 지원했으며, 문제를 일으키면 뒷수습을 하기 일쑤였다. 그러면서도 그는 절대 화내는 모습을 보이지 않았다. 오히려 그는 지나치게 무신경하고 믿을 수 없는 그 여성에게 매달리기까지 했다.

그 여성과 갑자기 연락이 끊기면 온통 그 사람 생각으로 꽉 찼다. 그는 계속 남자 문제를 일으키는 여성 때문에 속이 썩어 문드러질 정도였다. 이 여성은 거의 통제 불능 상태였는데도 이 남성은 결혼하면 모든 것이 나아질 것이라고 믿기도 했다. 결혼하고 나면, 같이 살 수 있을 것이고 그러면 자신이 가까이 있을 테니 문제행동이 줄어들 수 있으리라는 믿음이었다. 문제는 그 남성은 이성적으로는 이 결혼이 거의 무덤에 가까운 선택이라는 것을 잘 알고 있었다. 그러나 감정적으로는 그 사람에게 끌렸다.

이러한 그의 연애 패턴은 이번만이 아니었다. 그는 이상하게도 이전 연애에서도 반복된 형태를 보였다. 그는 연락이 잘 안 되고 문제를 일으키는 사람을 보면 이상하게 정이 갔다.

그는 7세에 아버지를 일찍 여의었다. 그의 어린 시절은 지독하게 가난했다. 정서적으로 불안했던 어머니는 술 문제와 남자 문제를 일으켰다. 어머니는 남자가 계속 바뀌었고 남자 문제 때문에 며칠에 한 번씩 집에 들어오기도 했다. 어머니의 일상 자체는 혼돈에 가까웠다. 일정한 시간에 일어나거나 자는 법이 거의 없었다. 어머니는 자주 밤늦게 들어왔고 그래서인지 늦게 일어났다. 그는 아주 어린 나이부터 어머니가 늦게까지 자고 있으면 어머니를 위해 아침을 차렸다. 밤늦은 시간까지 돌아오지 않는 어머니를 목이 빠져라 기다렸다.

그는 일찍부터 철이 들었다. 그리고 그는 어린 시절부터 지금까지 어머니를 돌보고 있었다. 그렇게 성장한 그는 끊임없이 어머니와 비슷한 사람을 만나고 있는 것이었다. 어머니에 대한 그리움은, 어머니를 돌봐야 한다는 그의 생각은 그의 연애에서도 끊임없이 반복되고 있었다. 그가 만난 여자친구는 어머니의 또 다른 모습들이었다. 이러한 경험이 반복되면서 그의 인생의 중요한 패턴을 만들어내고 있었다.

나는 이전에 동화책에서 한 초식 동물이 육식 동물에게 속아 넘어가는 장면을 본 적이 있다. 어떤 동물이었는지는 정확히 기억이 나지 않아 초식 동물을 토끼로 하고 육식 동물을 늑대로 하여 이야기를 이어나가고자 한다.

어느 날 사악한 늑대는 풀이 가득한 밝고 아름다운 곳에 있는 토끼에게 접근했다. 늑대는 저쪽의 으슥한 숲으로 가자고 꼬시기 시작했다. 이곳에 풀이 가득한데도 늑대는 저쪽에도 먹을 풀이 많다고 했다. 얼토당토않은 말이다. 아무도 못 보는 곳으로 토끼를 데리고 가서 잡아먹으려는 의도가 누가 봐도 뻔했다.

그러기에 토끼는 그곳을 따라갈 이유가 전혀 없었다. 그런데도 토끼는 못 이기는 척 따라나서기로 한다. 나는 그때 토끼의 대사를 보며 경악을 했던 적이 있다. 토끼는 늑대를 따라 어두운 숲속으로 들어가면서 이렇게 말하는 것이었다.

"한번 속아볼까?"

수십 년이 지났지만 나는 이 말이 잊히지 않는다. 왜 토끼는 속는 줄을 알면서 그곳에 들어갔던 것일까? 그곳이 죽는 길임을 빤히 알면서도 들어갔던 이유가 무엇인가? 애초에 양지바른 곳에 가득한 맛좋은 풀들을 놔두고 엉겅퀴가 가득한 어두운 숲에 들어갈 이유가 있었을까? 토끼가 얻을 수 있는 좋은 것이 있었던 것일까? 애초부터 토끼는 왜 자신의 생명을 호시탐탐 노리는 늑대를 가까이하고 있던 것일까?

내가 불안할 때마다 음식을 먹는다면 그 역사는 아주 오래되었을 수 있다. 내가 걱정될 때마다 손톱을 물어뜯어 굳은살이 배겼다면, 그 습관도 어린 시절에 형성된 것일 수 있다. 내가 공허한 마음이 들 때면 계속 쇼핑을 한다는 것 역시 깊은 기원이 있을 수 있다.

대인관계의 패턴도 이와 마찬가지다. 우리는 잠깐 있다가 사라지는 아지랑이가 아니다. 우리는 단순한 현상이 아니다. 우리는 역사이다. 내가 38세라면 나는 38년의 역사를 품고 있다. 그 역사 가운데 있던 나의 반복된 경험은 지금 내가 하는 행동과 생각에 지대한 영향을 미치고 있다.

그래서 우리는 끊임없이 내 주장을 연습하는 훈련을 하면서도 내 주장을 하기가 힘들다. 머리로는 거절해야 하는 것을 알면서도 하기 싫은 일을 또 떠맡는다. 내 인생을 해롭게 만드는 사람을 계속 만나기도 한다. 사실 몰랐던 것도 아니다. 다 알고 있는데, 그들의 유혹에 넘어간다. 마치 토끼가 "한번 속아볼까?"라고 하면서 어두운 숲으로 들어가는 것처럼 말이다.

3. 삼각관계의 희생양

둘일 때와 셋일 때 관계의 역학

인간관계에서 '둘'이라는 숫자는 매우 특별한 숫자이다. 좋을 때는 둘이라는 숫자는 너무나 완벽하다. 아무에게도 방해받지 않는 '둘만의 오붓한 시간'이라는 것은 가장 큰 환상을 갖게 한다.

비단 연인관계만 그런 것이 아니다. 가장 소중한 친구, 동료와의 깊은 경험도 둘이다. 우리가 20년 전부터 꾸려온 일명 독수리 5형제, 칠공주라고 하더라도 그중에 유독 친한 사람이 있고 아닌 사람이 있다.

이를테면 우리가 5명의 친구로 구성되어 있다고 해보자. 그중 한 명과는 죽고 못 사는 사이다. 그런데 다른 한 명은 그저 그렇다. 사실 나는 그 아이에 대해 별로 아는 것이 없다. 나머지 멤버가 모두 화장실에 가고 그 친구와만 남으면 우리는 어색한 사이가 된다.

공동체 중에서 누가 제일 친한 친구인지를 알아보는 방법은 간단하다. 그 사람과 단둘이 얼마나 연락을 자주 하는지를 살펴보면 된다. 그럼 그 공동체에서 가장 안 친한 사람은? 아마 개인적인 연락이 없을 것이다. 아예 애초부터 1:1 채팅방이 한 번도 개설된 적이 없는 예도 있다. 그러므로 1:1의 둘만의 관계는 가장 깊은 관계를 의미한다. 둘만의 저녁 식사. 둘만의 데이트, 둘만의 여행, 둘이라는 숫자는 이 세상 모든 로맨틱한 작품의 원형이 되었다.

이처럼 둘만의 만남이라는 것은 관계가 얼마나 깊은지를 보여주는 척도이다. 그런데 반대로 둘 사이에 불안과 긴장이 생긴다면 어떻게 될까? 이때 놀랍게도 관계는 '둘'에서 '셋'으로 넘어가기 시작한다. 둘로는 이 불안과 긴장을 해결할 수 없으니 한 명의 중재자를 두는 것이다.

영희에게 민경과 지민이라는 친구가 있다고 생각해보자. 셋은 함께 몰려다니는 끈끈한 모임이다. 그래도 그중에 더 친한 관계는 반드시 있기 마련이다. 영희는 민경과 좀 더 친하다. 그래서 셋이 만나지 않을 때도 둘은 자주 만난다. 그런데 방금 영희는 민경과 만나면서 민경의 이기적인 태도와 비난에 너무나 화가 나기 시작했다. 민경이에게 엄청난 배신감이 들기 시작한 것이다.

지금까지 민경이가 해왔던 행태가 주마등처럼 스쳐 지나간다. '알고 보니 지독하게 이기적이었었네', '내가 왜 그동안 그런 모습을 잘 몰랐지?' 억울한 마음이 밀려온다. 과연 영희는 다음에 어떤 행동을 하게 될까?

이렇게 중요한 관계에서 불안과 긴장감이 맴돌 때, 영희는 제삼자를 찾아 나선다. 예전엔 두 명이 있어도 한없이 좋았건만 이제는 세 명의 관계가 있어야 한다.

여기서 세 번째란? 바로 그동안 좀 덜 친했던 친구 지민이다. 영희는 바로 지민이에게 전화를 걸어 방금 민경과 있었던 그 억울했던 이야기를 하기 시작한다.

"아니, 지민아 이게 맞아? 내가 잘못한 거야? 넌 어떻게 생각해?"

그런데 만약 묵묵히 듣고 있던 지민이 갑자기 이렇게 말한다면 어떻게 될까?

"야, 너는 항상 다른 사람만 잘못했다고 하더라. 그리고 말이 나와서 그렇지 우리 민경이가 뭘 그렇게 잘못했냐?"

"뭐라고, 우리 민경이? 너 지금 내가 걔에게 겪은 이야기 다 듣고 나서도 그런 말이 나와?"

"아니, 그건 난 모르겠고, 민경이 말도 공평하게 들어봐야지, 네 이야기만 들어서는 민경이가 뭘 잘못했는지 딱히 모르겠어."

우리 민경이라고? 영희는 방금 몇 마디의 대화를 복기해보면서 지민이가 누구와 더 가까웠는지 알게 되었다. 어쩌면 여우 같은 민경이가 먼저 선수를 쳐서 지민이를 구워삶았을지도 모르는 일이다.

만약 다시 전화했는데 통화 중이라면? 심지어 다시 전화도 안한다면? 누구랑 통화했는지 말하지 않아도 알 것 같다. 영희는 휴대폰을 켜서 연락처로 들어가 손절을 하기 위해 민경과 지민의 연락처를 지워버릴지도 모른다.

그런데 만약 시간을 조금 돌려 다시 영희가 지민이에게 억울함을 쏟아냈던 시점으로 돌아가 보자. 그때 지민이가 아까와는 정반대로 이렇게 말을 한다고 생각해보자.

"네가 잘못한 게 뭐가 있어? 민경이 걔 그렇게 안 봤는데 진짜 이기적이네. 나였으면 진작에 손절했겠어. 영희야 좀 소름 돋는다. 얼마나 배신감이 크니?"

영희는 지민의 위로의 말 한마디에 그동안 참아왔던 눈물이 쏟아지기 시작한다. 이제 두 명의 친구 중에 누가 진정한 친구인지 알게 되었다. 그리고 지민이는 내 편이 되어 배신한 민경이를 함께 응징해줄 것이다. 아니, 어쩌면 매사에 행동파인 지민은 나 대신 싸워줄지도 모른다. 우리는 가장 친한 친구니까.

삼각관계의 탄생

이렇게 둘 사이에 불안과 긴장이 생길 때, 이 감정을 해소하기 위해 다른 한 사람을 둘 사이의 관계에 끌어들이는 것을 가족치료의 개념에서 '삼각관계(triangles)'라고 한다. 이것은 인간관계에서 많이 발생하고 있는 하나의 역동적인 개념이다. 그림으로 살펴보자. 먼저 [그림 1]을 살펴보자.

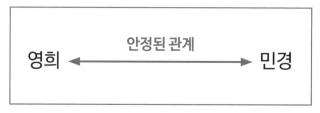

[그림 1] 영희와 민경의 관계

[그림 1]은 영희에게 있어서 민경은 원래 가장 친한 친구였다는 것을 보여준다. 둘은 가장 친밀감을 형성하고 있으므로 안정된 관계이다. 내가 누구랑 가장 친한지 살펴보기 위해서는 누구와 있을 때 가장 편안함을 느끼는지를 살펴보면 된다. 보통 이렇게 관계가 안정되고 깊어질 땐 '둘만의 시간'이 가장 이상적이다. 나머지 사람이 없이 둘이 있는 것이 가장 행복하고 좋은 법이다.

그러나 이렇게 가장 가까운 관계에서 반목이 생기면 어떤 일이 일어날까? 믿었던 만큼 배신감도 큰 법이다. 영희는 너무나 불안한 나머지 다른 한 명의 관계를 찾아 나선다. 바로 원래 둘만의 관계에서는 없었던 제삼자인 지민이다. 다음의 [그림 2]가 그 경우이다.

영희는 [그림 2]처럼 지민을 찾아가 자신과 민경 사이에 있었던 이야기를 지민에게 풀어놓는다. 그리고 민경과의 사이에서 있었던 분노와 억울함을 쏟아내기 시작한다. 지민은 기꺼이 영희의 편이 되어 주고 지지해주면서 불안을 진정시킨다. 영희는 민경과의 사이에서 있었던 불안감이 잦아들며 다시 안정된다. 그러나 영희가 안정된 만큼 애

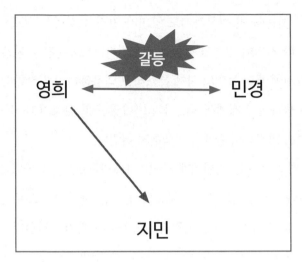

[그림 2] 영희와 민경의 갈등, 그리고 제삼자를 끌어들이기

초에 민경에게 느낀 긴장감과 억울함, 분노는 지민에게 전가된다. 이는 이후 [그림 3]으로 이어진다.

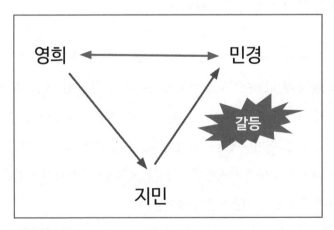

[그림 3] 삼각관계

[그림 3]을 보면 이상하게도 영희가 민경과 갈등을 일으키는 것이 아니라 지민이 민경과 갈등을 일으킨다. 어느 순간 지민은 둘 사이의 관계에 끌려 들어와 함께 분노하고 억울해하기 시작한다. 원래 지민은 둘과의 관계에서 당사자가 아니었지만, 갑자기 대신 싸우기도 하면서 민경과의 관계가 어색해져 버린다.

요약하면 영희는 지민에게 자신의 분노와 불안을 쏟아내고 어느 순간부터 지민은 갑자기 그 분노와 불안을 자신의 것으로 받아들인다. 그리고 지민은 대신 민경과 갈등을 일으키기 시작한다.

그럼 종국적으로 영희는 어떻게 될까? 지민이 민경에 대한 분노를 표출할수록 영희는 자신도 모르는 사이 한 발을 빼는 형국이 되어버린다. 영희가 마음이 편안해지는 만큼 민경과 지민 사이엔 또 다른 갈등과 불안이 일어나기 시작한다.

고부간의 갈등과 삼각관계

남편과 아내가 요즘 크고 작은 갈등을 겪고 있다. 남편은 아내의 기에 눌려 제대로 자기주장을 하지 못한다. 둘과의 관계에서 문제가 생기기 시작할 때 남편은 누구에게 연락할까? 자신의 어머니가 떠오른다. 마침 어머니에게 전화가 온다. "요즘 밥은 잘 먹고 다니니?"라고 다정하게 묻기 시작한다. "사실은요"라는 말과 함께 남편은 어머니에게 아내의 험담을 잔뜩 늘어놓는다.

어머니는 자식을 사랑하는 만큼 며느리에게 분노가 치민다.

"그러니까 너에게 밥도 안 해줬다는 거지?"

"그러니까 너를 완전히 사람 취급 안 했다는 거네."

"뭐라고? 아이들 앞에서 내 욕도 했어?"

모든 것을 쏟아낸 남편은 편안한 느낌이 든다. 그리고 그만큼의 분노와 불안이 어머니에게로 전가된다. 어느 순간 어머니는 며느리에게 전화를 건다.

"애야, 나다."

며느리는 시어머니의 전화를 받자마자 냉정하고 찌를 것 같은 목소리에 깜짝 놀란다. 무슨 일이 일어났다는 생각이 든다. 이제 시어머니와 며느리의 갈등이 시작된다.

삼각관계의 희생양

이렇듯 둘 사이에 벌어진 인간관계 갈등은 다른 누군가에게로 전가된다. 친구 사이의 갈등은 다른 친구에게로 전가된다. 동료와의 갈등은 다른 동료에게로 전가된다. 동생과 갈등을 겪을 때 오빠에게 연락하기도 한다. 보통 이렇게 연락을 하는 대상은 자신이 생각할 때 자기편을 들어줄 것이라고 믿는 사람이다.

그렇다면 다시 가족의 상황으로 가보자. 부부는 가족의 핵이라고 했다. 둘 사이는 좋을 땐 떼놓기 어려울 정도로 끈끈하다. 그렇게 결혼이 탄생한 것이다. 그러나 둘 사이에 갈등이 생길 때는 그만큼이나 강하게 나타난다. 이 둘 사이의 관계에 자신의 부모가 끼어 들어갈 수도 있다. 그런 경우는 비일비재하다. 친구가 들어갈 수도 있다. 처제도 들어갈 수 있고, 시누이가 들어갈 수도 있다. 그러나 가장 많이 들어오는 사람이 누구겠는가?

가장 안전한 관계, 내 편이 될 수밖에 없는 존재. 게다가 나와 항상 얼굴을 맞대고 있는 존재. 바로 자녀이다. 자녀는 삼각관계의 희생양으로 가장 많이 언급된다. 이는 가족치료의 선구자이자 '다세대 가족치료'라는 거대한 체계이론을 창시한 보웬의 핵심적인 주장이다.

아빠가 소리를 지르고 나간 어느 날, 어머니는 앉아서 흐느껴 울고 있다. 경제적으로 어려워진 아버지는 술김에 어머니에게 모진 소리를 하고 식탁에 있는 의자를 박살 낸 뒤 집을 나갔다.

아이는 엄마에게 다가가 "엄마 괜찮아?"라고 묻는다. 어머니는 그 순간 아이를 붙들고 자신의 신세를 한탄하기 시작한다. 저 인간을 만나서 얼마나 고통스러운 나날을 지내고 있는지 말하기 시작한다. 미래가 창창하던 엄마가 망가진 이유는 저 인간 때문이라고 말한다.

그러는 동시에 내가 참고 사는 이유는 모두 너 때문이라고 한다. 네가 크기만 하면 반드시 이혼할 것이라고 한다. 부담 가질 필요는 없고 너만 잘 되면 된다고 대화를 마무리한다.

엄마는 아이에게 부담을 갖지 말라고 하지만 아이는 그 어느 때보다 막중한 부담감을 느낀다. 엄마를 바라보며 죄책감과 슬픔도 느낀다. 그러나 그중 강한 감정은 가슴을 활활 타오르게 하는 불같은 화다. 내가 가장 사랑하는 엄마에게 이렇게 큰 상처를 주다니, 아이는 주먹을 불끈 쥔다.

엄마와 아빠가 만들어낸 불안의 블랙홀은 거침없이 아이를 끌어당긴다. 둘 모두를 사랑하고 있었던 아이가 한쪽을 미워해야만 하는 비극적인 서사가 펼쳐지는 순간이다. 블랙홀은 어떤 희망과 빛도 없다. 거기에 끌려들어가서는 안 된다. 그러나 자신도 모르게 지평선에 다다랐다. 어두운 곳에서 발생하는 중력은 모든 것을 빨아들인다.

이렇게 삼각관계가 형성된다. 엄마는 아이에게 자신의 불안과 긴장감을 쏟아내고 아이는 그것을 그대로 받아들이면서 아빠와 대척점에 서게 된다. 나는 임상 과정에서 많은 성인을 만나면서 한쪽 부모를 깊이 증오하고 있는 것을 적어도 수백 사례 이상을 발견했다.

그리고 그 한쪽 부모가 정말 비난받기 마땅한 예도 있지만 그렇지 않은 경우도 대단히 많았다. 그들은 부모에 대한 감정을 하나씩 살펴보면서 자신의 증오심이 터무니없이 컸다는 사실을 깨닫게 되며 깜짝 놀라는 경우도 본다.

자신은 그동안 아빠를 인간쓰레기고 이기적인 사람이라고 생각했단다. 그런데 알고 보니 아빠가 그렇게 잘한 것은 아니지만 그냥 직장생활을 성실히 다 하고 있었다는 것이다. 자신도 직장을 다녀보니 직장이 그리 만만한 곳이 아니었는데, 아빠는 30년 넘게 근속을 했었다.

어떤 사람은 엄마가 매일 놀러 다니는 사람이라고 생각했는데, 알고 보니 엄마는 작은 여행사의 투어가이드였다. 엄마가 여행사에 다니게 된 이유는 어려운 가정 경제를 일으켜 세우기 위함이었다. 그런데도 그는 어린 시절부터 사업이 잘 안 되어 주야장천 집에 있었던 아버지로부터 엄마가 도무지 가정을 챙기지 않는다고 들었었다. 엄마가 여행만 다니는 철부지이자 무책임한 사람이라고 들었었다. 자식은 그렇게 엄마를 미워하게 되었었다.

어렸을 땐 슈퍼의 주인이 맛있는 것을 다 가지고 있다고 생각했지만, 사실 녹록지 않은 삶을 살고 있다는 것을 성인이 되면서 이해하기 시작한다. 뷔페에서 일하는 요리사를 보면서 행복에 젖어 있다고 생각하지 않는다. 여행사 직원이 여행을 다닌 것이 아니었다는 것을 이해하기 시작한다.

상담에 온 내담자들은 아직도 어린 시절의 마음을 품고 있다가 좀 더 이성적이고 합리적인 시각으로 자신의 부모를 발견하고는 한다. 그들은 그 지점에서 깜짝 놀라기 시작한다.

어머니는 아버지가 항상 주말에 누워 있다고 비난했었는데, 커서 보니 주말 부부였던 아버지가 주중에는 건설현장에서 너무나 힘들게 일했기 때문이었다. 아버지는 어머니가 냉정하고 가정에 전혀 관심이 없다고 했지만 사실 어머니는 자기 주변을 돌볼 만큼 여유롭지 않은 삶을 살았다. 나는 어린 시절 아버지가 온갖 좋은 것을 다 가지고 있다고 생각했는데, 알고 보니 아버지가 걸치고 있는 것 중에 명품은 단 한 가지도 없었다.

내담자들은 현재 자신이 한쪽 부모에게 갖고 있는 감정이 지나치게 편중되어 있음을 느낄 때가 있다. 그들은 부모를 증오하면서 상담실에 왔다가 알고 보니 자신이 그 부모를 사랑했음을 깨닫고 놀라기도 한다.

심지어 자신이 한쪽 부모에게 느꼈던 오래된 미움의 감정이 다른 한쪽의 부모로부터 전가되었음을 이해하고는 충격을 받기도 한다. 그들은 지금까지 엄마의 시선에서 아빠를 바라본 것이었고, 반대로 아빠의 시선에서 엄마를 바라본 것이었다. 자식은 어느 순간 둘과의 관계에 끼어 들어와 있었다.

더 큰 문제가 있다. 사실 삼각관계에 끼어 들어온 사람은 열심히 상대편과 싸워준다. 그러나 문제는 아이가 응징해야 할 그 분노의 대상이 가장 사랑하는 부모라는 역설적인 상황에 있다. 부부야 서로 피 한 방울 안 섞였다지만, 그래서 이혼하면 남이라고 하지만, 아이는 그렇지 않다.

아이는 무엇을 원했을까?

아이에겐 엄마도 부모이고, 아빠도 부모이다. 부모는 아이가 가장 사랑하는 존재이다. 그런데 가장 사랑하는 존재인 아빠가 내가 또 가장 사랑하는 엄마에게 말할 수 없는 상처를 줬다. 문제는 아빠에게 화를 내자니 아빠는 분명히 자신을 사랑하고 있다. 이전에 아빠와 함께했던 좋은 기억이 있다. 아이도 실은 아빠를 사랑하고 있다.

나는 한쪽 부모에게 엄청난 미움을 가진 이들에게 그런 마음이 든 시점을 물어보곤 한다. 그리고 그 전엔 어땠는지를 묻는다. 그 전엔 좋은 경험이 있단다. 그것을 한번 묘사해보자고 할 때 그들은 왠지 모를 두려움을 느끼며 쭈뼛거린다. 그러나 그들이 그러한 에피소드를 하나씩 이야기할 때 그들의 눈에 눈물이 맺힌다. 함께 조개를 잡았던 기억, 눈사람을 만들었던 기억, 아이스크림을 사주며 너를 가장 사랑한다고 말한 기억, 재미있는 애니메이션을 보다가 함께 뒹굴며 까르르 웃었던 기억…. 그들은 사실 부모를 미워했던 만큼 부모를 사랑했다.

아이는 무엇을 원했을까? 비난했던 한쪽 부모와는 얼른 결별하고 사랑하는 부모와 살고 싶었을까? 그렇지 않다. 그들은 한쪽 부모를 비난하지만 그럼에도 가족이 깨지지 않기를 바란다. 그래서 아이 마음속 깊은 곳에는 아무리 어렵고 힘들어도 가족이 같이 살기를 바란다.

아이는 둘 모두가 필요하다. 그래서 아이는 삼각관계에 끌려들어 와서도 자신이 전가 받은 그 분노와 불안의 감정을 쏟아내지 못한다. 그냥 어떡해서든 중재를 해보려고 노력하는 것이다.

가정의 위기 속에서 부모를 돌보려는 아이

자녀에게 있어서 부모는 하나의 세계다. 부모는 자신보다 몸집도 훨씬 큰 존재이고, 자신이 다다르고 싶은 이상향이자 가장 사랑하는 존재이고 자신과 분리할 수 없는 존재다. 자녀는 자신을 사랑하는 부모의 얼굴을 보면서 가장 큰 행복을 느낀다.

그들은 부당하게 맞으면서도, 학대를 겪으면서도 부모에 대한 희망을 잃지 않는다. 부모는 실은 자기감정대로 때린 것임에도 갖은

핑계를 댄다. 자녀들은 아무 이유 없이 맞은 것인데도 자신이 분명 잘못한 것이 있으니 맞는 것으로 생각한다. 그래서 그들은 맞으면서도 이렇게 말한다.

"제가 잘못했어요. 앞으론 더 잘할게요."

많은 부모가 자녀를 '왕자님', '공주님'이라고 부른다. 이런 말을 계속 듣게 될 때, 아이는 우쭐해져서 왕관도 쓰고 망토도 걸친다. 그리고 부모는 자연스럽게 신하가 된다. 마치 수직적 관계인 것 같고 아이가 갑인 것 같다. 그러나 이 상황을 조금만 더 깊게 보면 그렇지 않다. 원래 신하가 왕족을 섬기는 까닭은 왕과 그 가문이 엄청난 권력과 주권을 가지고 있기 때문이다. 그들은 녹봉도 줄 수 있고 승진도 시킬 수 있으며, 생사를 결정할 수도 있다.

그러나 실제로 자녀는 부모에게 줄 녹봉을 가지고 있지 못하다. 부모를 승진시켜 줄 수도 없다. 사실 자녀는 부모에게 줄 수 있는 경제적 혹은 사회적인 보상이 전혀 없다. 그들이 왕좌에 앉아 있을 수 있는 까닭은 신하가 그렇게 여겨줬기 때문이다. 신하라고 말하고 있는 부모가 그들을 어떻게 바라봐주느냐에 따라 그들은 왕자와 공주도 되지만 거지나 하인과 같은 취급을 받기도 한다. 그들은 사실 가장 안정적인 자리에 있는 것처럼 보이지만 가장 불안한 자리에 있는 것이다.

그래서 그들은 가정에 위기가 닥쳤을 때, 엄청난 경제적 어려움에 봉착했을 때, 이혼의 위기 때, 학대를 받을 때, 무관심을 겪을 때 갑자기 착해진다. 아이는 기꺼이 손을 뻗어 부모에게 다가간다. 부모를 위로하고 심지어는 돌보기 시작한다. 그들은 부모의 마음을 어루

만지며 "걱정하지마"라고 표현하기도 한다.

나는 한 어머니로부터 가장 힘든 때 아이에게 위로받았던 이야기를 들은 적이 있다. 몇 년 전 파산에 이른 그 어머니는 "우리 집은 이제 망해서 먹을 것도 없다"고 하며 바닥에 주저앉아 펑펑 울었다고 한다. 그때 아이는 엄마의 이야기를 듣다가 자신의 방에 들어가 무엇인가를 가지고 집 밖으로 나가더니 조금 후에 밝게 웃으면서 돌아와 자기가 사온 것을 엄마에게 내밀었다. 자기 방에 숨겨놨던 비상금을 가지고 가서 사 온 것은 엄마랑 즐겨 먹던 '쌍쌍바'였다. 아이가 엄마에게 다가가 이렇게 말한다.

"엄마, 봐봐 우리 먹을 거 많아. 나는 괜찮으니까 엄마가 이거 다 먹어"

4. 과대기능과 과소기능

과대기능의 출현

실제로 아이의 말 한마디가 부모에게 위로가 되기도 한다. 그러나 이것이 반복되고 정도가 지나치면 이제 아이는 더 이상 아이가 아니다. 아이는 어른인 것처럼 행동한다. 한쪽 부모가 자기 자녀와 결합하여 삼각관계를 형성할 때, 아이는 엄청난 분노를 느끼지만, 이와 더불어 가족을 지키기 위해 무엇인가를 해야 한다고 생각한다. 억울한 일을 겪은 엄마에겐 참으로 죄송한 일이지만 가족이 해체되기를 절대로 원하지 않기 때문이다. 그래서 아이는 집이 없어서 계속 이사를 해야 했던 부모에게 다가가 자신이 나중에 성공해서 집을 사주겠다고 한다. 건강이 안 좋은 부모에게 다가가 이다음에 훌륭한 박사님이 되어서 신약을 개발해 다 치료해주겠다고 한다. 아이는 밝게 웃으면서 모든 것이 가능하다고 한다. 아이는 아이일 뿐인데 대들보가 되기를 자청한다.

그렇게 아이는 구렁텅이에 빠진 가족을 구해내기 위해 부단히 애를 쓴다. 공부도 열심히 한다. 동생과도 안 싸우겠다고 다짐을 한다. 부지런해지고 희생을 해야 할 일이 있으면 스스로 떠맡는다. 이를 가족치료의 용어로 '과대기능(overfunctioning)'이라고 한다. 과대기능이란 가족이 불안에 휩싸일 때, 타인의 기대를 충족하기 위해 아낌없이 자신을 희생하는 것을 일컫는다.

과소기능의 출현

많은 부모가 과대기능을 하는 아이를 타인에게 자랑하면서 아이가 참 어른스럽다고 한다. 우리 집의 희망이라고 한다. 그러나 아이가 정말 웃고 있는 것은 아니다. 아이는 아이이기 때문에 그 작은 어깨로 대들보 역할을 할 수는 없다. 아이는 어른스러운 척할 뿐이지 어른은 아니다. 괜찮은 척했을 뿐이다. 철이 든 척했을 뿐이다.

그러나 상황이 좋아지지 않는다면 아이는 달라질 수 있다. 부모의 싸움이 잦아들 기미가 보이지 않는다거나, 친구로부터 지독한 왕따를 당한다거나, 아무리 노력해도 성적이 더는 올라가지 않을 때와 같은 상황이다.

이러한 상황에서 아이가 사춘기에 들어서기 시작한다면, 나란 누구인지에 대해 깊은 의문이 생긴다. 어느 순간 부모가 별거를 한다고 한다. 청천벽력 같은 소리와 함께 지금까지 노력했던 모든 것을 그만두고 싶다. 반항심이 싹튼다. 갑자기 아이는 엇나가기 시작한다.

그렇게 착하고 건강했던 아이가 완전히 돌변해 버린다. 어떤 아이는 갑자기 아프다고 하면서 학교에 가지 않는다. 또 다른 아이는 벌써 이른 나이에 불량한 사람을 만나 연애를 시작한다. 또 다른 아이는 학교에서 자꾸 말썽을 일으켜 부모님을 학교에 오시게 한다. 심지어 어떤 아이는 담배를 피우기도 하고 학교에 무단결석을 하기도 한다. 이를 '과소기능(underfunctioning)'이라고 한다.

과소기능이란 아이 자체에 문제가 있다기보다는 그동안 버텨왔었던 타인의 요구에 반응하는 것을 버거워하는 상황을 일컫는다. 그러므로 과대기능과 과소기능은 야누스의 얼굴처럼 정반대로 바뀌어서 나타나기도 한다.

삼각관계의 희생양이 된 채 성장한 아이

이렇게 오빠는 이전엔 과대기능을 하다 어느 순간 온 가족의 근심이 되어 버렸다. 부모님은 잠시 오빠를 위해 뭉쳤을 뿐 여전히 사이가 좋지 않다. 둘 사이에 불안과 긴장이 생길 땐 다른 한 명이 필요하다. 그러나 오빠는 아예 엇박자를 냈기 때문에 더는 그 삼각관계에 들어오기 어렵다. 과연 누가 남았을까?

갑자기 이상한 일이 일어난다. 자기의 감정과 욕구를 잘 표현하던 여동생이 착해지기 시작하는 것이다. 미묘하게도 그 시점은 어머니가 오빠 대신 여동생을 붙들고 자신의 신세를 한탄하게 된 시점과 일치한다. 너 때문에 우리 가족이 버틴다고 한다. 네가 결혼하는 모습을 보고 이혼할 것이라고 한다.

오빠가 갑작스럽게 '과소기능' 행동을 보일 때쯤 비슷한 시기에 여동생이 갑자기 '과대기능'을 하기 시작한다. 착한 행동을 하고 부모를 돌보고 가정을 챙기기 시작한다. 가족들을 위로하기 시작한다.

풍선의 왼쪽을 누르면, 오른쪽이 부풀어 오르듯, 한쪽이 문제를 일으키니 다른 한쪽은 착해진다. 부부의 갈등 속에서 오빠는 꼭 필요한 삼각관계였으나 그 대체적인 관계가 생기기 시작한다.

여동생은 왜 갑자기 착해진 것일까? 왜 그녀는 기꺼이 삼각관계의 희생양이 되기로 결정한 것인가? 설거지도 하기 시작하고 집도 치우고 공부도 열심히 하는 이유가 무엇인가? 먼저는 그 여동생 안에 있는 착한 마음 때문에 그렇다. 더 나아가서는 가정을 되살려 보려는 진심 어린 노력이다. 그러한 노력만큼이나 그녀의 마음 깊은 곳엔 부모에게 인정받고 싶은 마음이 숨겨져 있다.

그러나 정말 큰 비극은 여기에 있다. 과연 부모는 갑자기 말썽꾸러기가 된 오빠와 한없이 착해진 여동생 중 누구에게 관심이 갈까?

놀랍게도 부모의 관심은 철저히 오빠에게 향한다. 10개의 손가락 중 유독 아픈 손가락에 관심이 가게 마련이다. 모든 문제가 산재할 때, 가장 문제를 많이 일으킨 사람이 되려 가족의 관심을 독차지한다.

관계의 에너지는 늘 유한하기에, 오빠에게 관심이 쏠리는 만큼 동생에 대한 관심은 적어진다. 그런 상황에서 동생은 더욱더 과대기능을 한다. 왜 그럴까? 인정을 받으려고 하는 것이다. 그녀는 부모도 돌보고 오빠도 돌보며 희생양을 자처한다. 나도 힘들다는 말이 목구멍까지 차오르지만 밖으로는 괜찮다는 말을 하고 침을 꿀꺽 삼키며 상처와 슬픔도 속으로 들어가 버린다. 그녀는 여전히 삼각관계의 희생양이 된 채 성인이 되어버린다.

과대기능과 과소기능의 세대 간 전이

이렇게 돌봄과 희생양을 자청한 아이가 성인이 되면 어떤 패턴을 보이게 될까? 그 사람은 자신도 모르게 누군가가 도움을 요청하는 곳에 머물러 있다. 심지어 그들은 돌봄 직업군에 종사하기도 한다. 아이러니하게도 가장 돌봄을 못 받았던 이들이 누군가를 돌보는 자리에 머무는 것이다.

나는 임상에서 상담사, 임상 심리사, 간호사, 사회 복지사, 어린이집 교사와 같이 누군가를 돌보는 직업군 중에서 과대기능인 사람을 유달리 많이 만난다. 돌봄 직업군이 모두 과대기능은 아니지만, 과대기능을 하는 이는 나도 모르게 이러한 돌봄 직업군에 종사할 확률이 매우 높다.

그들은 어린 시절부터 했던 대로 누군가를 돌보고 문제를 일으키는 사람에게 자신의 시간과 돈을 기꺼이 쓴다. 가족치료의 선구자인 보웬(Bowen)에 따르면, 과대기능은 이상하게도 배우자를 선택할 때도 돌봄이 필요한 사람을 만나게 된다고 한다. 앞에 얘기한 돌봄 기능을 제공했던 어린 여동생은 말썽을 부리던 아빠나 오빠의 이미지와 비슷한 남편을 만나게 될 가능성이 크다는 것이다.

애초에 오빠와 여동생의 과소기능과 과대기능은 모두 불안한 가족에서 발생했다. 그런데 동생이 만약 과소기능을 하는 사람을 다시 만난다면? 그리고 그 사이에서 자녀가 태어난다면 불안은 세대를 이어 전수된다. 이를 보웬은 '세대 간 전이'라고 불렀다.

나와 남편의 이 이상한 패턴은 원 가족의 패턴과도 놀랄 만큼이나 유사하다. 그리고 우리 부모 세대의 관계 패턴은 할머니, 할아버지의 관계 패턴과도 맞닿는다. 모든 가족이 그런 것은 아니다. 분화가 되지 않은 가족에게서 이러한 현상이 두드러지게 나타난다는 것이다. 분화가 되지 않았다는 것은 가족 내에 불안이 상당하다는 것을 의미한다. 그렇게 불안은 세대를 지나도 자녀에게 전수된다. 이는 세대를 넘어 과대기능과 과소기능을 양산한다.

나는 임상에서 과대기능과 과소기능으로 살아가고 있는 성인을 만난다. 심지어 과대기능과 과소기능으로 짝지어진 부부를 만나는 경우도 상당하다. 그들과 하는 작업 중엔 가계도를 그리는 과정이 있다. 이 가계도를 그리면서 그것을 확장하여 부모의 가족과 조부모의 가족까지 더듬어 추적하는 일을 하기도 한다. 그들은 이 가계도를 함께 그려나가면서 깜짝 놀라기 시작하는데, 자신과 배우자의 이러한 어처구니없는 패턴이 그 윗세대의 방식과 그리 다르지 않기 때문이다.

희생양을 자처하는 이유, 불안

착한 행동을 하는 사람 모두가 과대기능이라고 할 수는 없다. 반대로 문제행동을 보인다고 해서 그 사람이 모두 과소기능인 것은 아니다. 오히려 과대기능과 과소기능은 분화가 안된 불안한 가족에게서 탄생하고 그들의 모든 행동은 결과에 가깝기 때문이다.

그런데도 불안한 가정에서 자란 이의 이러한 과도한 문제행동엔 과소기능이라는 메커니즘이 숨겨져 있는 경우가 많이 있다. 또한 불안한 가정에서 자라 과대기능을 하는 이의 행동엔 착하다는 명목 아래 희생적인 역할이 숨겨져 있기도 하다.

겉으로 보기엔 좋은 행동을 많이 하는 것 같아도 과대기능이 과소기능보다 더 건강한 것만은 아니다. 과소기능과 과대기능은 불안한 가족에서 형성되는 유형이며, 그렇게 자라난 사람이 생존하려고 하는 방어기제이기 때문이다. 현상이 아니라 본질을 본다면, 그 중심엔 불안이 있다.

즉, 불안해서 누군가를 돌보고 희생양이 되려고 했던 것이다. 불안하기 때문에 화가 나고 아프고 문제를 일으키게 된 것이다. 내가 만난 그들은 극도로 불안했던 가정 생활을 품고 있었다. 그리고 그곳에는 주의 깊게 보지 않으면 잘 보이지 않는 슬픔이 있었다.

과대기능과 과소기능은 우리가 앞서 살펴봤던 회유형과 비난형과도 유사하다. 서로는 이론적 배경이 다른 가족치료이지만 이러한 현상은 사실상 상당히 유사하게 나타난다. 그리고 이러한 배경은 모두 어린 시절 가족 관계 안의 문제와 깊은 관련을 갖고 있다.

어떻게 하면 좋을까? 만약 내가 이런 경우에 해당되는 경우라면 지금이라도 변화할 수 있을까? 시간이 걸리지만 바꿀 수 있다. 그것이 이 책을 쓴 목적이다. 중요한 건 성찰에 기반을 둔 이해이다. 그리고 그 이해된 것을 다루는 것이다.

삼각관계를 이야기한 가족치료의 선구자 머레이 보웬은 성찰이 중요하다고 보았다. '숙고의 힘' 말이다. 앞서 다룬 의사소통 유형을 이야기한 가족 치료사 사티어는 새로운 경험, 좋은 경험이 이전의 부정적 경험을 중화할 수 있다고 보았다.

우리의 삶이 물처럼 흘러가고 있는데, 지금까지 타고 온 탁한 물이 또다시 우리를 더러운 물가로 인도한다고 생각해보자. 원망만 하고 있거나 포기할 필요는 없다. 여전히 물은 흐르고 있고 삶은 진행 중이기 때문이다. 우리는 과거로 돌아갈 수는 없지만, 지금의 삶은 조금씩 바꿀 수 있다. 물꼬를 틀 수 있는 지점만 확보한다면 의외로 깨끗한 호수로 연결된 길로 나아갈 수도 있다. 우리는 다음 장에서 물꼬를 트는 연습을 해볼 것이다. 바로 '일치형'이 되어가는 과정을 살펴보는 것이다.

6장.

관계에도 연습이
필요하다

1. 당신이 상담심리사라면?

이들 부부가 싸우게 된 이유

만약 당신이 상담심리사라면 다음 사례를 어떻게 이해하고 접근해 볼 것인가? 한번 사례를 살펴보도록 하자. 이 책에 수록된 모든 사례가 그렇지만, 이 사례 역시 내담자 부부의 동의를 받고 비본질적인 것은 가공한 실제 사례이다.

남편이 11시가 넘은 시각에 집에 들어갔다. 집안에 들어서니 미등을 포함한 모든 불이 꺼져 있었다. 화가 잔뜩 난 남편이 소리를 지르기 시작했다.

"아니, 내가 왔는데 불을 이렇게 다 꺼놓고 정신 나갔어?"

누군가가 기다렸다는 듯이 현관으로 뛰쳐나왔다. 바로 아내였다. 아내는 삿대질하면서 눈을 부릅뜨고 이렇게 말하는 것이 아닌가?

아내: 오늘도 술 먹었지? 술만 먹으면 이런다니까... 자기 맘대로 퇴근을 하는데 내가 어떻게 알고 불을 켜놔? 그리고 말이 나와서 그런데 전기세 걱정 안할 만큼 돈을 벌면 말이나 안 해!

남편: 뭐라고? 말 다 했어?

아내: 왜? 사실이잖아. 돈만 많이 벌어오면 불을 다 켜놓지, 아니 아예 할로겐으로 싹 다 갈아서 켜놓는다.

남편은 너무나 화가 나 이혼을 요구했다. 그렇게 부부는 상담실에 찾아왔다. 당신이 만약 상담심리사라면 그들에게 어떤 상담적 개입을 해볼 것인가?

서로는 서로의 비난이 견디기 어렵다고 생각해 이혼하고 싶다고 한다. 상담실에서도 서로의 성격이 드세다고 비난하는 중이다. 아내는 공동주택인데 오자마자 소리를 지르니 참을 수가 있겠냐고 한다. 그리고 전기세가 얼마나 올랐는데 어떻게 항상 불을 켜놓느냐고 분통을 터뜨렸다.

남편은 아내에게 돈밖에 모르는 교활한 마귀 할멈 같은 사람이라고 혀를 끌끌 찼다. 저 사람 말 들었냐고 하면서 죽어라고 일한 사람에게 돈을 쥐꼬리만큼 번다며 비아냥거린다고 한다. 저 사람 말을 5분만 들으면 모두가 도망가게 된다고 한다. 돈만 잘 벌면 할로겐으로 다 켜놓는다고? 정 뚝 떨어지게 하는데 재능있다고 맞받아쳤다.

당신은 상담심리사로서 둘의 격한 싸움을 보면서 어떤 생각이 드는

가? 둘은 모든 문제의 씨앗이 상대에 있다고 생각하는 중이다. 둘은 모두 서로를 비난하는 중이지만, 서로는 아니라고 하면서 상대가 하는 말이 비난이고 자신은 그것에 응대만 하고 있다고 항변하는 중이다.

당신이 이들을 향해 처음으로 해볼 수 있는 일은 무엇일까? 만약 당신이 아래의 내용을 읽지 않은 상태에서 이 사례를 풀어낼 수 있는 중요한 지점을 발견한다면 나는 당신이 꽤 상담에 재능이 있는 사람일 수 있다고 생각한다. 나는 여러 상담심리사를 지도해 온 수퍼바이저로서 많은 상담심리사를 가르쳐 왔지만, 최소 1년에서 3년을 공부했던 상담심리사도 이 사례를 어떻게 해야 할지 난감해했기 때문이다.

모른다고 하더라도 걱정할 것은 없다. 어떻게 해야 하느냐를 고민하는 그 주제가 바로 이번 장에서 다룰 내용이기 때문이다. 바로 서로를 향한 비난을 딛고 서로를 화해하게 하는 힘, 그건 바로 내면에 숨겨져 있다.

세상에서 유일하게 볼 수 없는 사람, 나 자신

우리는 눈을 뜨고 눈을 감는 그 순간까지 세계를 바라본다. 우리는 눈을 감는 그 순간까지 타인의 얼굴을 본다. 우리는 그물망처럼 촘촘히 짜인 인간관계라는 세계 속에서 타인과 관계를 맺는다.

그러나 세상에서 유일하게 볼 수 없는 사람이 있다. 그것은 바로 '나' 자신이다.

우리는 정작 우리의 얼굴을 직접 본 적이 없다. 우리는 거울을 통해 나를 볼 뿐이다. 우리는 물리적 거울 속에 비친 나를 바라보면서 나를 이해할 뿐이다. 타인의 얼굴을 통해 나의 이미지를 확인할 뿐이다. 밥을 먹다가 타인이 나를 보고 갑자기 웃을 때 "왜 얼굴에 뭐가 묻었어?"라고 묻는 이유는 우리가 자신의 얼굴을 볼 수 없기 때문이다.

우리는 우리 모습을 타인의 표정 속에서 해석한다. 그러므로 인생에서 아주 중요한 사람이 나를 어떻게 바라봐줬는지는 나를 이해하는 데 엄청난 영향을 준다.

거울에 비치고 나서야 나라는 존재를 볼 수 있듯이, 우리는 나를 바라보는 타인의 표정과 태도 속에서 나를 알 수 있다. 타인이 나를 바라보는 눈빛이 존경심으로 가득하다면, 나는 꽤 괜찮은 사람이 된다. 내가 어느 세미나에서 발표하는데, 상대의 눈빛이 감동으로 가득하다면, 나는 그 순간 괜찮은 사람이 된다. 그러다 보니 우리의 눈은 자꾸 외부의 환경을 살핀다.

그러나 눈이 외부를 향하는 만큼 우리는 내면을 들여다보는 것을 자주 잊는다. 상대가 날 어떻게 바라보고 어떻게 생각하는지를 고려하다 보니 정작 내 생각과 감정, 욕구에는 소홀해지는 것이다. 심지어 나의 손과 발도 모두 외부로 뻗어 있다. 우리는 그곳에 멋진 시계를 차기도 하고 반지를 끼기도 한다. 발에는 명품 하이힐을 신고 예쁜 옷을 입는다.

그렇게 입고 꾸미면 누군가가 나를 더 괜찮은 사람으로 바라봐 줄 것이기 때문이다. 그렇게 밖을 향해 정신없이 뛰어가고, 무엇인가를 움켜쥐려고 한다. 그러나 정작 깊은 내면의 필요를 채워줄 수 있는 손과 팔은 없기에 어느 순간 안에서부터 올라오는 깊은 결핍감과 공허에 빠지게 된다.

이렇게 우리는 타인은 잘 보면서도 우리 자신을 잊어버릴 때가 많다. 또한, 어떤 이는 인정 욕구가 너무 강한 나머지 남에게 인정받으려고만 할 뿐 누구를 인정하는 데는 인색한 사람이 있다. 한편으로는 나를 인정해주지 않는 상대에 대한 불만에 휩싸여 있느라 나역시 상대를 인정한 지가 꽤 오래되었다는 사실을 망각한다.

사람이 친해지다 보면 그 사람이 가까이 보인다. 더 잘 보인다. 그럴수록 우리의 모든 감각과 감정은 그 사람을 향하게 된다. 그 사람과 가까워지면 한없이 만족스러울 것 같은데 실은 불만도 상당하다. "아니 왜 저렇게 자기 생각만 하지?", "왜, 저렇게 내 마음을 모를 수있지?" 문제는 상대도 똑같이 생각하고 있다는 점이다.

당신이 상담심리사라면 해볼 수 있는 것

다시 부부의 사례로 돌아가 보자. 우리가 첫 번째 해봐야 하는 것은 무엇일까?

우리가 방금 다뤘던 부부는 무엇 때문에 다투고 있었던 것일까? 이 둘은 다투는 데 급급한 나머지 무엇을 잃고 있었던 것일까?

처음부터 그랬던 것은 아니었다. 둘 사이에도 사랑했던 순간이 있었다. 저 사람과 결혼만 한다면 얼마나 좋을까 하고 환상에 젖었던 때가 있었다. 그런데 그 모든 것은 아주 옛날 일이 되어버렸다. 그들이 서로를 탓하느라 잃어버린 것은 무엇이었을까? 그들은 서로의 얼굴과 표정만 바라보다가 자신 내면 깊은 곳에 있는 욕구와 바람을 잊어버리고야 말았다.

성격 차이로 이혼한다는 부부를 만나보면서 알게 된 것이 있다. 본질은 서로의 성격이 그저 다르다는 것이 아니라 상대의 성격이 이상하다고 생각하는 것이다. 그런데 왜 상대의 성격이 이상하다고 판단했을까? 그것은 상대에 대한 내 깊은 욕구와 바람이 좌절되었기 때문이다. 그래서 화가 나고 짜증이 나고 분노가 생겼다. 앞의 부부도 서로의 비난 섞인 말과 표정만 듣고 보느라 내면에 숨겨져 있는 깊은 욕구와 바람을 잊어버리고야 말았다. 그럼 당신이 상담심리사라면 어떻게 접근해 볼 수 있을까?

정답은 다음과 같다. 비난과 분노 이면에 서로에게 숨겨져 있는 깊은 내면의 감정과 바람을 알아채고 그것을 진실하게 표현해보는 연습을 하는 것이다. 즉 숨겨져 있는 속마음을 표현해보는 연습이다.

조금 오래된 노래이기는 하지만 가수 G.O.D가 부른 〈거짓말〉이라는 노래가 있다. 정확한 사정은 알 수 없지만 한 남자가 여자에게 이별을 통보하는 내용이다. 그 남성은 네가 싫어졌다고 하고 다른 여자가 생겼다고 하고 귀찮게 하지 말라고 한다. 겉을 보면 나쁜 남자의 전형이다. 그러나 이러한 강한 표현 안엔 다른 의미가 숨겨져 있다. 이 남자는 자신의 삶이 너무나 절망에 빠져 있으므로 이별을 통보하는 것이다.

자신과 만나면 고생을 할 것이 뻔하기에 그렇게 강하게 표현하는 것이다. 실은 사랑하는 사람을 보호하고 그 사람의 삶을 아끼기 때문에 이별을 통보하는 것인데, 그 표현은 상당히 거셌다. 그래서 제목이 '거짓말'이다. 그중 후렴 부분을 보면 이런 내용이 나온다.

잘 가 (가지 마) 행복해 (떠나지 마)

나를 잊어줘 잊고 살아가 줘 (나를 잊지 마)

나는 (그래 나는) 괜찮아 (아프잖아)

내 걱정은 하지 말고 떠나가 (제발 가지 마)

이 노래에서 말하는 거짓말은 무엇이며, 진실은 또 무엇인가? 여기에서 당신은 '잘 가'가 진실이라고 생각하는가, 아니면 괄호 안에 숨겨져 있는 '가지 마'가 진실이라고 생각하는가?

당신은 '행복해'가 진실이라고 생각하는가, 아니면 괄호 안에 숨겨져 있는 '떠나지 마'가 진실이라고 생각하는가?

당신은 '괜찮아'가 진실이라고 생각하는가, 아니면 괄호 안에 숨겨져 있는 '아프잖아'가 진실이라고 생각하는가?

'잘 가'라는 말이 겉으로 내뱉은 말이라면 '가지 마'는 표현되지 못한 속마음이다. 행복하라는 말 속에는 '떠나지 마'라는 속마음이 숨겨져 있다.

과연 이 부부에게도 숨겨져 있는 속마음이 있었을까? 한번 살펴보자.

남편은 이렇게 말했다.

"아니, 내가 왔는데 불을 이렇게 다 꺼놓고 정신 나갔어?"

이것이 남편이 던진 말이다. 남편의 말은 상당히 거세지만 이 말은 숨겨진 사연이 있었다. 남편은 어린 시절에 아버지가 돌아가시고 홀어머니 밑에서 자랐다. 그래서 학교를 마치고 집에 오면 항상 불이 꺼져 어두웠다. 그는 지하로 이어진 검은색 작은 문을 열고 들어가 불을 켜고 밥을 했다. 어머니와 동생을 위해 따뜻한 밥을 지었다. 지나온 세월 속에서 그는 동생과 어머니를 돌봐왔고 회사에서도 최선을 다해 부장까지 올라갔다. 그는 재벌은 아니었지만 매 순간 최선을 다해 가정을 돌봐왔다. 그는 겉으로는 안하무인처럼 보였지만, 사실 따뜻한 사람이었다. 그에겐 주변 사람을 챙기는 착한 마음이 숨겨져 있었다. 그는 왜 화가 났던 것일까? 어떤 마음이 좌절되었기에 그토록 화가 났던 것일까? 사실 그 말은 굉장히 공격적인 말처럼 보이지만 속마음은 꽤 명확하다. 그것은 바로 이것이다.

"내가 왔을 때 불을 환하게 켜줄 수 있어요?"

그 사람 말에 숨겨져 있는 것은 '환대'이다. 어릴 때부터 불 꺼진 집에 들어가면서 차가운 바람과 함께 외로움이 스며들어 왔었다. 그는 다른 아이들처럼 자신이 들어왔을 때 자신을 환하게 맞이해주는 누군가를 상상하고 있었다. 그런데 그는 중년의 한복판에서 자신은 나름대로 최선을 다했었는데, 여전히 불이 꺼져 있는 집을 마주하면서 화가 났다. 거친 그의 말 안에는 깊은 인정과 수용 욕구가 숨겨져 있었다.

그럼 아내는 어떨까? 이후 대화는 이렇게 이어졌다.

아내: 오늘도 술 먹었지? 술만 먹으면 이런다니까... 자기 맘대로 퇴근을 하는데 내가 어떻게 알고 불을 켜놔? 그리고 말이 나와서 그런데 전기세 걱정 안할 만큼 돈을 벌면 말이나 안 해!

남편: 뭐라고? 말 다 했어?

아내: 왜? 사실이잖아. 내가 돈만 많이 벌어오면 불을 다 켜놓지, 아니 아예 할로겐으로 싹 다 갈아서 켜놓는다.

남편은 아내의 말에 정이 뚝 떨어진다고 표현한다. 비호감이고 속을 긁는다는 뜻이다. 그 말이 무엇일까? 나는 당신의 말에 상처를 입었다는 것이다. 모멸감을 느꼈다는 것이다. 그런데, 아내는 대체 왜 화만 내면 되지, 갑자기 돈 이야기와 할로겐을 엮어 남편의 속을 긁는 단어를 꺼냈던 것일까? 아내가 정말 돈만 밝히는 마귀할멈이어서 그랬던 것일까?

만약 아내가 진정으로 돈만 밝히는 사람이라면, 지금, 이 상황까지 오지도 않았다. 정말로 남편을 ATM으로 여긴다면 오히려 작은 미등도 좀 켜주면서 잘 구슬리고 돈만 챙기는 것이 더 마귀할멈의 교활함 아니었을까?

오히려 지금 상황에서는 개는 짖어도 기차는 간다고 생각하면서 너는 짖어라. 나는 잔다고 했을 수 있다. 어차피 각방을 쓰는데 저렇게 몇 번 소리 지르다 들어갈 거로 생각하면서 별로 신경도 안 썼을 것이다. 밤 11시다. 도대체 남편의 목소리가 들리자마자 준비했던 것처럼 튀어나온 아내의 속마음엔 무엇이 숨겨져 있는 것일까?

사실 아내도 계속 휴대폰을 보면서 남편을 기다렸다. 8시, 9시, 10시, 왜 안 올까? 10시 30분, 40분. 기다리고 있던 아내의 마음은 슬슬 화가 나기 시작한다. 자기만 돈 번다 이거지? 나한테 말도 제대로 안 하고 이렇게 늦어? 항상 이런 식이다. 누가 보면 엄청나게 돈을 버는 줄 알겠다. 나도 오늘 하루 종일 힘들었어. 나도 당신만큼 일한다고. 당신만 일하는 게 아니야. 언제 들어오나 했었어. 오늘도 외로웠어.

그녀의 분노 이면에 숨겨져 있던 것은 바로 '기다림'이었다. 둘은 연인 때도 알콩달콩했었다고 했다. 그러나 내가 보기엔 십수 년이 지났지만, 서로에 대한 그리움은 조금도 옅어지지 않았다. 다만 그것이 왜곡된 방식으로 표현되었을 뿐이다. 둘은 모두 외로움에 젖어 있었고 서로에겐 서로가 필요했다.

아내의 속마음엔 어떤 마음이 숨겨져 있었을까?

'실은 기다렸었어. 당신이 좀 일찍 들어왔으면 좋겠어.'

만약 시간의 수레바퀴를 돌려서 늦게 오게 될 때, 남편이 미리 이렇게 말해줬으면 어땠을까?

"여보, 오늘 내가 야근이 있어, 그렇지만 최대한 빨리 가보려고.

당신이 환하게 반겨주는 게 나에게 얼마나 힘이 되는지 몰라"

또, 만약 그렇지 못했다고 하더라도 다시 시간의 수레바퀴를 돌려서 늦게 들어온 남편에게 아내가 이렇게 말했다면 어떻게 되었을까?

아내가 눈을 비비며 나온다.

"미안해, 불을 켜놓는다는 걸 깜박했어.

실은 나도 당신이 언제 오나 기다렸었지, 당신이 보고 싶었거든."

나는 이러한 말을 인식하고 서로에게 표현하는 기회를 만든다. 나는 지금껏 많은 부부를 만나왔고 아주 심각한 갈등에 처한 이들도 봤지만 그들의 속마음을 들어본 사람으로 자부할 수 있는 신념이 있다. "부부 대부분은 겉으로 보기엔 미워하는 마음이 매우 큰 것 같지만, 사실 깊은 내면에는 그보다 훨씬 더 큰 사랑이 숨겨져 있다."라는 믿음이다. 나는 무수한 부부의 갈등과 비난 속에서 서로에 대한 깊은 배려와 사랑이 숨겨져 있음을 목격한다.

이 두 부부는 모두 의사소통 검사에서 비일치형에 속했고 둘 다 비난형에 속했다. 그러나 둘의 말 이면에 어떤 속마음이 있는지를 알아차릴 수 있도록 도왔다.

또한, 이를 표현할 수 있도록 장려하면서 속마음을 겉으로 진실하게 표현하는 '일치형'의 대화를 연습하기 시작했다. 이러한 욕구와 바람을 서로에게 들으면서 서로는 상대에 대한 깊은 마음을 이해하기 시작했다. 그들은 성공적으로 상담을 마쳤다. 이 책을 쓰는 지금도 그들은 사랑하는 부부로 어려운 현실을 딛고 용기를 내며 함께 나아가고 있다. 이 사례를 제공해 준 그들에게 다시 한번 고마운 마음을 전한다.

만약 이 부부가 일찍부터 이 마음을 이해하고 표현했다면 더 좋지 않았을까? 당신의 관계는 어떠한가? 나는 당신이 당신 자신과 당신이 관계를 맺는 상대의 속마음을 좀 더 잘 알아차리고 건강한 관계를 맺기를 응원한다. 좋지 않은 사람에게서 당신 자신을 지키고 좀 더 나은 관계를 맺기를 응원한다. 어떻게 나는 나를 좀 더 깊게 이해하고 상대의 마음도 깊게 헤아릴 수 있을까? 더 나아가 이러한 내공과 더불어 상대와 좀 더 괜찮은 관계를 이룰 수 있는 방법이 있을까?

금방 되는 방법은 없다. 그러나 관계는 배우는 것이다. 자신과의 관계, 다양한 타인과의 관계 모두 말이다. 이는 기술이라기보다는 내공에 가깝다. 요행보다는 근력에 가깝다. 나는 마음의 근력을 강화할 수 있는 두 가지 과제를 제안해 보려고 한다.

그것은 '자기 돌봄', '저널링'이다.

2. 나와 상대의 마음을 이해하기 위한 두 가지 리추얼 '자기돌봄'과 '저널링'

● 안전한 환경에서 자기 돌봄을 하다

'경험하는 나'와 '관찰하는 나'

만약 당신이 최근에 산 명품 가방에 잘못해서 흠집이 났다면 어떻게 할 것인가? 아마 당신은 그 즉시 A/S를 맡기거나 비용을 들여서라도 그 흠집을 없애려고 할 것이다. 그러나 만약 사은품으로 받아 오래 사용한 가방이라면? 흠집이 나든 말든, 전혀 신경 안 쓸 것이다. 오히려 조금 있으면 버릴 물건이라 더 함부로 대할 것이다. 흠집이 난 김에 그냥 재활용 쓰레기통에 던져 버릴지도 모른다.

이전 장에서 자존감이란 나를 소중히 여기고 존중하고 사랑할 수 있는 태도라고 말한 바가 있다. 우리는 타인이 나를 그렇게 바라봐 주길 바란다. 그런데 중요한 조건이 있다. 나는 나 스스로를 어떻게 생각하고 느끼고 있는 가이다. 많은 사람이 나에게 자존감을 높이기 위해서 무엇을 할지 물어본다. 우리가 이전에 살펴보았던 대로 자존감은 타인과의 관계에서 형성된다. 그러나 관계란 타인과의 관계만 있는 것이 아니다. 나도 나와 관계할 수 있다.

우리에게는 두 가지 '나'가 있다. 첫 번째 나는 '경험하는 나'이다. 이것은 일상을 계속 부딪치며 살아가는 나이다. 따뜻함과 차가움을 느끼고 밝은 것과 어두운 것을 보며, 향긋한 향과 고약한 냄새를 느끼며 청량한 소리와 듣기 싫은 소리를 듣기도 한다. 그것은 세상에 성큼 들어와 그것을 온전히 경험하고 있는 나이다. 불안을 느낀다면 동공이 확대될 것이다. 심장이 뛸 것이다. 손발에 땀이 날지도 모른다. 소화가 안 될 수도 있다. 불안을 온전히 경험하기 때문이다.

두 번째 나는 '관찰하는 나'이다. 그것은 '경험하는 나'를 살펴볼 수 있는 나이다. 즉 경험하는 나를 관찰하고 그 경험이 무엇을 의미하는지를 숙고할 수 있는 나이다. 그 경험이 나에게 어떤 가치가 있는지를 판별할 수 있는 나이다. 경험하는 나를 치유하는 나이기도 하다.

만약 나쁜 경험에 부딪혀 첫 번째 나인 '경험하는 나'가 피를 철철 흘리고 있다면, 깊은 상처가 있다면 그것을 치유할 수 있는 나이기도 하다. 즉 관찰하는 나는 일상세계를 그대로 받아들이는 나라기보다는 그것을 되짚어보고 성찰하는 나를 의미한다.

우리가 경험하는 세계는 아름다운 세계이다. 그곳엔 좋은 환경과 사람이 있다. 기회가 있고 삶이 있다. 다른 한편, 그 세계는 그야말로 아픈 세계이기도 하다. 비좁고 답답한 환경과 상처를 주는 사람이 있다. 우리는 숱한 사람에게 거절을 겪어 왔고 누구에게나 말 못할 인간관계의 상처가 있다. '경험하는 나'는 많은 것들을 경험하느라 정신이 없다. 온종일 삶을 살아가느라 그것이 좋은 것인지, 그렇지 않은 것인지를 판별하기 힘들다. 누군가 '경험하는 나'에게 험한 말을 할 때, 첫 번째 나는 온전히 그 상처를 겪을 뿐이다.

우리는 몸에 상처가 나면 연고를 바른다. 그리고 밴드를 붙인다. 그곳에 오염물질이 들어오지 않게 특별히 주의하고 새 살이 돋을 수 있도록 최선을 다한다. 내가 상처받은 순간 겪은 아린 느낌이 '경험하는 나'라면, '관찰하는 나'는 그것의 상태를 바라보고 연고도 발라주고 밴드도 붙여주는 나이다.

마음의 상처 역시 똑같다. 우리가 소중한 사람과 이별을 하거나 중요한 공동체에서 소외감을 겪을 때 느끼는 심리적 아픔은 실제 무엇인가에 찔린 통각과 거의 비슷한 느낌으로 전해진다. 그래서 얼얼하다. 과학이 심리학에 가르쳐 준 중요한 사실 중 하나는 몸과 마음이 서로 떼려야 뗄 수 없는 분리 불가분의 관계를 맺고 있다는 것이다.

몸이 아프면 마음이 위축된다. 몹쓸 병에 걸리면 몸만 허약해지는 것이 아니라 마음도 우울해진다. 누군가를 사랑하게 될 때, 내 몸엔 좋은 호르몬이 나온다. 그 호르몬이 황홀함을 우리 몸 안의 감각기관에 전달하기 시작한다. 그럴 때 우리는 다시 심리적인 행복감을 느끼며, 세상은 정말로 살만한 곳이라는 마음이 들기 시작한다.

그러므로 스트레스가 많아서 압박감이 들고 번아웃마저 생길 때, '관찰하는 나'는 여전히 뛰어나가려는 '경험하는 나'를 제어해야 한다. 쉼이 필요하다는 신호이기 때문이다. 누군가에게 크고 작은 상처를 겪었을 때, '경험하는 나'는 잠시 멈춰서 그 상처를 살펴봐야 한다. 지금은 더 무엇을 할 때가 아니라 연고와 밴드가 필요한 시간 이다. 아플 땐 치유가 필요한 법이다.

우리는 각종 스트레스의 도가니에 살고 있다. 어느 시대보다 많 은 인간관계를 관리해야 하고, 각종 업무와 엄청난 일정을 감당해야 한다. 내가 무능력하다는 생각이 들기 시작할 때, 내가 사랑받지 못 한다는 생각이 들 때, 내가 가치 없다는 마음이 들어 울적할 때, '관 찰하는 나'를 불러내야 한다. 자존감이 약해질 때, 가장 먼저 나를 존중하고 소중히 대하고 사랑하며 돌보는 시간을 가져야 한다.

우리 자신을 지나치게 왜곡되게 보이게 하는 거울은 지양해야 한다. 우리 본 모습이 아니기 때문이다. 오목 렌즈 앞에 선다고 해서 내가 정말로 다이어트가 된 것은 아니다. 마찬가지로 우리를 부정적 으로 보이게 하는 거울을 가까이 두는 것도 피해야 한다. 만약 당신 의 주변에 왜곡된 거울이 가득할 때, 타인의 비난과 비교의식이 가 득할 때, 우리는 '관찰하는 나'를 불러 내 나를 구출해야 한다.

내가 나를 존중할 때 올라가는 자존감

일단 내가 많이 힘들다면 해야 할 일이 뭘까? 좀 쉬어야 한다. 나쁜 경험이 많았다면 좋은 경험으로 채워줘야 한다. 시린 순간이 많았다면 그 시린 경험을 따뜻한 경험으로 중화해야 한다. 지나치게 내 주위에 나쁜 사람이 많았다면 좋은 사람들을 만나야 한다.

자존감이 떨어지면 자신감도 떨어진다. 그러나 자존감이 올라가면 자신감도 올라간다. 반대로 계속 위축된 모습으로 있다 보면 오히려 자존감은 더 악화된다. 자신감 있게 행동하면 놀랍게도 자존감이 올라간다. 사랑하기 때문에 심장이 뛰기도 하지만, 심장이 뛰기 때문에 사랑하는 감정을 느끼기도 하는 것이다. 우리가 처음 데이트를 할 때 공포영화나 놀이공원의 기구를 타는 이유가 여기에 있다. 사랑에 빠질 땐 심장을 함께 뛰게 하면 좋다.

이렇듯 내가 나를 존중하는 행동을 취할 때 자존감이 올라간다. 더 어깨를 펴고 자신감 있게 행동할 때 자존감은 올라간다. 나를 위축되게 하고 압박감으로 가득한 일상을 잠시라도 떠나 여유롭고 편안한 공간과 시간을 가져보는 것이다. 그런 공간에서 나를 좀 더 대접하기 시작할 때, 자존감은 올라간다.

내가 외식을 좋아한다면 멋진 곳에 가서 맛있는 음식을 먹는 행동도 자존감을 올리는 좋은 방법이다. 꼭 비싼 데를 가지 않아도 된다. 조금만 주위를 둘러보면 가성비도 좋고 괜찮은 식당이 즐비하다. 그곳에서도 구석 자리가 아닌 최대한 중앙의 자리에 앉는 것이 좋다. 나 혼자 식사를 하더라도 그런 곳에 갈 때면 멋지게 차려 입어보는 것도 괜찮다. 함께 갈 수 있는 사람이 있다면 단둘이 만나서 맛있는 음식을 먹는 시간을 갖는 것도 좋다.

그러한 시간의 빈도를 높이고 정도를 넓히다 보면 조금씩 자존감이 올라가기 시작한다. 그러므로 지나치게 싼 것만 찾거나 찬밥을 대충 먹는 행동을 하지 않아야 한다. 우리는 우리를 존중하고 사랑할 권리가 있다. 내가 나를 존중하지 않는데 어떻게 상대가 나를 존중하겠는가?

자신을 사랑한다는 것에 대해 죄책감을 느끼는 이들이 있다. 누군가를 돌보는 데는 익숙하나 자신에게 쓰는 시간과 돈은 아까워하는 사람들이 더 죄책감을 느낀다. 어떤 이는 그것이 자신만 생각하는 행동이 아닐까 하며 걱정한다. 이타심의 반대말을 이기심으로 잘못 알고 있는 사람이 있다. 우리가 맺는 모든 관계는 그렇게 이분법적으로 돌아가지 않는다. 100% 이타심은 환상에 가깝다. 내 잔이 채워져야 다른 사람에게도 나눠줄 수 있는 여유가 생기는 법이다. 나는 용어를 다시 정하면 어떨까 싶다. 이타심이라는 용어는 상당히 순수하고 거룩해 보이나 다가가기가 너무나 어렵다. 그래서 이타심이라는 용어보다는 '타인 사랑'으로 바꿔보면 어떨까? 이기심은? '자기사랑'이다.

자기애적 성격장애에 해당하는 사람이 있다. 요즘은 '나르시시스트'라고 불리기도 한다. 그들의 성격에 문제가 있는 이유는 자신을 사랑해서가 아니다. 지나치게 자신만 사랑하고 남을 무시하기 때문이다.

그러나 반대로 나를 지나치게 사랑하지 않는다면? 다른 사람을 위해서만 산다면? 삶 자체가 억울함으로 점철될 것이다. 정말 좋은 삶은 '나를 사랑하고 타인을 사랑할 수 있는 능력'이다. 이른바 '자기 사랑'과 '타인 사랑'은 함께 동반되는 개념이다. 그리고 나를 진정으로 수용하고 사랑할 수 있는 사람이야말로 타인도 수용하고 사랑할 수 있다. 그것이야말로 일치형의 대화가 가지고 있는 높은 투명성과 진실성의 본질이다.

스스로를 돌볼 수 있는 공간과 시간이 있는가?

당신은 자신을 돌볼 수 있는 공간이 있는가? 상처를 치유할 수 있는 여유 시간이 존재하는가? 요즘 이곳저곳에서 리추얼이 유행이다. 리추얼이 지나치게 자기계발로만 이뤄져 가는 것은 우려되는 일이지만, 지나치게 경쟁적인 우리 사회에서 '자기 돌봄'의 리추얼이 필요해 보이는 것이 사실이다. 앞서 말한 것처럼 마음과 몸은 함께 있다. 마음이 아프다면, 몸도 치유해야 된다. 마음이 아프면 몸에도 여러 부정적인 신호가 올 수 있기 때문이다.

시릴 만큼 아픈 순간이 있다면 먼저 몸을 보호해야 한다. 따뜻한 목욕은 몸을 이완시킨다. 지나치게 시린 날은 따뜻한 수프로 내 속을 따뜻하게 하는 것이 첫 번째 할 일이다. 따뜻한 수프는 내 안의 시린 마음을 풀리게 한다. 이런 작은 습관은 몸뿐만 아니라 마음도 따뜻하게 할 수 있다는 사실이다.

누군가로부터 비난을 받으면 마음이 위축된다. 마음이 위축되면 몸도 위축된다. 그러나 몸이 이완되면? 마음도 함께 이완된다. 내가 좋아하는 향을 맡고 좋아하는 음악을 듣는 것, 소이 캔들을 가만히 응시하는 것, 짧은 산책을 하는 것도 나를 위한 돌봄이다. 그런 공간에서는 눌려 있던 내 생각과 여러 감정들도 활성화된다.

'관찰하는 나'에게 도움을 청하다

지금까지는 물리적 공간을 바꾸는 것이었다면 이 터전에서 마음의 공간을 갖는 것을 좀더 알아보도록 하자.

만약 내가 지독한 실패를 겪었다면 어떻게 하면 좋을까? 중요한 시험에서 반복적으로 떨어질 때, 사랑하는 사람을 잃을 때, 내가 알고 있던 일상이 혼란으로 뒤덮일 때 말이다.

그럴 때, '경험하는 나'는 이 엄청난 충격 앞에서 아! 하는 탄식과 신음을 내뱉을 것이다. 일단 할 수 있는 일을 앞에서 이야기한 것과 같이 '경험하는 나'에게 안전하고 따뜻한 공간을 제공해 주는 것이다. 그리고 그 터전에서 '관찰하는 나'를 불러낼 시간이다.

'관찰하는 나'는 '경험하는 나'를 바라볼 수 있다. 관찰하는 나는 경험하는 나를 세심히 관찰하며 보듬을 수 있다. 그리고 그 실패했던 사건을 응시하면서 비슷한 사건에서 성공했었던 나의 경험을 빠르게 찾아볼 수도 있다. 내가 사람에게 지나치게 무시를 당했다면, 어린 시절 내가 인정받았고 뿌듯했던 경험을 회상해 볼 수 있다. 그때의 느낌에 머물러 보는 것이다. 그곳에 '경험하는 나'를 배치해 보는 것이다.

내 내담자는 22년이나 부모와 사회로부터 공부도 못하고 사회에

쓸모없는 사람이라는 평가를 받아왔다. 그는 지독한 실패감에 젖어 있었고 우울감에 휩싸여 있었다. 그는 자신과 같은 쓰레기는 재활용도 안 되는 지독한 폐기물이라고 말하기도 했다.

나는 그가 그렇지 않다는 것을 분명하게 알기를 원했다. 그래서 나는 그가 인정받았던 순간, 자신이 누군가에게 받아들여졌던 순간을 회상해 보자고 제안했다. 처음엔 머뭇거리다가 그는 나와의 좋은 관계 덕분에 반신반의하면서 그런 경험을 찾기 시작했다.

한참의 고민과 탐색 속에서 그는 자신이 청소년기에 노래방에서 노래를 불렀던 순간을 기억해 냈다. 그곳엔 십수 명의 친구들과 모르는 사람들이 있었다. 그는 조용한 성격이었지만 마이크를 잡자 그의 눈빛이 바뀌었다. 지금은 아무도 주목하지 않는 그의 무대가 바로 거기에 있었다.

그의 아름다운 목소리는 감미로웠으며 어느 지점에서는 힘이 있기도 했다. 어수선했던 그 공간 자체가 어느 순간 침묵으로 바뀌었다. 서로 딴짓하고 다음에 부를 자신의 노래만 찾고 있던 이들이 고개를 들어 시간을 잊고 그를 응시했다. 그의 노래는 노래방 전체를 꽉 차게 만드는 힘이 있었다. 많은 이가 그의 노래를 들으며 감탄하기 시작했다. 노래를 마쳤을 때 들었던 그때의 환호성과 사람들의 표정, 벅찬 감정에 젖어 보기로 했다. 그가 사람들에게 무슨 말을 들었는지 같이 회상해 보았다.

그는 그 이후에 작은 대회에서 몇 번이나 상을 받기도 했다. 그는 나와 함께 그 멋진 순간에 한동안 머물렀다. 다음 만남도, 그다음 만남도 그 순간에 젖어 보았다. 그는 그곳에서 조금씩 힘을 갖게 되었다. 자신도 무엇인가 할 수 있다는 자신감이 올라오기 시작했다. 그렇게 우울했던 그는 심지어 나에게 노래를 불러주기도 했고 자신이 쓴 가사를 보여주기도 했다. 어느 때는 자신의 목소리를 녹음해서 나에게 들려주기도 했다. 그는 지금도 노래를 잘했다. 특히 음색이 참 아름다웠다. 나는 내가 느낀 감동을 정직하게 그에게 말했다. 그의 표정은 밝아지며 여러 번이나 나에게 그 느낌을 다시 물었고 나는 다시 몇 번이고 말했다.

시간이 지나며 침울했던 그의 표정에 서서히 변화가 일어나기 시작했다. 일어나려면 먼저 일어날 수 있다는 믿음이 필요하다. 우리에겐 그러한 힘이 필요하다.

당신이 길을 잃어버렸을 때, 길을 찾았던 경험을 생각해 내는 연습을 하는 것이다. 누군가에게 거절을 당했을 때 수용 받았던 경험에 집중해 보는 것이다. 내가 지독한 비난을 겪었을 때, 내가 이만하면 괜찮았다고 생각했던 기억과 경험을 찾아보는 것이다. 그리고 지금이라도 그것이 작게나마 가능하다면 한번 경험해 보는 것이다. 그때의 환희와 성취감을 작게라도 획득해 보는 것이다.

이렇게 '관찰하는 나'는 나의 상처를 바라보고 돌보고 치유한다. 관찰하는 나는 나에게 괜찮은 옷을 입힐 수 있고, 인정해줄 수도 있다. 실패에 젖어 있는 나에게 성공 경험을 회상시킬 수 있으며, 더 나아가 나를 학대할 때, 나를 존중하는 시간을 갖게도 할 수 있다.

그것은 왜곡된 거울을 치우고 진실한 거울을 배치하는 일이다. 그것은 흙탕물로 흐려진 물을 맑게 하는 일이다. 물이 충분히 맑아질 때, 나를 비춰보면 될 일이다. 이전에 내가 온통 혼돈으로 얼룩져 있었던 이유는, 문제가 아니라 오물들이 가득했던 흙탕물에 나를 비췄기 때문이다. 흙탕물이 가라앉으면 나는 맑은 물에서 나를 바라볼 수 있다.

그럼 당신은 한 번도 보지 못한, 아니 어쩌면 너무나 오래되어서 잊고 있었던 생생한 당신의 얼굴을 조금씩 볼 수 있을 것이다. 맑은 물은 깨끗한 내 얼굴을 비춘다. 지독한 괴로움이 몰려올 때 치유의 시간과 공간은 나를 존중할 수 있는 토대를 형성한다.

● 저널링을 통해 관계를 깊게 들여다보다

심층 감정을 가로막는 장애물, 두려움

내 얼굴을 볼 수 있다고 하더라도 그 얼굴 이면에 숨겨져 있는 깊은 마음이 모두 한 번에 보이는 것은 결코 아니다. 나를 존중하는 시간과 공간을 갖는다고 해서 깊은 심층적인 나를 모두 바라볼 수 있는 것은 아니다.

특히 불만과 짜증, 분노 이면에 숨겨져 있는 내 깊은 심층 욕구와 열망을 들여다보는 것은 쉽지 않다. 왜냐하면 그 안으로 들어가는 데는 어떤 막이 가로막고 있기 때문이다. 그 막은 얼핏 보면 금방 뚫고 들어갈 수 있을 것 같으며, 그 이면의 감정은 언제라도 마주칠 수 있을 것 같다. 그러나 실상 그 막은 생각보다 단단하다. 그 막을 뚫고 들어가기가 생각보다 만만치가 않다.

이 막은 하나의 장애물이다. 그것의 이름은 '두려움'이다. 나를 깊게 이해한다는 것은 내 안에 있는 좋은 자원을 인식하는 것이기도 하지만 다른 한 편으로는 이러한 아픈 감정, 한계가 있는 나를 받아들이고 수용한다는 것을 의미한다.

그러나 이러한 아픈 감정은 경험하기 쉽지 않다. 잠깐 경험했다고 하더라도 얼른 벗어나려고 한다. 그 감정은 굉장히 두렵기 때문이다.

나를 보고 인사도 제대로 하지 않는 팀원들에게 "감히, 나에게 인사를 안 하다니 본때를 보여주지"라는 분노는 내기 쉽다. 그러나 그들을 보면서 "지금, 이 순간 내가 소외당하고 있다는 느낌을 받는구나"라는 심층 감정에 머무르기엔 어렵다. 왜냐하면, 그 감정을 경험하는 것이 두렵기 때문이다. 내가 상대에게 진실한 내 속 감정을 표현하지 못하는 이유엔 이 두려움이라는 요소도 한몫을 하고 있다.

상대에게 거절당할 것이라는 두려움, 내가 상처받을 것이라는 두려움, 내가 슬픈 존재라는 것을 확인하게 되는 두려움 등 그 두려움은 실로 막강한 힘을 행사하고 있다. 우리는 소외감이든, 거절감이든, 슬픔을 잠깐이라도 마주치려고 할 때 두려움이라는 장벽을 만난다. 우리는 두려우므로 그 심층 감정을 회피한다. 그래서 우리는 재빨리 다른 행동을 취한다. 스마트폰을 하거나 다른 사람과 만나

시시껄렁한 대화를 하거나 운동을 하면서 그것을 잊으려 하는 이유엔 '두려움'이 있다.

만약 어린 시절에 부모 모두에게서 버림을 받은 뒤 친할머니에게서 자란 사람이 있다고 생각해보자. 그녀는 최근에 사랑하는 사람에게 일방적인 이별 통보를 들었다. 대부분은 이에 대해 화도 날 수 있고 일정 부분 집착을 할 수도 있다. 그러나 이러한 행동이 일정 수준 이상의 강력한 분노와 집착이라면 아마 헤어진 연인도 힘들겠지만, 그녀 역시 삶이 말이 아닐 것이다.

엄청난 상처를 겪었을 때, 앞서 말한 작은 치유의 시간도 그녀에게 분명히 도움이 될 것이다. 그렇다고 하더라도 자신이 연애 관계에서 왜 계속 집착적 행동을 보일 수밖에 없는지를 깊이 탐색하기는 어려운 일이다. 그 안엔 시린 아픔이 숨어 있기 때문이다.

그것은 내면 깊숙이 숨겨져 있는 '버려짐'이다. 그녀는 책이나 영화를 보면서 '버려짐'을 떠올리게 하는 주제가 나올 때 자신도 모르게 잠깐의 눈물을 흘릴 수는 있다. 그러나 그것에 오래 머물기는 어렵다. 머물다 보면 아팠던 기억이 생각나기 시작한다. 그녀를 할머니 집에 맡겨버린 어머니의 차가운 시선이 떠오른다. 마치 그녀는 어린아이가 되어 그 순간을 다시 경험하는 것 같다. '두려움'이다. 더 자세히 말하자면 '버림받는 것에 대한 두려움'이다. 이 두려움은 내면에 있는 심층 감정을 충분히 경험하지 못하게 한다. 아프고 얼얼하기 때문이다. 그래서 그녀는 얼른 눈물을 훔치고 다른 행동으로 전환하기 시작한다.

"더 성공해야 해, 열심히 영어 공부를 해보자."

"아니야, 맛있는 것을 먹고 힘을 내자."

"게임이나 실컷 해보자."

물론 이러한 행동이 일시적으로 도움이 될 수는 있다. 그러나 심층 감정 자체를 다루지 않는다면, 마음 자체를 들여다보지 않는다면 계속 같은 자리를 맴돈다. 마치 바퀴가 3개 달린 장난감 자동차처럼 아무리 달려봐도 같은 곳에 원을 그리며 그 자리를 벗어나지 못하는 것이다. '버려짐'이라는 주제는 앞으로의 인간관계에도 엄청난 영향을 줄 것이다. 그녀는 버려지지 않으려고 노력하고 거절감을 받지 않기 위해 희생을 할 수 있다. 조금이라도 그런 기미가 보일 땐, 인간관계를 철회하고 또다시 다른 중독적 행동을 할 수도 있다.

내면에 존재하는 깊은 심층 감정은 기울어진 추와 같아서 현재의 관계에도 엄청난 영향을 준다. 나는 오른쪽으로 가고 싶지만, 추가 왼쪽으로 기울면 왼쪽으로 가야 한다. 나도 당당히 내 주장을 하고 싶지만, 추가 '거절감에 대한 두려움'으로 기울면 나는 입을 닫고 순응하게 되어버리는 것이다. 이 순응하는 패턴이 내 인생에 엄청나게 악영향을 주고 있는 것을 머리로는 알고 있는데 내 주장을 하기가 어렵다. 왜냐하면 그 주장을 하려고 하면 거절감에 대한 두려움이 내 입을 막아 버리기 때문이다. 그래서 생각보다 나를 깊게 이해한다는 것은 쉬운 것이 아니다. 내면 자체를 마주한다는 것은 판도라의 상자처럼 두려운 일이다.

두렵지만 나를 마주해야 한다

많은 사람이 상담에 와서 "자신을 이해하고 싶다."라고 호소하지만, 그들은 조금만 밑으로 내려가면 당황해한다. 방어기제를 쓰기도 하고 갑자기 상담에 비자발적인 자세를 취하기도 한다. 그들은 보통 상담 시간에 와서도 자신의 이야기보다는 타인의 이야기를 한다.

> 아이가 정말 구제불능이다.
> 연인이 자신을 후순위로 생각하는 것 같다.
> 이기적인 상사를 보면서 너무나 화가 난다.
> 요즘 팀원들이 너무 말을 막한다.

결국, 이 모든 말들은 타인에게 문제가 있다는 것으로 귀결된다. 물론 그들이 문제일 수 있다. 그러나 그들은 상담실 안에 있지 않다. 그들이 바뀌기만 하면 모든 문제가 해결될 수 있을까?

그렇지도 않다.

내가 무시당한다는 말 안에는 어린 시절부터 채워지지 않았던 인정 욕구가 도사리고 있다. 연인이 늘 나를 후순위로 생각한다는 말 안에는 이전부터 채워지지 않았던 사랑 욕구가 똬리를 틀고 있다. 이기적인 상사나 말을 함부로 하는 팀원에게 상처받았던 까닭은 내가 좀 더 존중받고 싶기 때문이다. 또한, 내 말을 전혀 들어주지 않는 부모에 대해 분개하는 말 안에는 나를 오랫동안 수용하지 않았던 사람에 대한 거절감이 숨어 있다. 중요한 것은 두려움을 넘어 그것을 가만히 응시하고 드러낼 수 있는 토대이다.

저 사람과 마주하면 숨이 턱턱 막히는 벽을 만난 것 같다고 이야기한다. 정말 저런 고집불통이 따로 없다. 엄청난 벽이 우리 사이를 가로막고 있을 땐 어떤 일을 할 수 있을까? 벽을 부수면 될까? 확성기를 틀고 더 크게 소리를 지르면 그 사람에게 내 목소리가 전달될까?

오히려 가만히 벽을 응시하는 것이다. 벽에 걸린 거울을 통해 나를 마주해 보는 것이다. 누군가와 도무지 소통이 안 될 때, 상대와의 관계가 어그러질 때가 바로 나를 마주할 시간이다. 그때는 대화가 필요한 때라기보다는 잠시 멈춰서 숙고할 시간이다. 왜 그것이 관계에 있어서 가장 필요한 일일까?

먼저, 우리는 상대를 바꿀 수 없으며, 그것은 내가 통제할 수 있는 영역 밖에 있기 때문이다. 통제하려면 어떤 부분이 핵심 키인지를 살펴볼 필요가 있다. 그러려면 나를 마주해야 한다. 나의 행동, 생각, 감정, 관계의 패턴을 세심하게 들여다봐야 한다. 그 안에서 우리는 어떤 걸림돌을 발견할 수 있다. 그 걸림돌을 쥔 다음에서야 통제권이 발동될 수 있다.

나를 마주하기 시작한다는 것은 짙은 안개가 걷히는 것과 같다. 내가 비슷한 길에서 자꾸 걸려 넘어지는 것은 발 밑에 있는 돌부리가 안개에 가려 잘 보이지 않았기 때문이다. 관계는 상호적이기 때문에 나와 상대방 모두는 서로의 소통에 장애물이 있다.

내 인생의 통제권은 나에게 있다. 우리는 우리 삶을 변화시킬 수 있는 열쇠를 쥐고 있다. 사람이 급격하게 바뀌는 것은 어렵다. 관계의 패턴을 바로 다른 식으로 바꾸는 것 역시 매우 어렵다. 그러나 점진적으로 변화는 일어날 수 있다. 변화의 주체, 통제할 수 있는 곳은 오직 자신의 삶뿐이다. 나의 장애물을 발견하여 치우기 시작할 때, 조금씩 관계 회복이 되기 시작한다. 관계는 상호적이기 때문이다. 내가 바뀌기 시작하면 우리의 관계 속엔 새로운 물결이 들어오기 시작한다. 상대가 문제가 더 많아도 소통하려는 태도와 관점은 상대의 얼어붙은 벽을 녹이기 시작한다.

그러나 다시 한번 말하지만, 벽에 걸려 있는 내면의 거울을 통해 좀 더 명확하게 나의 감정과 생각을 마주한다는 것은 사실 굉장히 힘들고도 아픈 일이다.

나의 상처들과 만나는 용기

관계에서의 갈등과 불안 속에서 내 거울을 본다는 것은 상당한 용기가 필요한 일이다. 이때 다시 한번 '관찰하는 나'가 발휘될 시간이다. 거울에 비친 깊은 나의 내면을 바라보려면 투시경이 필요하다. 관찰하는 나는 이제 내 마음속에 깊이 들어온다.

그것은 나의 강점뿐만 아니라 약점까지도 바라본다. 삶을 살아오면서 겪은 크고 작은 상처를 마주한다. 이를 위해서도 안전한 공간이 필요하다. 좀더 은밀하고도 안전한 장소 말이다. 상처가 생겼고 그것이 연고와 밴드로 해결될 문제가 아니라면, 그곳에 깊은 가시가 박혀 있다면 우리는 그것을 뽑을만한 아주 안전한 공간이 필요하다. 나만을 위한 작은 굴, 아지트이다.

사실 곰과 같은 맹수도 상처를 입으면 굴로 들어간다. 그곳에서 아픔을 치유하기 시작한다. 그들은 날카로운 이빨과 발톱을 가졌지만 그렇다고 해서 상처를 입지 않는 것은 아니다.

나는 누군가에게 뼈 아픈 배신감을 겪은 적이 있다. 아주 친한 친구였기 때문에 그때 겪은 배신감은 너무나 얼얼해서 말이 나오기 힘든 정도였다. 어떻게 나에게 그럴 수 있냐는 생각이 들었다.

나는 그 사람에게 연락을 더 해야겠다는 생각을 잠시 멈추고 나만의 공간으로 들어가기로 했다. 그 안에서 내 상처를 마주하는 일은 무척이나 아픈 일이었지만 나는 그 안전한 공간에서 그것을 마주 보았다. 그리고 그 사람과의 좋은 관계가 어쩌다 이렇게 악화하였는지를 서서히 시간의 순서에 따라 관조하면서 숙고할 수 있게 되었다. 안전한 공간에서 나는 그 사람이 그렇게 할 수밖에 없었던 사정을 새롭게 이해할 수 있게 되었다.

그 사람은 어쩌면 내가 싫었다기보다는, 그래서 나를 피했다기보다는 오히려 내게 미안해서 그랬을 수 있겠다는 생각이 들었다. 상황을 보니 그 사람의 삶도 매우 힘들어서 그랬을 것이라는 생각이 들었다. 그 사람도 살아야 했기 때문에 그랬으리라. 그 사람에 대한 연민이 생기기 시작했다. 나는 그 사람을 서서히 용서하게 되었다. 그리고 나는 배신했던 그 친구와의 관계를 깊이 관찰하면서 내 안에 숨겨져 있는 사람에 대한 깊은 환상과 의존성을 보게 되었다. 나는 좀 더 나에 대해 깊이 살펴보게 되었다.

나와 상대를 깊이 만날 수 있는 저널링

안전한 굴이란, 나만의 공간이란 무엇일까? 안전한 공간이란 실제적 공간을 의미하기도 하고 심리적 공간을 의미하기도 한다. 그러나 실제적 공간은 첫 번째 과제인 '자기돌봄'에서 다뤘기 때문에 여기에선 생략하겠다. 심리적 공간에도 여러 가지가 있겠지만 나는 그중 저널링을 강력하게 제안한다.

심리치료가 개발된 지는 150년이 채 안 되었다. 저널링은 유구한 역사와 함께 오래전부터 있었던 심리치유의 도구였다. 당신은 보통 어떨 때 글을 썼는가? 평소에 글을 안 쓰던 사람도 무엇인가를 적고 싶을 때가 언제인가? 아마도 모든 일이 잘 돌아가고 있을 때보다는, 무엇인가 힘들 때일 것이다.

편안하고 안전한 공간에서 내 감정과 생각을 적어보는 것은 내 마음을 밖으로 드러내어 들여다볼 수 있는 아주 훌륭한 방법이다. 이렇게 적다 보면 어느 순간 펜을 놓고 한숨을 돌리게 된다. 조금 후에 다시 이 글을 보면 내가 힘들었던 이유, 나의 상처, 감정, 생각을 좀더 객관적으로 볼 수 있게 된다. 나의 상태를 이해하는 것은 치유의 첫걸음이다. 모르는 상대를 이길 수는 없다.

어떤 글을 적으면 좋을까? 저널링에 앞서 가벼운 독서를 하는 것이 유용하다. 책은 누군가의 생각을 적어놓은 것이고 나는 그 책을 통해 좀 더 다른 시선으로 사태를 바라볼 수 있기 때문이다. 이런 독서는 진도를 나가는 데 의의를 두는 것이 아니다.

오히려 사색을 위한 전제이다. 그러기에 가벼운 에세이를 읽는 것도 괜찮다. 그렇게 가만히 읽다가 어떤 문장이나 단어가 내 가슴을 치고 들어온다면 그때가 잠깐 눈을 감을 시간이다. 이전에 이야기했던 '관찰하는 나'가 '경험하는 나'를 좀 더 심층적으로 들여다볼 공간과 시간이 형성되기 시작된다.

눈을 감고 무엇인가 떠오를 때, 그리고 그중 어떤 것을 적고 싶은 마음이 들 때 서서히 눈을 뜨면 된다. 그리고 무엇인가를 적어 나가면 된다. 저널링은 내가 잊고 있었던 새로운 것들을 떠올리게 한다.

깊이 숨어 있던 창조성, 고유성, 잊힌 기억이 떠오른다. 너무나 많은 시간이 지나 잊어버린 이상과 꿈도 떠오른다. 내가 숨기고 싶었던 상처도 떠오른다.

언뜻 보면 상담심리사들이 누군가의 말을 듣는 직업군이라고 생각하지만, 실제로 그들은 자기를 탐색하고 이해하는 시간을 많이 갖는다. 내면에 대한 통찰 능력이 있어야 다른 사람의 내면도 보이기 때문이다. 그들은 숙련된 상담사로 거듭나기 위해 적게는 몇 달, 길게는 몇 년 동안 실제 상담을 받기도 한다.

그러나 꼭 상담이 내면을 이해하는데 유일한 방법은 아니다. 내가 지도하고 있는 상담사들에게 이 저널링 과제를 내고 이를 몇 달간에 걸쳐 피드백을 받아보면, 미처 자신이 몰랐던 자신 안의 엄청난 요소를 발견하게 되었다는 이야기를 많이 듣는다.

나는 일반인이나 내담자에게도 저널링을 많이 제안하거나 과제로 함께 이를 작성하고 여기서 나온 주제를 다루기도 한다. 그들은 보통 상담사보다 내면을 들여다볼 기회가 적어 깜짝 놀라기도 하고 신기해하기도 한다. 더할 나위 없는 감동을 경험하는 이들도 많이 있다.

저널링의 시간, 무엇을 적을 것인가

나는 저널링이 나를 이해하는 최고의 방법 중 하나라고 생각한다. 그러나 만약 책을 읽어도 영감이 안 떠오른다면? 그럴 땐 그냥 일상에 있는 작은 일을 적어봐도 괜찮다.

그렇다고 해서 "오늘 12시에 치즈 돈가스를 먹었다. 2시엔 종로에 있는 카페에 갔다."와 같은 일상의 사실을 적는 것은 별로 좋지 않다. 저널링은 사실을 적는 기사가 아니라 내 안에 있는 깊은 주관성을 드러내는 데 그 목적이 있기 때문이다. 그러므로 만약 일상을 적는다면 이렇게 해보라.

오늘 하루 전체를 회상하면서 긍정적이든, 부정적이든 가장 생각나는 사람이 누구인지를 떠올려 보는 것이다. 그리고 그 사람과 함께 했던 작은 사건 하나를 회상해 보는 것이다.

예를 들어 권 팀장에게 점심을 같이 먹자고 했는데, 그 사람이 약간 거절하는 투로 이야기를 한다. 나는 그 앞에서 갑자기 얼어붙으며 얼버무려 버렸다. 그리고 난 뒤 별일 아닌 것처럼 다른 사람과 밥을 먹고 정신없이 일상을 보냈다.

지금은 밤이다. 저널링의 시간이다. 그 사람과 있었던 그 사건 하나를 꺼내어 곰곰이 음미해 보는 것이다.

"나는 어떤 마음으로 권 팀장에게 점심을 먹자고 했을까?"

"권 팀장에게 점심을 같이 먹자고 했을 때 그는 왜 거절했던 것일까?"

"거절하는 순간 권 팀장의 눈빛은 어땠는가, 그것이 내게 어떻게 느껴졌는가?"

"권 팀장이 거절하는 그 순간 나는 권 팀장에게 어떤 생각이 들었는가?"

"나는 그 말을 듣자마자 별일 아닌 것처럼 넘어갔지만 속마음은 어땠는가?"

"그런데도 권 팀장에게 나는 뭐라고 말을 했을까?"

"나는 지금 권 팀장이 어떻게 느껴지나?"

작은 사건이지만 이러한 요소를 세심하고 민감하게 들여다보면서 내 안에 있는 감정, 태도, 욕구, 생각, 역동을 살펴보고 적어보는 것은 나를 이해하는 데 큰 도움이 된다. 심지어 두려움이 들더라도 이미 나는 내면에 드는 마음을 적어놓았기 때문에 이는 언뜻 사라지는 내 심층 감정을 이해할 수 있는 중요한 흔적이 된다.

이것이 누적되면 어떤 감정을 반복적으로 느끼고 있는지, 내가 보통 그런 감정을 느낄 때 어떤 행동을 하는지, 나는 그런 거절감을 느낄 때 무슨 생각을 하는지, 그때의 반복적인 말투는 무엇인지를 떠올릴 수 있다.

저널링은 나의 상처를 묵묵히 마주할 수 있는 토대를 갖게 한다.

나를 명확히 이해할 때 나는 대처할 수 있다. 내 상처가 발견될 때, 애도하고 돌보고 치유할 수 있다. 상처가 보이기 시작할 때, 나는 나를 어디로 변화시켜야 하는지도 알 수 있다.

눈에 보이지 않는 적이 가장 두렵다. 그것은 얼마나 큰지, 어떤 무기를 가지고 있는지, 나에게 얼마나 적대적인지를 도무지 알 수 없기 때문이다. 그것은 내 상상력을 자극하여 거대한 용처럼 커지기도 한다. 째깍째깍 소리를 내면서 후크 선장을 뒤쫓았던 물속에 있는 사악한 악어처럼 느껴지기도 한다. 그러나 우리가 정작 조그만 용기를 갖고 그 대상을 가만히 응시한다면 대부분은 해볼 만한 대처인 경우가 많다.

아무리 강력해 보이는 괴물도 보이기 시작하면 상상보다는 작아진다. 이전에는 내면에서 올라오는 알 수 없는 두려움에 도망가기 바빴지만, 점점 고개를 돌려 그 대상이 무엇인지를 바라볼 힘이 생긴다. 우리는 명확히 보게 되는 감정과 생각을 관찰하게 되면서 그것에 대처할 힘이 생긴다. 처음엔 대단히 무서워 보이나 조금씩 대응을 할 수 있다.

또한 글을 적다 보면 내가 오해하고 있던 것을 깨닫기도 한다. 내가 가진 생각이 합리적이지 않았다는 것을 깨닫기도 한다. 이를테면 저널링 속에서 왜 남자친구가 내 약속을 깜박 잊었다고 했는지를 숙고해 볼 때, 그 사람이 나를 경시해서가 아니라 그가 지금 취업준비 때문에 너무나 많은 스트레스를 받고 있었던 것임을 알 수 있다.

어떤 사람이 나를 본체만체하고 지나간 것 때문에 너무나 화가 날 때, 이를 세심하게 들여다보면 눈이 안 좋았던 그가 안경을 안 쓰고 있었던 것을 떠올릴 수 있다. 나를 비난하는 선배 때문에 너무나 화가 날 때, 그 선배가 원래 자신이 불안하면 아무에게나 그 불안을 비난으로 바꿔 던지는 사람임을 알 수 있다. 나는 이렇게 내가 처했던 상황과 감정, 생각을 좀 더 적절하고 합리적으로 바라볼 수 있다.

보이지 않던 마음이 보이기 시작하다

이렇게 무엇인가 마음에 있는 것을 적어 놓으면 마법이 펼쳐진다. 보이지 않던 마음이 보이는 글로 나타나는 마법 말이다. 그래서 나는 그것을 다시 볼 수 있다. 그것은 하나의 명료한 기록이기 때문이다. 그것을 보면서 내 마음을 스스로 관찰할 수 있는 토대가 생기기 시작한다. 어제 그 글을 적은 나와 오늘 그것을 바라보는 나 사이에 작은 대화를 해볼 수도 있다. 그 대화 속에서 내가 느낀 상처는 무엇이었는지, 내가 두려워하는 것이 무엇인지, 바라는 것이 무엇인지 떠올려 볼 수 있다. 이전에 '관찰하는 나'는 '경험하는 나'와 대화를 할 수 있다.

물론 타인이 내게 했던 방식을 모두 좋게 생각하라는 것은 결코 아니다. 오히려 좀 더 정확하게 들여다본다는 것이 맞을 수 있다. 상대와 함께 있을 때 내가 너무 불안해졌다면 이 불안이 나의 것인지, 상대가 나에게 던진 것인지 살펴볼 필요가 있다.

저널링의 공간은 치유의 공간이자 따뜻한 공간이다. 그곳에서 나의 상처를 세심하게 살펴보고 숙고해 보는 것은 나를 위해서도, 좀 더 건강한 관계를 위해서도, 적절한 대처를 하는 데도 필요하다. 그 것은 내가 과하게 불안할 때 그것을 줄여주고 어떻게 해야 할지 몰 라 허둥댈 때 대처하는 방법을 가르쳐주며, 내가 절망스러울 때 어 디로 나가야 기회가 있는지를 가르쳐 준다. 그 온기는 나를 일으키 고 적절한 대처를 하는데 용기를 준다.

이는 내가 왜 타인의 특정한 행동이 그렇게 싫었었는지, 내가 왜 상대에게 맞춰야만 했는지, 내가 왜 사람에게 집착하고 있었는지를 이해하는 주요한 토대가 된다. 저널링을 활용해 발동되는 '관찰하는 나'는 나를 넓게도 보게 하지만 깊게 들어가서 마주치고 접촉하기 때문이다. 그 토대에서 나는 내 상처를 바라보기도 하지만, 내가 감 춰왔던 욕구와 바람, 열망을 마주할 수 있다.

내가 만난 어떤 남편은 냉정하게 구는 아내에게 항상 화가 나 있 었다. 그는 아내를 비난하다가 나와의 상담에서 과제로 저널링을 시 작하기로 했다. 그는 아내의 냉정한 시선을 응시하기 시작했다. 그 리고 그는 생각지도 못하게 아내의 눈빛이 어머니의 눈빛과 유사 하다는 것을 깨달았다. 어머니는 냉정한 분이셨다. 항상 자신을 내 몰고 다그치기에 바빴다. 그는 그 당시 겪은 거절감을 보기 시작 했다. 그리고 자신이 아내에게 왜 이렇게 화가 났는지를 깨닫기 시 작했다. 화가 난 만큼, 어머니에게 받지 못한 수용과 사랑을 아내에 게 원했던 것이다.

그는 이 통찰 속에서 좀 더 직접적으로 아내와 교류해보기로 했다. 나는 그와 대화법과 같은 것을 전혀 하지 않았지만 어느 새부턴가 그의 의사소통은 조금씩 변해 갔다.

그는 이전에는 냉정한 아내를 향해 화를 내기도 하고 같이 냉정하게 굴기도 했다. 아내가 자신에게 구는 쌀쌀맞은 말과 행동이 거절감이라는 아픈 감정을 건드렸기 때문이다. 그러나 조금씩 유연해진 말과 행동을 쓰기 시작했다. 어느 순간 아내에게 이렇게 말하기 시작했다.

"내가 당신에게 이야기할 때, 당신이 날 바라보지 않으니 많이 서운했어, 나는 당신이 내 말을 들어주기를 바랐거든."

어떻게 이런 엄청난 변화가 가능했을까? 감당하기 힘든 만큼 공격적이었던 남편의 말은 많이 누그러져 있었다. 그는 비난하지 않고 조금씩 자신이 발견한 욕구와 바람을 표현하기 시작했다.

나는 아내도 개인 상담으로 만났기 때문에 그녀의 성격이 원래 냉정하지 않다는 것을 잘 알고 있었다. 그녀 역시 일종의 두려움이 있었다. 남편에게 자신의 문을 모두 열어 줄 때 자신을 압박하고 비난할 것이라는 두려움이었다. 그리고 그녀 역시 그 이면엔 남편과 깊은 관계를 유지하고 싶은 연결의 욕구가 숨어 있었다.

심리적 공간을 깊이 이해하다 보면 나와 상대를 좀 더 이해할 수 있게 된다. 그리고 변화의 키가 무엇인지를 알게 된다. 두렵지만 조금씩 용기를 내다보면 점진적으로 관계가 변화된다. 그것은 단절을 연결로 이어주는 변곡점이 된다.

3. 관계 개선을 위한 네 가지 실천 과제

비일치형 의사소통 방식은 장기적으로는 관계를 악화시킨다

이러한 자기 돌봄의 시간과 심리적 공간을 가지고 자신의 방어적인 의사소통을 인식하면 치유해 나갈 수 있다. 비일치형 의사소통과 불안으로 형성된 관계 패턴은 장기적인 토대에서 보면 대인관계의 갈등과 반목, 단절감을 낳는다. 과대기능이나, 회유형도 언제까지 참을 수는 없다. 억압했다고 해서 사라지는 것은 아니다. 오히려 억압을 계속했다가는 더 크게 터진다.

어떤 이가 소통할 때 차갑게 비수를 꽂는다. 가슴이 얼얼해진다. 회유형인 이는 참으려고 한다. 그러나 만약 비수가 꽂힌 이가 비난형이라면 강력한 역공이 펼쳐진다.

어떤 이가 대인관계에서 계속 이용만 당해 너무나 화가 난 상황이다. 그는 모두가 부질없다는 생각이 든다. 그때 갑자기 한 친구의 문자가 도착한다. 뭘 또 부탁하는 내용이다.

아무튼, 얘는 항상 자기 필요할 때만 연락한다. 짜증이 나서 답장을 하지 않은 채 추천 영상으로 뜬 유튜브를 본다. '이기적인 사람의 특징'이라는 주제의 영상이다. 역시 그 녀석은 이기적인 녀석이었어! 자기 필요할 때만 연락했어. 아니, 가만 보자. 내 주위엔 왜 이런 인간들만 가득한 거지.

잠시 후에 다른 친구에게 한풀이 좀 하려고 전화를 한다. 친구가 전화를 받지 않는다. 가만 보자. 이 친구가 그러고 보니 한 달째 연락이 잘 닿지 않는다. 그동안 보냈던 문자를 훑어보니 대부분 미지근한 반응이었다. 왜 그러지? 뭔가 내가 이 친구에게 실수한 것이 있나? 이 친구가 나를 오해하는 것은 아닐까? 복잡다단한 마음이 들기 시작한다. 역시 관계는 참으로 어렵다.

성인이 된 한 자녀는 부모를 보기만 해도 화가 올라온다. 지나치게 자신을 억누르고 부모 마음대로 해온 것이 부당하다고 여겨져서이다. 그러나 그 화를 표현할 수는 없다. 자신도 모르는 죄책감이 그의 입을 틀어막기 때문이다. 부모에게 거역하는 것은 옳지 않은 것이라는 무의식적인 메아리가 들리기 시작한다. 그래서 자녀는 화가 나면서도 억지로 웃으면서 부모의 부당한 요구를 맞춰준다.

우리는 관계에서 왜 건강하지 못한 비일치형 의사소통을 쓰고 있던 것일까? 혹시 이것을 쓰게 된 배경이 있던 것은 아닐까? 정확히 맞다. 우리가 처음부터 그런 의사소통을 썼던 것은 아니다. 어린아이는 단순하게 슬프면 울고 좋으면 기뻐한다. 성인이 되어 부모를 증오하는 이도 어린 시절엔 부모에게 사랑한다고 하며 천진난만하게 부모의 품에 안겨 있었다.

이런 의사소통은 그러므로 태생적으로 존재한 것이 아니라 모두 형성된 것이다. 어려운 상황과 환경에 적응하기 위해 만들어진 것이다. 그러므로 이 의사소통 유형은 모두 나를 지키는 방어에 가깝다.

회유형은 나는 당신에게 철저히 맞출 것이라는 태도를 보임으로써 살아남는다. 비난형은 건드렸다간 당신도 큰 피해를 볼 것이라는 으름장을 놓는다. 초이성형은 이성적으로 호소하는 중이다. 산만형은 여러 행동을 통해 엄청난 불안을 낮추는 중이다. 해로움만 있었던 것은 아니다. 오히려 유익도 있었다. 그렇게 함으로써 나는 생존했던 것이기 때문이다. 문제는 이런 의사소통이 반복될 때 나는 오히려 장기적으로 관계 안에서 어려워진다는 사실이다.

그렇다면 다시 질문해볼 필요가 있다. 근본적으로 우리는 왜 이러한 의사소통을 쓰게 되었는가? 생존을 위해 그랬다면, 내가 타인을 신뢰하지 못하는 적으로 생각했단 말인가? 더 나아가 누가 나에게 호의적이고 그렇지 않다는 것을 알 수 있을까?

우리는 다음 장에서 이에 대해 좀 더 깊게 이야기를 해볼 것이다.

위기 앞에서 성주가 쓸 수 있는 카드는?

한 성주가 있었다. 그는 성을 보강하고 필요한 부분은 축조하고 전군에 긴급 경계태세를 지시했다.

그 시대는 이민족의 침범이 빈번했다. 성주가 갑자기 방어를 열심히 하라고 다급하게 지시한다면 거기엔 이유가 있다. 성을 축조하기 위해선 많은 노동력이 필요하고 자재도 필요하며, 긴급 경계태세를 갖추려면 막대한 재정을 소비해야 한다. 그런데도 모든 걸 감수하면서 방어에 열중하는 데는 이민족의 침입이 그리 멀지 않았다는 다급한 첩보가 있었기 때문이다. 과연 용렬하고 악랄하기까지 한 적을 막아낼 수 있을까? 이때 성주는 어떤 카드를 쓸 수 있을까?

먼저, 이민족을 회유하는 것이다. 이 성은 보잘것없어 점령해봐야 그다지 이득이 없음을 설득하는 한편, 필요한 것이라면 금이든, 곡물이든, 그 무엇이든 내주겠노라고 저자세를 취하는 것이다.

둘째, 이민족에게 엄포를 놓는 것이다. 이전에 너희가 힘들 때 우리가 공격하기는커녕 도와줬거늘 이렇게 침입하는 것은 인간으로서는 도저히 할 수 없는 짓이라고 항변하는 것이다. 만약 우리 영토를 털끝만큼이라도 건드린다면 우리는 마지막 한 사람까지 철저히 싸울 것이며, 객귀가 돼서라도 끝까지 너희를 저주하겠다고 엄포를 놓는 것이다.

셋째, 더 큰 국가에 호소하는 것이다. 우리보다 더 크고 강한 국가가 이 전쟁에 관해 판단을 내려주기를 기대하는 것이다. 큰 대국의 측면에서 볼 때 이런 비열한 침범이 얼마나 비윤리적이고 비인간적일 수 있는지 판단해달라고 사신을 보내는 것이다.

넷째, 자포자기하는 것이다. 큰 대국은 우리에게 도무지 관심이 없다. 우리의 방어선은 적을 막기에는 턱없이 부족하다. 이곳은 이민족이 지나가야 할 주요 거점이라 그냥 지나칠 가능성이 없다. 그들은 설득이 되지 않고 잔인한 존재이다. 게다가 그들을 회유할만한 금은보화도 없다. 있다고 하더라도 점령하면 모두 그들 것인데, 굳이 이걸 받고 다른 곳으로 갈 이유가 있을까? 불안이 몰려온다. 어차피 죽을 목숨, 불안에 떨며 죽을 필요가 있을까? 적이 성을 함락하기 전날, 고민과 걱정을 술과 향락으로 잊으면서 보낸다. 의식이 몽롱해진다. 지금 드는 느낌이 불안인지, 두려움인지, 절망감인지, 환희인지, 기쁨인지 알 수가 없다.

눈치를 챈 독자도 있겠지만 이는 각 의사소통 유형과도 연관된다. 첫 번째 방법인 회유와 저자세를 취하는 것은 누군가의 비위를 맞추는 회유형과 맞닿는다. 두 번째 방법인 이민족에게 엄포를 놓는 것은 상대의 잘못을 들추는 비난형과 만난다. 세 번째 방법인 더 큰 국가에 호소하는 것은 늘 이성과 합리성을 강조하는 초이성형과 가깝다. 네 번째 방법인 자포자기는 혼란스러운 산만형과 부합한다.

나는 이 성주와 비슷한 사례를 임상 과정에서 많이 경험해 왔다. 그들은 무척이나 예민해 있지만, 그들의 의사소통과 행동 방식을 가만히 보면 그들의 내면을 들여다볼 수 있다. 회유형이든, 비난형이든, 초이성형이든, 산만형이든 그들은 다가오는 적을 향해 다양한 대처방식을 부단히 쓰는 중이다.

중요한 것은 이러한 다양한 패턴보다는 그들이 인간에게 겪은 상처와 고통이다. 그들은 어린 시절부터 이를 많이 경험했기 때문에 그러한 눈으로 세상을 바라보게 되는 것이다. 예민하고 항상 경계태세를 갖추게 되는 것이다. 그러므로 본질은 단순히 이 패턴을 바꾸는 것이 아니라 이 패턴을 갖게 하는 그들의 내면을 이해하는 것이 훨씬 중요하다.

이처럼 비일치형 의사소통은 각기 다른 방법을 활용하지만, 그 중심을 살펴보면 모두 '적'에 대한 방어에 가깝다. 이민족은 친구가 아닌 명확한 적이다. 그러므로 이러한 대처는 겉으로는 회유적인 방식을 취한다고 하더라도 상대를 친근하게 느끼기보다는 두려워한다. 이러한 방어 형태가 지나치면 득이 되기는커녕 독이 되는 경우가 많다.

그러나 만약 첩보가 잘못되었다면? 여기에 있는 이민족은 누군가를 침범하는 호전적인 종족이 아니다. 그들은 사실 이 주변에 사는 떠돌이들에 불과하다. 성주가 가지고 있는 군사는 1만에 이르지만, 그에 반해 이들의 수는 2~3천 명 수준이다. 게다가 그들은 성이 생산하는 물품에 중요한 원재료를 공급하는 귀중한 사람들이다.

심지어 그들은 호의적이고 성을 무너뜨릴 만한 힘도 능력도 필요도 느끼지 않고 있다. 다만 그들은 수천 마리의 소를 치고 있다. 아마도 성주는 성을 지나치고 있는 소 떼가 일으키는 먼지의 폭풍을 보고 오해했는지 모른다. 그들은 실제로도 성주와 성에 있는 사람에게 호감을 느끼고 있었다. 이렇듯 그들이 적이 아니고 친구였다는 것을 진정으로 안다면, 성주는 문을 활짝 열고 그들을 맞이할 것이다.

그들은 그곳에서 교역품을 거래하고 함께 음식을 먹고 이야기를 나눌 것이다. 그들이 적이 아닌 동지라는 시각, 그들이 나를 골탕 먹이고, 착취할 것이라는 생각이 아닌, 나와 협력하고 나를 좋아하는 사람들이라는 시각은 모든 면에서 이롭다. 성주에게 오해를 벗어던지고 그들을 맞이할 수 있는 여유를 갖게 한다.

다른 한편, 겉으로는 친하게 지내자고 하고 자신을 문명국가라고 소개하는 인접 국가의 성주가 있다. 그러나 그들은 몇 번이나 영토를 침범한 적이 있다. 실제로 그들은 비옥한 성주의 땅을 탐내고 있다는 것을 잘 안다. 그들은 정기적으로 사절을 보내온다. 대관절 사절이 온 까닭이 무엇인가? 사절이 아니라 염탐꾼일 수 있다. 그들은 우리의 방어 체계에 틈이 있는지를 자세히 들여다볼 수 있다. 현명한 성주라면 이때 사절에게 허점을 보이지 않도록 해야 할 것이다. 그들이 우리의 친구가 아님을 분명하게 인지해야 할 것이다. 또한 더는 이 성을 넘보지 못하도록 장기적인 대비를 차근차근해야 할 것이다.

이 요소를 관계와 대입해 본다면, 정말 중요한 것은 사람을 볼 수 있는 능력, 누가 내 좋은 친구인지를 볼 수 있는 시각, 그들의 의도를 볼 수 있는 통찰력이다. 그러나 악순환의 관계란 좋은 상대를 적으로 보고 자신을 착취하는 사람을 좋은 사람으로 착각하는 데 있다. 이럴 때 우리의 방어 시스템은 오작동을 일으키기도 하고, 우리의 인간관계를 협소하게 하고 고립시킨다. 경계태세를 계속 취하고 있어 엄청난 에너지를 낭비하면서도 누가 적이고 아군인지를 구분하지 못하는 것이다.

맞다. 성주에게 필요한 것은 혜안이다. 급하게 방어적인 태세를 갖추거나 좋지 않은 상대를 믿어버리는 방식을 벗어날 수 있는 것은 나와 상대를 명료하게 들여다볼 수 있는 눈이다.

어떻게 좋은 사람과 그렇지 않은 사람을 구분할 수 있을까? 어떻게 하면 관계에서의 어려움을 예방하고 좀 더 나은 관계를 맺을 수 있을까? 누가 내게 호의를 가졌는지, 내가 힘든 관계에 들어와 있다면 이를 어떻게 대처해야 하는지를 명료하게 알 수 있는 혜안이 필요할 것이다.

그럼 복잡하기 이를 데 없는 관계의 메커니즘에서 좀 더 나를 단단하게 지키면서도 상대와 유연하게 관계맺는 혜안은 어떻게 키워질 수 있을까?

상담은 보통 일주일에 1~2번을 만난다. 그것도 한 번 만날 땐 보통 50분의 시간이 소요된다. 그럼 나머지 시간은 무엇을 할까? 그때 내담자는 상담사와 합의한 과제를 해나가기 시작한다. 그리고 이 과제는 상담의 목표를 이룰 수 있는 엄청난 자원이 되는 동시에 앞으로의 좀 더 행복한 삶을 위한 좋은 습관이자 근력이 된다.

나는 이제 인간관계에서 혜안을 기를 수 있는 중요한 네 가지의 과제를 제안해 보려고 한다. 네 가지의 과제를 보면서 자신의 관계 안에서 대답도 해보고 대안도 구축해 나간다면 좀 더 나은 관계를 이루는 데 도움이 될 것이다.

앞에 소개한 자신을 돌보는 공간과 시간, 저널링을 함께 하고 있었다면 비교적 이 질문을 내 삶과 인간관계에 적용해보기 쉬울 것이다. 나는 지금껏 많은 내담자에게 다음 네 가지의 성찰에 대한 질문을 여러 번 진행해보았다. 그리고 그들은 인간관계 안에서 나타나는 여러 갈등과 어려움을 극복하는 데 큰 도움이 되었음을 내게 말해주었다.

우리는 이 네 가지의 과제를 통해 나를 점검하고 타인을 바라보며 어떻게 상호작용하는 것이 더 나을 수 있는지를 깨닫게 될 것이다. 그리고 이를 통해 인간관계의 가장 중요한 본질적 요소가 무엇인지도 다뤄볼 예정이다. 관계의 패턴, 타인을 바라보는 것, 잃어버린 나를 찾는 것까지 말이다.

● 관계를 들여다보는 네 가지 실천 과제

[첫 번째 실천 과제]

내가 부당한 일을 계속 겪고 있다면 내가 그 여지를 열어주는 것은 아닌지 살펴보라.

많은 사람이 자신이 부당한 일을 겪고 있다고 호소한다. 게다가 자신을 무시하는 사람들로 고통을 받는다. 그런 이들은 부당한 사람들이 맞다. 그러나 그들에게 내가 혹시 틈을 보여주고 있는지를 먼저 살펴보아야 한다. 중요한 것은 가해자들, 무례한 이들, 사악한 이들 역시 아무나 건드리는 것이 아니라는 사실이다. 그들은 항상 틈이 있는 존재, 약한 자들, 자신이 괴롭혀도 되고 이용해도 되는 이들을 교묘하게 찾아 나선다.

특히 회유형이나 산만형의 의사소통을 쓰는 사람이라면 이런 괴롭힘에 취약할 수 있다. 만약 당신이 능력도 있고 착하고 성실성까지 겸비했다고 하더라도 조금도 불안을 못 견디고 누군가의 눈치를 보는 사람이라면 더 취약할 수 있다. 그런 사람일수록 내가 친절하게 대하면 상대도 나를 친절하게 대할 것이라고 믿는다. 반대로 상대를 기분 나쁘게 하는 것은 절대로 안 된다고 생각한다. 그러다 보니 상대의 눈치를 본다. 심지어 친절이 지나쳐 지나치게 굽신거리기까지 한다.

만약 당신이 누군가에게 지나치게 무시를 당하고 업신여김을 받고 있다면, 그렇게 하는 상대를 멀리할 필요가 있다. 그러나 또 다른 방식으로 내가 그런 상대를 어떻게 대하고 있는지 살펴보는 것은 앞으로 또 다른 나쁜 이를 만날 확률을 줄일 수 있다.

만약 식당에 갔는데 식당의 종업원이 친절을 넘어 굽신거린다면 어떤 마음이 들까? 어떤 사람은 그 종업원을 겸손하다고 칭찬할지도 모른다. 또 다른 이는 그 종업원에게 부담감을 느낄 것이다. 그러나 어떤 이는 그 사람에게 도리어 오만하게 굴고 무례하게 굴 수도 있을 것이다. 호의가 계속되면 그것이 권리가 되는 것처럼, 내가 누군가에게 지나치게 맞춰주면, 어느 순간 상대는 내가 맞춰주는 것을 당연하게 여긴다. 심지어 어떤 이는 더 나아가 나에게 말도 안 되는 것을 요구한다.

중학생을 상담하게 되었다. 그 아이는 사람들이 자신을 지나치게 무시한다고 하소연했다. 자신은 친구들을 존중하는데, 친구들은 그렇지 않다는 것이다. 정말로 그에겐 사악한 행동을 하는 친구들이 있었다. 나는 그 아이가 친구들과 천천히 멀어질 방법을 구상하고 실행할 수 있도록 도왔다. 그와 동시에 그 아이가 사람들과 어떻게 관계를 맺는지 살펴보았다. 놀랍게도 그는 오래전부터 처음 보는 상대에게도 자신을 자학하는 개그를 하면서 관계를 맺고 있었다. 그러다 보니 자신을 비웃고 멸시하는 사람들이 따라붙기 시작했다.

예를 들어 습관적으로 "내가 좀 맹하잖아"라고 자학하는 사람이 있다고 해보자. 어느 날 지인들에게 내가 식당 추천을 했다. 음식이 나오고 얼마 뒤 나랑 별로 친하지도 않은 사람이 나보고 웃으며 이렇게 말하는 것이 아닌가? "여기 음식 맛이 좀 맹하네", "역시 맹한 사람이 추천하니 음식도 맹해."

누가 봐도 기분 나쁜 말이기에 항변한다. 그러자 그 사람이 이렇게 말한다. "아니, 농담인데 왜 이렇게 발끈해, 그리고 본인이 계속 자신보고 맹하다면서?" 말문이 막히기 시작한다.

사람들과 좋은 분위기 안에서 관계를 맺는 것은 얼마든지 좋은 일이다. 그러나 재미를 넘어 자신을 비하하며 분위기를 조성하려는 사람이 있다. 그런 사람은 예능에서 하는 자학개그를 따라 한 것이라고도 한다. 정말 예능프로를 보면 몇 분마다 한 번씩 자학개그를 하는 장면이 나온다. 그러나 그것은 어디까지나 카메라가 켜진 무대에서 한정적으로 보여지는 쇼이다.

그것은 실제와는 상당한 괴리가 있다. 게다가 나는 무대에 올라간 것이 아니라 '지금 여기'에서 누군가와 관계를 맺는 것이다. 내가 무시당하고 싶지 않다면 절대로 자신을 지나치게 무시하는 식의 용어를 쓰지 않아야 한다.

상대를 비하하는 것만큼 자신을 비하하는 것은 좋지 않은 행동이다. 절대로 상대에게 나를 '바보'라고 하거나 '맹한 사람'이라고 하지 마라. 내가 존중받고 싶다면 내가 먼저 나를 존중해야 한다.

또한 누군가에게 지나치게 굽신거리거나 철저히 맞추거나 수직적 관계에서 을이 되는 것을 자청하는 것은 좋지 않은 태도이다. 자만하라는 것이 아니다. 겸손이라는 이름으로 누군가에게 자기 삶의 주권을 모두 넘겨주지 말라는 것이다.

그렇다고 예민하거나 공격적인 사람이 되라는 것이 아니다. 힘 싸움을 하라는 것도 아니다. 그냥 평등하게 관계를 하면 되는 것이다. 약간의 허술함과 양보하는 자세는 인간미와 겸손의 미덕이 될 수 있다. 그러나 이를 넘어서 자신을 지나치게 비하하는 것은 결국 자신이 걸릴 덫을 스스로 설치하는 것이다.

만약 어떤 동료가 당신의 인사를 받아주지도 않는다면 어떻게 하면 될까? 나는 친하게 생각해서 안부도 물어보지만, 상대는 도도한 것인지 나에게 관심이 아예 없는 것인지 나의 호의를 무시해버리면 어떻게 해야 할까? 꼭 적으로 삼을 필요는 없다. 그렇다고 해서 계속 인사를 하거나 안부를 제발 알려달라고 애원할 필요도 없다. 누군가가 나를 지속해서 뜨뜻미지근하게 대한다면, 그것은 꼭 내가 싫어서가 아니라 나에게 관심이 없어서일 경우가 많다. 그럼 어떻게 하면 될까? 나도 그저 그렇게 대하면 된다. 나에게 건성으로 인사를 하고 지나간다면 나 역시 간단한 묵례만 하면 된다. 내가 악수를 청하는 데 거절을 한다면, 나 역시 간단히 눈웃음만 하고 대화를 하면 된다.

상대가 나를 떠보거나 업신여기는 표현을 쓸 때, 유연하면서도 단호하게 "그건 아니다."라고 분명히 표현하라. 동료가 나를 보면서 "김 대리는 조금만 일을 해도 힘들어하는 것 같아. 그렇게 해서 회사 생활할 수 있겠어?"라고 조소할 때가 있다. 실제로 나는 열심히 하고 있다. 심지어 저 사람은 내 상사도 아니고 그냥 동료일 뿐인데, 갑자기 나를 평가하는 자리로 올라서고 있다. 만약 내가 그 사람의 비위를 맞추느라 "맞아요. 제가 요즘 출근도 한 번 늦은 적이 있죠."

이렇게 말하면 그 사람은 다시 뭐라고 응대할까? "열심히 해야지, 그렇게 늦으면 안 돼, 그렇게 하면 누가 좋아하겠어?"라고 하면서 갑자기 나에게 훈수를 두기 시작할 수도 있다. 대화가 이상하게 흘러가는 것이다.

그럴 땐 초반부터 그게 아니라고 해야 한다. 자세를 똑바로 하고 상대를 바라보면서 이야기하라. 그 사람도 웃으면서 말했으므로 나 역시 여유롭게 웃으면서 짧고 단호하게 한마디를 하라.

"아뇨, 저 회사생활 잘하고 있어요."

다시 한번 말하지만 나를 깎아내리거나 무시하는 표현을 허용하지 않아야 한다. 남이 나를 무례하게 대할 권리가 없듯이, 나 역시 나를 업신여길 권리는 없다.

그러므로 첫 번째 성찰은 다음과 같다. 누군가가 나를 무시하거나 무례하게 대한다면, 혹시 내가 그 여지를 주고 있는 것은 아닌지 살펴보자.

[두 번째 실천 과제]

계속 유독 누군가에게 화가 난다면, 그 사람에게 좌절된 마음과 바랐던 것이 무엇인지를 생각해보라.

자녀하고만 있으면 습관적으로 화가 난다는 한 어머니의 사연을 살펴보자.

문화센터에서 아이와의 건강한 대화법을 열심히 수강했는데도 별 소용이 없었다는 엄마를 만난 적이 있다. 그녀는 대화법을 공부한 이후에도 여전히 아이에게 화가 난다는 것이다.

어머니의 사연은 이러했다. 몇 달 전, 자신이 문제행동이 많은 자녀와 자꾸 갈등을 겪다 보니 아이와 건강하게 대화하는 법을 알려주는 수업에 등록했다. 온종일의 워크숍을 통해 아이에게 쓸 수 있는 좋은 표현들을 배우고 연습하기 시작했다. 수업을 듣다 보니 눈물이

핑 돌았다. "내가 이 수업을 10년만 일찍 들었다면, 우리 아이가 많이 달라졌을 텐데…". 강사가 아이에게 쏟는 분노는 마치 아이에게 독을 마시게 하는 것과 같다고 목청 높여 이야기할 때, 깊은 죄책감과 함께 다시는 아이에게 화를 내지 않으리라 결심을 하기도 했다.

주말이었고, 수업이 하루종일 진행되어 녹초가 되었다. 원래는 아이에게 밥도 차려주고 공부도 봐주었지만, 오늘은 이 수업 때문에 아이에게 뭘 먹으면 되는지 가르쳐주고, 해야 할 과제도 미리 친절히 알려주고 나왔다.

녹초가 된 몸으로 번호키를 누르고 문을 여니 이게 웬일? 문을 열자마자 아이는 소파에 누워서 또 그놈의 스마트폰 게임을 하고 있다. 도대체 저 전화기는 왜 사줬나 화가 난다. 그래도 어머니는 화를 가라앉히며 말했다. "지훈아 숙제는 다 했니?" "아니"

옆을 보니 사발면이 덩그러니 놓여 있다. 분명히 아이에게 국과 반찬이 어디에 있는지 가르쳐주고 냉장고에서 꺼내서 먹기만 하면 된다고 했건만 또 사발면을 먹었다. 아비라는 사람이 사발면을 짝으로 사놓고 그렇게 먹으니 아이도 똑같이 하는 것이다. 아비나 그 아들이나 사발면 못 먹고 죽은 귀신이 붙었나. 게다가 자기 먹은 것을 설거지통에 갖다 놓는 것이 그렇게 힘든지 또 하나도 안 치우고 그대로 식탁에 두고 있다. 그러니 무엇을 먹었는지 대번 알 수밖에.

혈압이 오르기 시작한다. 머리에서 김이 난다. 엄청난 분노가 쏟아지기 시작했다. 뭐라고 했는지 정확히 기억은 안 나지만 대충 이런 말이 오갔던 것 같다.

"야! 너 도대체 뭐 하는 거야. 숙제 얼마나 했는데? 아예 안 했다고?"

"게임은 몇 시간 했는데? 뭐 1시간?"

"무슨 1시간이야. 너 진짜 누구 닮아서 그러니?"

"너 도대체 뭐가 될래?"

아이는 시무룩하게 자기 방으로 들어가고야 말았다. 거침없이 화를 쏟아낸 다음에서야 제정신이 돌아온 엄마는 잠시 후에 살짝 아이 방문을 열어보았다. 아이는 위축된 모습으로 숙제를 하고 있었다. 미안함과 죄책감이 올라왔다. 어머니는 나에게 이렇게 말했다.

"왜 저는 그때 문화센터에서 배운 의사소통법이 하나도 안 떠올랐을까요?"

왜 그녀는 알고 있는 대화법이 하나도 떠오르지 않았을까? 이건 앎의 영역이라기보다는 감정의 영역이기 때문이다. 분노는 모든 감정 중에 가장 강하기 때문에 이성을 통째로 마비시키기도 한다. 분노가 걷히고 나서야 염려나 죄책감과 같은 감정이 남을 수 있는 것이다.

감각과 감정과 이성이 있을 때 가장 앞서 있는 녀석은 감각과 감정이다. 그후에 이성이 작동된다. 어머니 같은 경우는 먼저 혈압이 올랐다. 감각이 작동한 것이다. 그리고 거침없는 분노가 쏟아졌다. 그러고 나서야 제정신이 들면서 대화법이 떠오른 것이다.

그러므로 이 어머니가 단순히 의사소통 방법만 배우는 것은 그다지 효과적이지 않을 수 있다. 의사소통 방법이란 "어떻게" 대화할 것인가이다. "어떻게?"는 방법에 대한 질문이다. 그러나 어떻게를 이루는 것은 '존재'이다. 존재에서 방법이 나간다. 존재 자체가 지금 화가 나 있는데 어떻게 좋은 대화 방법이 나올 수 있겠는가?

어머니는 이미 아이에 대한 불만이 쌓여 있으므로 아무리 좋은 방법을 배운다고 하더라도 별로 효과가 없다. 아이의 행동만 보면 화가 밀려오기 때문에 고운 말을 쓰기가 쉽지 않을 것이다. 그러므로 당신이 집중할 것은 "왜?"이다. 존재에 대한 질문이다. 만약 당신이 어떤 상황이나 사람에게 반복적으로 화가 난다면, 그것은 결코 우연이 아니다. 당신의 존재가 무엇인가가 만족스럽지 않은 것이다.

즉 화가 났다는 것은 내 욕구가 좌절되었다는 뜻이다. 내 바람이 무너졌다는 것이다. 이 좌절감이 분노로 전환하여 나타나는 것이다.

다시 어머니의 사례로 돌아가 보자. 어머니가 짚어봐야 하는 것은 어떻게든 화를 안 내야지가 아니다. 더 효과적인 대화법을 배워보는 것도 아니다. 오히려 그녀가 깊이 있게 탐색해 봐야 하는 질문은 왜 화가 나는지를 자신에게 물어보는 것이다. 왜 그렇게 큰 화가 반복적으로 나는지를 가만히 살피다 보면 실마리를 찾을 수 있다. 자기 자신의 문제를 아는 것, 자신의 패턴을 고찰하는 것이 근본적인 해결책일 수 있다.

그녀는 왜 애초에 화가 났던 것일까? 어떤 좌절된 욕구가 있었던 것일까? 그것은 사랑의 욕구이다. 아이를 사랑하는 마음이 크기 때문에 화도 더 크게 나는 것이다. 그녀는 아이를 사랑하기에 더 많은 바람을 가지고 있다. 그 바람이 좌절되는 만큼 분노 역시 강한 것이다.

이 엄마의 아이에 대한 욕구와 바람은 무엇이었을까?

아이가 성실하게 공부를 해서 세상에서 유능한 사람이 되기를 바랐던 것이다. 아이가 건강하게 음식을 먹어서 몸과 마음이 튼튼한 아이가 되기를 바랐던 것이다. 아이가 게임이 아닌 좀 더 다양한 활동을 하기를 바랐던 것이다.

사실 이 모든 마음은 아이를 사랑하기 때문에 아이가 좀 더 나은 장래를 가졌으면 하는 사랑과 염려에 속한다.

어머니 역시 그런 마음이 좌절되니 걱정되고 불안했을 것이다. 불안은 분노를 작동시켰을 것이다. 본래 아이를 사랑하는 마음이 분노로 바뀌는 순간이다. 이렇게 순수하고 선한 의도는 얼마든지 파괴적인 분노와 짜증으로 나타날 수도 있다.

"우리 아이가 저렇게 게임만 해서 어떻게 먹고 살 수 있을까?"
"우리 아이가 저렇게 불성실하니 어떤 책임감을 가질 수 있을까?"
"우리 아이가 게임만 하게 되면 사회에서 적응하기 어려울지 몰라"

그러므로 분노 감정은 원인이라기보다는 결과에 좀 더 가깝다. 우리가 누군가에게 화가 나는 까닭은 원래 내가 가지고 있는 욕구나 바람이 무너져 있기 때문이다. 그러므로 분노 자체를 하지 않으려고 하기보다는 그 분노가 생성되고 있는 우리의 내면을 깊이 탐색해 보아야 한다.

좀 더 적용해보자. 내가 만약 늦게 일어나는 아이에게 화가 나는 경우는 어떨까? 그 기원을 찾아보면 나의 깊은 내면에 아이가 좀 더 자신의 삶을 책임지고 성실한 모습을 보였으면 하는 마음이 있는 것이다. 그 마음이 좌절되니 화로 나타난 것이다.

다른 예를 들어보자. 연인이 갑자기 학교 모임이 생겨서 저녁 데이트 약속에 늦는다고 했다. 나는 쿨한 척하면서 먼저 밥을 먹고 있기로 했다.

그러나 밥을 먹고 나서도 오지 않는다. 카페에서 혼자 기다리고 있는데 슬슬 화가 나기 시작한다. 갑자기 전화를 걸어 버럭 화를 낸다. 연인은 1시간 전만 해도 온화하던 내가 갑자기 앙칼지게 소리를 지르니 당황해한다. 나는 대관절 왜 그렇게 화가 났던 것일까? 연인이 싫었다면 화가 안 났을 것이다. 싫은 사람과 밥을 먹는 것보다는 차라리 혼자 먹는 게 낫다. 오히려 연인을 사랑하는 만큼 화가 나는 것이다. 만나고 싶고 그리움이 큰 만큼, 화 역시 동반하여 커지는 것이다.

그 마음 이면엔 내가 연인을 소중히 여기는 만큼 그 사람 역시 나를 소중히 대했으면 하는 마음이 있었다. 그러나 갑자기 약속이 생겼다고 하면서 약속을 미루니 '사랑받고 싶은 바람'이 좌절된 것이다. 서운함과 외로움이 밀려오면서 분노라는 커다란 화산이 폭발한 것이다.

어떤 사람이 한 모임에 참석하려고 하는 중이었다. 그런데 그 모임에서 당신은 이 모임에 꼭 안 와도 된다고 한다. 그래서 그 사람은 부당하다며 사람을 이렇게 무시할 수 있냐고 속사포처럼 따졌다. 왜 그렇게 화가 났을까? 그 사람의 깊은 내면에 있던 어딘가에 소속하고 싶고 수용 받고 싶은 마음이 좌절되었기 때문이다.

당신이 유독 누군가의 관계에서 반복적으로 화가 나고 있다면 방법만 바꾸려고 하기보다는 왜 내가 화가 났는지를 한번 떠올려 보라. 거기엔 분노를 일으키는 장작이 있다. 우리는 이후 다음 장에서 이 분노의 원인을 들여다본 뒤 어떻게 표현하는 것이 건강한지에 대해 일치형의 의사소통을 통해 배워 볼 것이다.

당신이 반복적으로 누군가에게 화가 나는 것엔 반드시 이유가 있다. 그리고 그 증거는 당신 내면 안에 있다.

그러므로 두 번째 성찰은 다음과 같다. 내가 누군가에게 유독 화가 많이 나고 있다면 그 사람에게 원래 가지고 있는 소망이나 바람이 무엇인지를 꼭 관조해 보라. 그리고 분노보다는 그 소망을 직접 표현해보라. 만약 당신이 늦게 온 아이에게 또다시 심한 잔소리를 하려고 한다면, 잠시 멈춰 보길 바란다. 그리고 분노의 밑바닥에 어떤 욕구가 있었는지를 살펴보는 것이다. 실은 아이를 사랑하고 있다는 것, 보고 싶었다는 것, 염려되었다는 것을 인식할 수 있을 것이다. 그럼 아이의 눈을 보고 분노 대신에 그 욕구와 바람을 정직하게 표현해보라.

[세 번째 실천 과제]

판단을 멈추고 상대의 이야기를 자세히 들어보는 연습을 해보자.

많은 이들이 어떤 사람의 외모나 몇 가지의 행동을 보며 그 사람이 어떤 성격인지를 무심코 이야기한다. 나는 관상을 전혀 모르지만, 나만큼 관상학을 모르는 사람이 "관상을 보니, 딱 욕심꾸러기네"라는 말을 아무렇지 않게 하는 경우가 많다. 왜 이런 말을 하게 되는 것일까?

우리는 살면서 무수한 사람을 만난다. 우리는 그 무수한 관계 속에서 그 사람에 대한 정보와 생각을 다 알 수가 없다. 그 사람이 어떤 사람인지를 파악하기 위해서는 너무나 많은 에너지가 필요하다. 그러다 보니 우리도 모르게 상대를 빠르게 판단해 버린다. 우리의 뇌 용량은 유한하기 때문이다. 이를 '범주화 능력'이라고 한다.

범주화 능력은 다변화된 사회에서 효율적으로 에너지를 절약하면서 삶을 살아가게 하는 데 필요하다. 그러나 지나친 범주화는 자칫 잘못했다가는 그 사람에 대한 편견과 왜곡된 신념을 강화할 수 있다. 우리는 몇 가지 단어로 범주화할 수 없는 복합적인 존재이기 때문이다.

문제는 이런 범주화 능력이 가까운 관계에서도 어김없이 발동한다는 사실이다. 심지어 가까운 관계는 원래 에너지를 많이 투입해야 하는 관계임에도 그렇게 하지 않는 경우가 무수히 많다. 대신 몇

266

가지의 범주로 상대를 점찍어 놓고 그 패러다임에 맞춰 상대를 대하기도 한다.

이런 패러다임이 굳어지게 될 때 상대에 대한 불만도 깊어지게 된다. "아! 저 인간은 정말 구제 불능이네"와 같은 생각이 자꾸 든다. 어떤 사람은 상담실에 와서 아침부터 밤까지 집안일을 챙기는 아내를 게으르다고 했다. 그는 말끝마다 아내를 묘사하면서 그렇게 게을러서 무엇을 하겠냐고 계속 핀잔을 주었다. 나는 그에게 아내를 게으르다고 보는 이유가 있는지 물어보았다. 그는 한참을 찾다가 딱 보면 게으른데 그게 이유가 있어야 하느냐고 반문했다.

빠른 판단은 가까운 관계에서 득이 되기보다는 독이 되는 경우가 훨씬 많다. 가까운 관계이거나 자주 마주치는 관계일수록 싸움이 벌어지기 시작하면 이 싸움의 주제는 결코 쉽게 사그라지지 않는다. 왜냐하면, 나는 상대에 관한 판단을 끝냈고 상대는 이제 바뀌어야만 한다는 시각을 갖기 때문이다. 상대 역시 나를 어떤 편견으로 보게 된다면 서로는 서로의 허점을 파고들며 계속해서 무엇인가를 따지려고 한다. 이 싸움은 한 쪽이 굽혀야 할 텐데 그러기는 쉽지 않다. 서로는 자신의 허점을 감추고 합리화하는 동시에 상대의 약점은 과장해서 표현한다.

그래서 서로는 서로를 탓하면서 "당신은 좀 바뀌어야 한다."라고 은근히 종용한다. 가까운 사이일수록 우리는 상대를 다 안다고 생각한다. 그리고 그 안다는 생각 때문에 상대와의 관계는 점점 파국으로 치닫는다. 왜냐하면 내가 알고 있는 상대는 문제투성이기 때문이다.

우리가 보통 알고 있다고 판단하며 말하는 문장들은 다음과 같다.

> "이 사람은 이기적이네."
>
> "저 사람은 게을러."
>
> "이제 보니 신입사원을 무책임한 사람으로 뽑았네."
>
> "딱 이분법적인 사람이네."
>
> "왜 이렇게 말이 많아. 정말 정신이 하나도 없는 사람이야."
>
> "저 사람은 뒤가 구린 사람이야. 정신 똑바로 차려야지."
>
> "얘는 잘해주니까 버릇이 없네. 내가 그 태도를 고쳐줘야겠어."
>
> "목소리가 큰 것을 보니 독단적이야."

자주 만나다 보면 우리는 그 사람을 잘 안다고 생각한다. 그러다 보면 그 사람을 몇 가지의 범주로 쉽게 판단한다. 그런데 이런 범주는 부정적인 것이 대부분이다. 늦게 오는 것을 보니 불성실해, 오늘 약속에 나오지 않는다니 저 사람은 이 모임에 도무지 관심이 없어.

문제는 이렇게 내가 판단을 내리면 오히려 대화가 어려워진다. 결점이 보이니 그것을 자꾸 바꾸려고 한다. 이기적이고 독단적인 사람과 어떻게 대화가 되겠는가. 그러다 보니 연인 관계일 때는 말이 그렇게나 잘 통했던 사람이 결혼하고 나서는 하나부터 열까지 말이 안 통하는 경우가 부지기수다.

진정한 소통을 어렵게 하는 가장 큰 장벽은 상대에 대해 빠르게 판단을 내려버리는 것이다. 이미 진단이 끝났기 때문에 그런 이상한 사람과는 상종하기 싫은 것이다.

한편, 상대가 이기적인 사람이 되었을 때, 반대급부로 나는 그런 사람이 아니라는 자세를 취하기도 한다. 그러므로 나는 그 사람과 더 대화하기가 어렵다. 당신이 대인관계 안에서 이렇게 끊임없이 판단하고 있다면 당신은 사람을 진정으로 만나기 어려울 것이다. 내가 이미 낙인을 찍었고 판단이 끝났는데 거기서 어떻게 더 대화가 가능하겠는가?

모든 관계 중 가장 가깝다고 하는 가족 관계에서도 쉼 없이 다툼이 일어나는 원인 중 정말 큰 부분을 차지하는 것이 바로 여기에 있다. 어떤 사람은 상대를 바꾸려고 수십 년 동안 노력하기도 한다. 논리적인 말투로 설득을 하려고 한다. 개과천선을 시키기 위해 부단히 노력한다. 그러나 우리가 그 사람과 진정으로 좋은 관계를 맺고 싶다면 판단을 멈춰야만 한다. 그리고 그 사람이 정말 하려는 말이 무엇이고 행동의 원인이 무엇인지를 좀 더 깊게 관찰해야만 한다.

어떻게 그게 가능할까? 상대의 이야기를 듣는 습관을 지니는 것이 가장 좋다. 경청이다. 상대의 이야기를 듣다 보면 내가 가지고 있는 판단이 하나의 작은 부분이었음을 깨닫는다. 내가 알고 있던 작은 어떤 부분의 이면에 있는 다른 측면을 알게 된다. 뜬구름만 잡는 사람이라고 생각했는데 매우 창의적이고 섬세한 사람이었다는 것을 알게 된다. 까다로운 사람이라는 생각이 들었는데 알고 보니 굉장히 성실하고 책임감이 강한 사람이었다는 것을 알게 된다. 성급하다고만 생각했는데, 알고 보니 일 처리가 빠른 사람이다. 불평만 쏟아내는 사람이라고 생각했는데 의외로 보지 못했던 위기를 정확히 찾아내는 사람이기도 하다.

경청을 하다 보면 상대가 좀 더 자세히 보인다. 내가 판단을 내리고 있었던 것 중 많은 것들이 오해였음을 깨닫게 된다. 어떤 사람도 몇 가지의 형용사로 진단을 내릴 수는 없다. 인간은 그보다 훨씬 복잡다단한 존재이기 때문이다.

[네 번째 실천 과제]

내가 누군가에게 끊임없이 가면을 쓰고 있다면, 잠시 말과 행동을 멈추고 사태를 관조해 보자.

누군가를 만나고 오면 에너지가 빠진다. 내가 계속 그 사람들 앞에서 연극을 한 것 같았기 때문이다. 유능한 사람이라는 연기, 대단한 사람이라는 연기, 재미있고 유쾌한 사람이라는 연기.

내가 만약 누군가에게 항상 유쾌하고 재밌는 사람으로만 비치고 있다면 한번 의심해 봐야 한다. 사람 중에 항상 그런 사람은 없다. 인간은 기쁨과 즐거움도 느끼지만 슬픔과 좌절감도 느낀다. 그것이 인간의 기본적인 속성이다. "전 요즘 아무 고민이 없어요."라고 말하는 것만큼 우스운 거짓말은 없다. 그저 그런 척했던 것뿐이다. 언제부터였는지는 잘 모르지만, 카멜레온처럼 상황에 따라 그만큼 여러 얼굴과 가면을 쓰는 습관을 지니고 있었다.

카멜레온은 시시때때로 환경에 따라 변한다. 그러다 보니 카멜레온의 고유한 색을 가늠하기가 쉽지 않다. 상황에 따라 여러 가면을 쓰느라 고유성을 잃고야 만다.

그들은 여러 가면을 가지고 있고 다양한 상황에서 여러 가면의 역할을 놀랍도록 훌륭하게 수행해낸다. 이 가면은 모두 상황에 맞게 제작된 것이다. 그러나 문제가 있다. 정작 가면을 쓰고 역할에만 치중한 나머지 자신도 진짜 내가 누구인지를 까맣게 잊어버릴 수 있다.

왜 끊임없이 이런 연기를 하는 것일까? 가면을 쓴다는 것은 무엇인가를 가린다는 것이다. 가면을 벗을 때는 언제인가? 연기가 끝날 때이다. 연기를 마치고 집에 혼자 들어올 때 갑작스럽게 스치는 미묘한 감정이 있다. 공허함이다. 그 공허함에 머물다 보면 침울해진다. 왠지 모를 억울함도 든다. 항상 괜찮다고 했던 가면이 버겁게 다가온다.

이 어두운 감정을 날려버리기 위해 스마트폰에 접속하거나 야식을 먹기 시작한다. 맥주와 치킨을 먹고 난 뒤 침대에 누우면 다시 울적함이 느껴지기 시작한다. 자신이 무엇인가를 잃고 있다는 생각이 든다. 잠이 안 오니 다시 스마트폰을 켠다. 스마트폰을 켜니 다시 잠이 안 온다. 이렇게 뫼비우스의 띠가 형성된다.

심지어 가면을 너무 오래 쓰고 있다 보면 가면이 곧 나 자신일 것이라고 생각한다. 그러다 보면 가면 뒤의 나는 사라진다. 상대는 내가 그냥 좀 정신없고 재미있으며, 엉뚱한 사람으로만 알 수 있다. 상대는 내가 인생을 편하게 살고 단순하게 사는 철부지 정도로만 생각할 수도 있다. 나 역시 그것에 익숙해져 갈 수 있다.

내가 만약 이런 상태에 있다면 내가 무엇을 잃어버린 것인지 찾아봐야 한다. 나는 분위기에 맞추느라 무엇인가에 쫓기느라 그렇게 해야 한다는 어떤 압박감 때문에 나를 송두리째 잃어버린 것이다.

정신없이 사느라 스스로가 지금 느끼고 있는 욕구를 표현하기는커녕 인식하기도 어려워졌다. 사랑하고 사랑받고 싶은 욕구, 무엇인가를 성취하고 싶은 욕구, 자유롭고 싶은 욕구, 즐거움을 느끼고 싶은 욕구, 나도 괜찮은 사람이 되고 싶은 욕구 말이다.

만약 당신이 요즘 답답한 마음으로 가득 차 있다면 그만큼의 자유를 갈망하고 있다는 것 아닐까? 무기력에 빠져 있다면, 그만큼이나 생생해지고 싶은 욕구가 숨겨져 있는 것 아닐까? 절망에 몸부림치고 있다면, 그만큼이나 희망을 꿈꾸고 있는 것 아닐까?

오랫동안 가면을 썼다면, 그 가면을 잠깐 벗고 나를 관조하다 보면, 가면 뒤에 있는 나를 마주하게 된다. 그러나 있는 그대로의 나를 보는 것은 결코 쉬운 것이 아니다. 그것은 내가 열등하다고 생각하고 바보 같다고 생각해서 숨겨 놓은 나의 또 다른 그림자 같은 인격이기 때문이다. 그 기억에, 생각에, 감정에 머무는 것은 매우 아프다. 두려움, 수치심, 무가치함, 무능력과 같은 아픈 이슈들이 떠오르기 때문이다.

그러나 상처를 마주할 때 잃어버린 나를 발견할 수 있다. 심지어 아주 어린 시절에 있었던 상처라면, 잊어버렸던 기억이 조금씩 떠오를 것이다. 너무 아파서 다시는 마주하고 싶지 않아 다락방 어딘가에 가둬버린 한 아이가 떠오를 것이다. 고개를 푹 숙인 채 소리 없이 울고 있었던 당신 내면의 어린아이가 그 안에 있다. 그 아이를 만난다면 성인이 된 당신이 찾아가서 말을 걸어도 된다. "오랜만이야, 어떻게 지냈니?"

가면 뒤에 있는 나를 깊이 관조하는 습관과 더불어 관계 안에서의 상호작용 역시 관조할 수 있다. 가령 어떤 집단의 모임에 갔을 때 이전의 가면을 내려놓고 말과 행동을 멈추고 그저 그 자리에서 그 관계를 가만히 관조해 보는 것이다. 말과 행동을 멈춘 채 상대가 무슨 말을 하는지를 가만히 관찰하는 것이다.

그리고 그 관계 안에서 지금 어떤 감정이 들고 있는지, 그 관계 안에서 '지금 여기'에 있는 나는 어떤 감정과 욕구를 느끼는지를 알아차려 보는 연습을 해보는 것이다. 가면이 아닌 내면에서, 연기가 아닌 '지금 여기'에서 알아차려지는 감각과 욕구, 생각을 하나씩 인식하는 연습을 해보는 것이다.

> "참으로 반가운 모임이야. 이 모임이 계속 이어지면 좋겠어."
> "이 모임이 즐거운 척하고 있지만 좀 지루한 느낌이 드는구나."
> "모두 괜찮다고 하지만 지금 약간 불안하네."
> "나는 여기서 조금 위축감을 느끼고 있어."
> "나는 이 모임에서 약간 소외감을 느끼고 있네."

이러한 알아차림은 우리의 모임에 대한 감정을 알아차리게 한다. 그리고 이는 또다시 그 속에 있는 나를 이해하는 중요한 발걸음이기도 하다. 나는 그 안에서 반가움, 지루함, 불안, 위축감, 소외감 등을 느끼고 있다. 우리는 뒤에서 나의 감정과 욕구를 유연하게 표현하는 것을 다룰 예정인데, 이를 위해서는 내가 느끼고 있는 것과 원하는 것이 무엇인지를 알아차리는 것이 먼저이다.

지나치게 가면을 쓰느라 나 자신의 얼굴을 잃어버렸다면, 그 이면에 당신이 숨기고 있던 내면을 관조해 보는 것이다. 나의 좋은 모습뿐만 아니라 나의 한계, 나의 상처를 수용하는 것이다. 아프지만 그것이 나다. 나는 슈퍼맨도 아니고 대단한 천재도 아니다. 나의 아픈 점을 수용하기 시작할 때 내 약점이 들킬까 봐 고통스러운 상처가 다시 생길까 봐 걱정했던 괴로움이 조금씩 사라지게 된다.

다시 한번 말하지만, 가면을 벗고 있는 그대로 내 얼굴을 본다는 것은 두려운 일이다. 그렇게 즐거운 모습은 아닐 수 있다. 오히려 위축되고 슬픈 모습일 수도 있다. 그 모습은 당신이 아주 오래전 잊어버렸던 당신의 어린 시절 모습일 수도 있다. 그 모습을 가만히 살펴보라. 당신의 가슴 안에 느껴지는 감정은 당신을 이해하는 가장 중요한 문이다.

당신이 가면을 쓰느라 나 자신을 잃어버렸다는 느낌이 자꾸 든다면, 더 나아가 가만히 있을 때 절망감과 공허함이 나의 삶에 들어온다면 명심하자. 매우 급한 말과 행동은 지양하기. 대신 그 밀려오는 감정을 받아들여 보고 그 느낌에 잠깐 머물러 보는 것이다. 그 감정은 어느 정도 고통스러울 수도 있다. 당신은 어떤 기억을 발견하면서는 펑펑 울 수도 있고, 어떤 기억을 발견하면서는 웃을 수도 있다. 그리고 당신은 그 안에서 오랫동안 잃어버렸던 나를 찾을 수 있을 것이다. 그것이 바로 당신이 잃어버린 반쪽이다. 그것이 내가 그토록 찾으려고 애썼던 나이다.

4. 좀 더 건강한 인간관계를 위해

●   우리는 더 나은 인간관계를 위해 몇 가지의 실제적 방안을 살펴보았다. 먼저, 나와 상대의 마음을 이해하기 위한 두 가지 리추얼로 '자기 돌봄'과 '저널링'을 살펴보았다. 그리고 우리는 관계 개선을 위해 짚어봐야 할 네 가지의 실천 과제를 보았다.

자기 돌봄이란 나에게 좀 더 유연하고 여유로운 환경을 제공해주는 것이다. 나를 위한 공간과 시간 속에서 나는 좀 더 나를 깊이 마주할 수 있을 것이다. 여기서 작동되는 '관찰하는 나'는 어렵고 힘들어했던 '경험하는 나'를 돌볼 수 있다.

저널링을 통해 미세한 관계의 순간을 포착하고 이를 깊이 있게 들여다볼 힘을 가질 수 있다. '관찰하는 나'는 좀 더 내 경험의 심층을 마주할 수 있다. 이는 참으로 두려운 일이지만 그 두려움을 보는 순간 나는 어려운 관계의 근원과 나와 상대의 패턴을 이해할 수 있다.

관계 개선을 위한 네 가지의 실천 과제를 다시 한번 요약해 보자.

1. 내가 부당한 일을 계속 겪고 있다면 내가 그 여지를 열어주는 것은 아닌지 살펴보라.

2. 유독 누군가에게 계속 화가 난다면, 그 사람에게 좌절된 마음과 바랐던 것이 무엇인지를 생각해보라.

3. 판단을 멈추고 상대의 이야기를 자세히 들어보는 연습을 해보자.

4. 내가 누군가에게 끊임없이 가면을 쓰고 있다면, 잠시 말과 행동을 멈추고 사태를 직관하라.

네 가지의 실천과제는 내가 관계에서 곤경에 처했을 때, 스스로가 틈을 열어주고 있는지를 살펴보게 한다. 또한, 분노와 짜증 이면에 숨겨져 있는 나의 심층 감정과 욕구를 찾을 수 있는 토대를 갖게 한다. 더 나아가 빠른 판단을 멈추고 상대의 말을 경청하는 습관을 갖게 한다. 그리고 인간관계에서 항상 쓰고 있던 가면을 조금씩 벗고 진정한 나를 마주하는 용기를 갖게 한다.

이 네 가지의 실천 과제를 '자기돌봄'과 '저널링'의 터전 속에서 꾸준히 성찰해 나간다면, 그리고 그것을 조금씩 인간관계 안에서 실천해 본다면 관계에 대한 좀 더 폭넓고 깊은 시각을 가지게 될 것이다. 이를 반복적으로 하다 보면 나와 상대의 속마음을 깊이 있게 이해하고 상대와 교감을 형성하는 능력을 갖게 될 것이다. 그리고 이는 이후 이어지는 일치형의 의사소통을 쌓을 '헤아림의 언어'를 배우는 탄탄한 근력이 될 수 있다.

좋은 인간관계를 맺는 능력은 억만금을 주고도 바꿀 수 없는 것이다. 인간관계는 삶의 본질이고 희망이고 가장 깊은 의미이기 때문이다. 당신이 이 훈련과 그로 인한 배움을 통해 좀 더 나은 인간관계를 위한 좋은 내공을 갖기를 바란다.

7장

일치형의 의사소통:
헤아림의 언어

1. 관계의 본질: 양과 깊이

많이 안다고 해서 친밀한 것은 아니다

일치형의 의사소통은 나의 깊은 내면에 있는 심층적인 욕구와 바람을 상대에게 표현하는 사람이다. 또한, 반대로 상대의 말 이면에 숨겨져 있는 깊은 욕구와 바람을 인식하고 깨닫는 동시에 그것을 읽어주고 반영하는 사람이기도 하다. 그것은 모두 내 내면을 깊이 탐색하는 것에서 시작한다.

우리가 삶을 살다 보면 계속 마주치는 사람이 있다. 어떤 이는 동갑내기인 친구와 같은 초등학교, 중학교, 고등학교를 나왔다. 한 직장에 들어가 은퇴할 때까지 20~30년 정도를 만나는 사람도 있다. 옆 동에 사는 이웃 아주머니와 나는 둘 다 이사를 하지 않아 그곳에 오래 산다.

그러면 아이가 아주 어릴 때부터 어떻게 컸는지를 전부 알게 된다. 이렇게 오랜 세월을 만나다 보면, 심지어 그 사람이 내 주위에 가까이 있다 보면 그 사람과 나는 자연스럽게 많은 정보를 공유하게 된다. 이 사람이 어떤 패턴의 옷을 입는지, 어떤 펜을 쓰는지, 커피숍에 가면 무슨 음료를 주문하는지… 엄청난 양의 정보가 형성된다.

우리는 이것을 친밀감이라고 착각한다. 그러나 실상 그렇지는 않다. 만약 내가 그 사람과 계속 인사치레 정도를 하고 산다면, 그냥 날씨 이야기나 세상 돌아가는 이야기만 하고 살아간다면 여전히 그 사람과 나는 얕은 관계에 속할 수 있다.

어떤 은퇴한 부장님이 내게 속 사정을 털어놨다. 회사에 다닐 때는 그렇게 주위에 사람이 많았는데, 은퇴를 하니 6개월도 안 돼 그 많던 사람과의 연락이 다 끊어졌다는 것이다. 남아 있는 사람이라고는 고작 2~3명 정도뿐이라고 했다. 부장님은 대학 졸업 후 평생을 바쳐 직장에 있었고 그 안에서 많은 사람을 만났지만, 생각보다 그렇게 소중한 관계는 별로 없었다.

내가 깨닫게 된 사실은 사람들은 정말로 다른 사람에겐 별로 관심이 없다는 것이다. 대신 그들 모두가 관심이 있는 것은 모두 자기 자신에 대한 것이다. '이상하다. 나는 타인에 대한 생각을 많이 하는데' 하는 독자가 혹시 있다면 한번 생각하는 타인을 떠올려보라. 아마도 나는 타인 자체에 관심이 있다기보다는 타인이 날 어떻게 생각하고 평가할지를 고민하는 것일 수 있다. 이것 역시 다른 사람이 바라보는 '나' 즉, 자신에 대한 관심이다. 인간관계를 많이 하고, 많은 사람을 관리하는 것은 비교적 손쉽다. 그러나 그 중 각인된 인간 관계를 갖는다는 것, 소중한 관계를 형성하는 것은 매우 어려운 일이다.

가족은 예외일까? 나는 남보다도 못한 가족 역시 많이 보았다. 명칭만 오빠이거나 아빠인 경우도 봤다. 가족이라는 울타리가, 핏줄이라는 유전 코드가 관계를 담보하지는 않는다. 어떤 이는 대가족의 분위기에서 살아왔고 결혼을 한 지금도 그러하지만 속 깊은 이야기를 할 수 있는 사람이라고는 단 한 명의 친구밖에 없다고 했다. 그래도 그 사람은 괜찮은 편에 속한다. 사실 내 속 깊은 마음을 표현할 수 있는 단 한 명의 사람이 없는 경우가 허다하기 때문이다.

많은 정보를 알고 있다고 해서 깊은 관계가 되는 것은 아니다. 내가 그 사람과 대화를 많이 했다고 해서 친한 관계가 되는 것도 아니다. 많은 생활을 공유했다고 해서 그 사람과 내가 가까운 것만은 아니다. 가족이라는 울타리에 있다고 해서 반드시 가장 소중한 관계가 되는 것도 아니다. 아는 사람이 많다고 이야기하며 우리의 외로움을 달래지만, 정작 중요하고 필요할 때 그들이 썰물처럼 빠져나가고 아무도 없다는 사실에 허탈해하는 사례가 매우 많다.

관계의 본질은 양이 아니라 질이다

그렇다면 관계에서의 본질은 무엇일까? 이 책은 관계의 본질이 무엇인지를 계속 다루고 있었기 때문에 독자는 어렴풋한 윤곽을 가능할 수 있을 것이다.

관계의 본질은 양이 아니라 질이다. 얼마나 많이 만나는가보다 깊게 만나느냐. 얼마나 많이 아느냐보다 얼마나 깊게 아느냐.

많이 만나지만 깊이가 없는 대표적인 관계가 일과 관련된 관계다. 소위 비즈니스 관계에서도 일상의 이야기를 한다. 날씨나 경제 이야기, 안부 묻기, 다른 사람 이야기 등등 말이다. 그러나 그 이상은 없다. 서로를 이어주는 것은 같은 회사이거나 거래처이기 때문이다. 서로는 서로가 필요한 관계이며, 서로에게 이익이 된다. 이런 관계는 회사를 나오게 되거나, 거래처를 옮기게 되면 자연스럽게 멀어진다.

만약 10명이 각자의 목표를 위해 자연스럽게 팀으로 뭉쳐 프로젝트를 준비했다고 해보자. 서로는 프로젝트를 열심히 했고 그 성과를 나눠 가지게 되었다. 그들은 그야말로 프로젝트 때문에 뭉쳤으며, 이것이 8개월 동안 진행된 후 각자의 삶으로 돌아간다는 것을 잘 알고 있다.

그들이 여기서 비즈니스 관계의 경계를 넘지 않았다면, 그들은 이후 거의 남남이 되고 말 것이다. 그들이 화려한 뒤풀이를 했다고 하더라도 그 모임이야말로 만남의 종료를 의미하는 것일 수 있다. 왜냐하면 일 자체가 종료되었고 그러는 순간 그들을 연결할 끈이 더 이상 없기 때문이다.

그들이 조만간 다시 만나자고 약속을 한다고 하더라도 공허한 약속일 가능성이 크다. 물론 어쩌다 그중에서 그나마 친한 한두 명은 만날 수 있겠지만 다시 이 10명의 팀이 모인다는 것은 쉽지 않다. 우리 관계는, 우리 팀은 그저 일로 엮인 파트너 관계였기 때문이다.

이러한 기능적인 관계가 필요 없다는 것이 아니다. 이러한 관계는 우리 사회에서 필요하다. 혼자 하는 것보다는 같이 하는 것이 프로젝트를 하는 데 유리하다. 각자의 전문성을 효율적으로 발휘해 기능과 역할을 다하는 것은 사회화 과정에서 매우 중요한 역할을 한다.

그러나 기능적인 관계, 더 나아가 효용성을 기반한 비즈니스적인 관계는 관계의 깊이를 더 깊게 하는데 독이 된다. 이는 목적이 있을 땐 관계욕구가 큰 힘을 받으나 목적이 없을 땐 그 힘이 갑작스럽게 꺼져버리기 때문이다.

만약 업무적으로만 사람을 만나는 일에 능한 사람이라면, 그 사람은 무수한 사람을 만난다고 하더라도 어느샌가 간헐적으로 밀어닥치는 외로움과 고립감을 강하게 느낄 것이다.

그런데 이러한 기능적인 관계가 사회 관계, 공적 관계에서만 발생할까? 사실 그렇지 않다. 정도의 문제일 뿐, 친구 사이에서도, 연인 사이에서도, 심지어 가족 사이에서도 이런 관계는 얼마든지 있다.

만약 내가 별로 좋아하지도 않으면서 밥 먹을 사람이 없어서 누군가를 만나고 있다면 그 사람은 친구든, 연인이든 간에 기능적인 관계에 불과하다. 자녀지만 윤리상 자식 된 도리만 할 뿐이라면, 그 관계는 혈연관계라도 기능적인 관계이다.

여기엔 어떤 의무만 가득할 뿐 서로에 대한 정은 사라졌다. 심지어 10년 이상 된 부부 중에서도 기능만 잘하는 이들이 있다. 그들은 서로 협력도 하고 경제적인 공동체이며, 공동 양육자이다. 그러나 만약 서로의 대화 안에 자녀의 학원에 관한 이야기, 부동산 이야기, 남 이야기만 가득하다면 서로는 서로에 대해 공허감을 느낄 것이다.

이런 부부는 아이가 성장해서 집을 나가게 될 때, 부동산 이슈가 서로에게 그다지 흥미롭지 않을 때, 갑자기 어색해질지도 모른다. 그들은 서로 전화를 할 때도 용건이 있어야만 전화를 하며, 서로 부대끼며 살지만 사실 서로에 대해 아무것도 모른다고 할 수 있다.

자식이면 이 정도는 해줘야지, 부모라면 이 정도는 해줘야 한다는 것 역시 기능적인 말투이다. 그것은 그 역할을 부과하는 것이고, 어떤 수행을 할 것을 넌지시 압박하는 것이기 때문이다. 이는 마치 연봉 1억을 줄 테니 이만큼의 일을 하라고 지시하는 상급자의 말투와 별다를 것이 없다. 이러한 의무와 압박감이 서로에게 많아질수록 서로의 관계는 희석된다.

만약 상대가 그 역할을 모두 해준다면 기쁠 것이다. 그러나 그러한 요구가 끝나지는 않는다. 90점 맞았다고? 잘했어, 조금 더 힘을 내서 100점 한번 맞아보자는 식으로 구슬릴 것이다. 100점을 맞으면 다른 과목도 잘할 수 있도록 설득할 것이다. 이런 종류의 요구는 끝이 없다.

관계의 깊이란 무엇일까

그렇다면 관계의 깊이를 의미하는 것은 무엇일까? 그것은 바로 상대 존재 자체가 내 앞에 현존하고 있는 것에 대한 충만함이다. 즐거움이다. 고마움이다. 이게 무슨 말인지 잘 모르겠다면 지금, 이 순간 떠오르는 사람을 염두에 두고 다음의 질문을 자신에게 해보라.

"이 사람은 나에게 개인적으로 어떤 의미가 있는가?"

이 질문에 대해 만약 돈, 명예, 이익이 나온다면 당신은 그 사람과 그리 중요한 관계는 아닐 것이다. 그러나 만약 이 질문에 당신이 대답하면서 그 대상에 대한 깊은 사랑을 느낀다면, 당신은 그 사람을 소중히 생각하는 것이다. 그 사람만 생각해도 벅차다면 충만함을 느낀 것이다. 입가에 미소가 생긴다면 즐거움을 느낀 것이다. 그 사람과 함께 있음이 내가 삶을 사는 이유가 된다면, 고마움을 느낀 것이다. 그러므로 이러한 감정을 상대에게 많이 표현하는 것은 깊은 관계에서 발생하는 일이다. 또한, 깊은 관계로 가기 위한 신호이기도 하다.

물론 "네가 이번에 90점을 맞았다니 엄마는 참 기뻐", "나는 당신이 어느 직장에서 일하기를 원해"와 같은 의사 표현도 괜찮은 표현이다. 그러나 상대에게 할 수 있는 가장 최고의 표현은 바로 이것이다.

"엄마는 너와 함께 있어서 참 좋아."

"당신과 함께할 수 있어서 참 기뻐."

"내 옆에 있어 줘서 정말 고마워."

2. 헤아림의 언어

● 내 속마음을 이야기한다는 것

놀랍도록 오묘한 마음의 원리

헤아림의 언어란 무엇일까? 헤아림의 언어는 나와 상대가 서로 깊은 교감을 주고 받는 과정이다. 그런데 왜 깊은 관계를 형성하는 데 교감이 필요할까?

당신이 10년 동안 사용한 진공청소기가 있다고 가정해보자. 자주 고장도 나고 출력도 약해 이번에 새로 출시된 무선 진공청소기를 샀다. 출력도 강하고 선이 없으니 속이 다 시원하고 스트레스가 싹 풀리는 것 같다. 당신은 당연히 이전에 쓰던 이 고물단지를 가전제품 버리는 곳에 내다 버릴 것이다. 그때 당신은 진공청소기를 안고 울면서 애도를 할까? 아마 그렇지 않을 것이다. 냉장고, 서랍, 빗자루…. 그 많은 물건도 마찬가지일 것이다.

이상하게도 그들은 우리에게 엄청난 양의 일을 해줬는데 특별한 정감을 갖지 않는다. 그러나 내가 어린 시절부터 가지고 놀았던 토끼 인형을 어머니가 쓰레기통에 넣을 땐 큰일이라도 난 것처럼 "안 돼"라고 말하면서 그것을 얼싸안을 것이다.

심지어 어떤 이는 집으로 돌아오는 길, 쓰레기봉투에 담겨 있는 테디베어 인형과 눈이 마주칠 때, 약간의 슬픔을 느낄 수도 있다. 그 인형을 구출하고 싶다는 마음이 들기도 할 것이다. 그러나 바닥을 닦느라 헤지고 더러워진 걸레를 버리는 일에는 전혀 죄책감을 느끼지 않을 것이다. 해준 일로만 치면 걸레는 실로 많은 일을 해왔다. 그러나 반대로 인형은 내게 아무런 일도 해준 적이 없다. 어디서 이런 차이가 발생하는 것일까? 이런 예를 통해 인간이 가지는 놀랍도록 어렵고도 오묘한 마음의 원리를 이해할 수 있다.

내 속마음을 이야기한다는 것 <캐스트 어웨이>

톰 행크스가 주연한 <캐스트 어웨이 Cast Away, 2001>라는 영화를 보면 한 남자가 비즈니스 차 비행기를 탔다가 그만 추락하는 사건이 일어난다. 그는 바다 한가운데에 빠지게 되었지만, 구명보트를 붙들어서 어디론가 표류하게 된다. 그러다가 다다르게 된 곳이 무인도이다. 그는 이곳에서 혼자 생존을 위해 고군분투한다.

어떤 것을 하든 일단 불이 필요하다. 생선을 잡는다고 하더라도 한없이 날것을 먹기는 어렵다. 그는 불을 피워보려고 나무를 비비다가 나무가 부러지면서 손을 심하게 다친다. 화가 난 나머지 그는 주변 물건을 집어 던지기 시작했다. 그중엔 윌슨사에서 제작한 배구공이 있었다. 그는 배구공에 핏자국이 손바닥 모양으로 찍힌 것을 보고 거기에 눈, 코, 입을 그리기 시작한다. 그리고 이름을 배구공에 새겨진 윌슨사의 이름을 따 '윌슨'이라고 짓는다.

시간이 지나면서 남자는 윌슨을 마주 보고 여러 이야기를 한다. 윌슨은 가만히 경청하는 중이다. 남자는 화가 날 땐 윌슨과 싸우기도 한다. 윌슨이 낡아 해지기 시작하자 나뭇가지로 머리를 심어주기도 한다.

영화 <캐스트 어웨이>에서 주인공이 윌슨과 대화하는 장면

그렇게 무인도 생활을 한 지가 어언 4년이 지난다. 남자는 뗏목을 만들어 섬을 벗어나려고 한다. 그러던 중 파도에 휩쓸리게 되면서 윌슨이 남자의 손에서 벗어나 떠내려가고야 만다. 그는 목숨을 걸고 윌슨을 구하려고 한다. 그러나 윌슨은 이미 저 멀리 떠내려가 버렸기에 구할 수 없었다. 그는 저 멀리 사라지는 윌슨을 향해 '윌슨!', '윌슨!'이라고 하면서 오열을 한다.

사실 그도 윌슨은 살아 있지 않은 배구공에 불과하다는 것을 누구보다 잘 알고 있다. 그러나 윌슨은 그와 희로애락을 같이 했다. 무엇보다 윌슨은 자신의 이야기를 경청해 준 존재다.

그렇게 윌슨은 주인공의 중요한 대상으로 새겨진다. 그러나 정작 인간이 아닌 다른 동물들은 이러한 행동을 보며 이해가 되지 않을 것이다. 동물들은 공을 갖고 재미있게 놀 수는 있겠지만 중요한 관계를 맺지는 않는다. 그러나 만물의 영장이자 가장 똑똑하다고 하는 인류는 그 영화를 보면서 주인공의 마음이 충분히 이해가 된다. 떠나는 윌슨을 바라보며 나 역시 눈물을 훔치기도 한다. 대관절 무슨 일이 일어난 것일까?

윌슨은 본래 무생물이다. 그러나 인간이 그와 깊은 이야기를 나누다 보면 윌슨은 어느새 사람이 된다. 마치 제페토 할아버지가 만든 나무 인형이 피노키오라는 인물이 되는 것과 똑같다. 윌슨은 기쁨도 느끼고 슬픔도 느낀다. 윌슨은 가장 좋은 친구가 되어 간다. 그는 이제 내 안에 하나의 살아 있는 존재가 되어 자리 잡는다. 내가 윌슨에게 내 이야기를 많이 들려주었기 때문이다. 그리고 그는 내 이야기를 섣불리 판단하거나 예단하지 않고 깊이 들어주었기 때문이다. 내가 의미를 부여했을 때, 그것은 생동력을 갖게 된다. 관계란 얼마나 깊이 그 마음을 나누는지에 따라 달려 있다. 그 존재에게 내가 얼마나 내 속마음을 깊이 이야기하는지에 달려 있다. 관계의 본질은 넓이가 아니라 깊이이다. 내가 얼마나 상대와 깊은 교감을 하는지가 중요한 관계인지, 아닌지를 판별하는 중요한 지점이다.

● 상대의 속마음을 듣다

소녀의 숨은 마음

영화를 소개한 김에 이번엔 소설 하나를 더 소개해 보려고 한다. 황순원이 쓴 소설 〈소나기, 1952〉이다. 이 소설을 보면 한 소년과 소녀가 나온다. 소년은 길을 걷다가 개울가에서 손으로 물장난을 치고 있는 소녀를 마주친다. 둘은 친해졌다. 그들은 함께 서리한 무도 깨물어 먹었다. 소년은 서울에서 온 소녀를 위해 꽃을 꺾어주며 무슨 꽃인지 가르쳐 주었다.

그러던 어느 날, 둘이 산에서 내려오는데 굵은 빗줄기가 쏟아졌다. 비를 피하고자 원두막으로 들어갔다. 소녀는 이미 비를 흠뻑 맞아 입술이 퍼렇게 질렸다. 비가 그치자 도랑 있는 곳까지 걸어왔다. 그러나 물이 불어나 건널 수 없었다. 소년은 등을 돌려댔고 소녀는 업혔다.

그 이후 소년은 다시 개울가에 갔지만, 소녀를 만날 수 없었다. 그러다 며칠 후 소년은 드디어 소녀를 만났다. 소녀는 핼쑥해져 있었다.

소녀는 소년에게 자신의 분홍 스웨터 앞자락을 보여줬다. 거기엔 진흙 물 같은 게 묻어 있었다. 소년의 등에 있던 진흙 물이 소녀의 분홍 스웨터 앞자락을 검붉게 했던 것이다. 소년은 화들짝 놀랐다. 함께 대추를 먹다가 소녀는 이사를 가야 한다고 말했다.

그 이후 소년은 소녀를 볼 수 없었다. 익숙한 개울가를 찾아갔지만, 소녀는 그곳에 있지 않았다. 어느 날이었다. 소년은 아버지와 어머니가 이야기하는 것을 듣게 되었다. 소녀가 여러 날 앓다가 죽게 되었다고. 소녀는 죽으면서 이상한 말을 남겼다고 했다. "자기가 죽 거든, 자기가 입었던 분홍 스웨터를 꼭 그대로 입혀서 묻어달라고"

가장 소중한 관계

사람이 죽음을 맞이할 땐 중요한 사람이 떠오른다고 한다. 삶이란 만남이고, 이별에 앞서서 그 중요한 만남을 기억하고 되새기려는 노 력이리라. 만약 〈소나기〉의 그 소년이 나이가 많이 들어 죽음에 이 르게 된다면 누구를 떠올릴까? 한번 상상을 해본다면 20살 후반에 만난 아내와 자식들을 떠올릴 것이다. 자신의 아버지와 어머니를 떠 올릴 것이다. 인생에서 만나는 사람의 수는 수없이 많지만, 그중 정 말 중요한 관계는 손에 꼽힌다.

나는 확신한다. 소년은 몇 안 되는 가장 소중한 사람을 회상하면 서 분명히 소녀를 떠올릴 것을 말이다. 깊게 주름진 얼굴과 하얗게 센 머리이지만 여전히 그 소년은 개울가에 있던 그 소년의 이미지에 잠시나마 머물 것이다. 그때 소녀와 나눴던 이야기, 원두막을 떠올 릴 것이다. 그녀의 분홍 스웨터와 진흙 물도 기억이 날 것이다.

기간으로 보면 짧은 만남이다. 심지어 그 사건은 참으로 오래 전 일이다. 그런데 왜 그 소녀는 소년 인생에서 가장 중요한 인물 중 한 명이 될 수 있을까? 소녀는 소년에게 자신의 속마음을 진실하게 표 현했기 때문이다. 소년과 함께 있던 시간이 얼마나 소중했는지, 그 경험을 죽음에 이르게 되기까지 기억하고 기념하겠노라는 마음을 엿볼 수 있었기 때문이다. 그러므로 소년 역시 삶과 죽음을 넘나들 때 소녀를 기억할 수밖에 없는 것이다.

어떤 경험은 강렬하고 그것은 평생 각인된다. 중요한 사람은 얼마나 길게 알았는지보다 얼마나 깊이 알았는지로 정해진다. 상대의 속마음을 이해하고 헤아리는 경험은 그 사람과 나 사이를 특별하게 만드는 끈이 된다.

속마음을 토대로 교감하다

나는 일치형의 의사소통으로서 좀 더 건강하게 관계를 맺고 더 나아가 상대와 좀 더 깊은 관계로 넘어갈 수 있는 언어의 모델을 소개해 보려고 한다. 그것은 바로 '헤아림의 언어'이다. 헤아림의 언어란 단순히 사회적 관계를 잘 맺게 하는 데 방점이 있지는 않다. 오히려 이는 좀 더 깊고 진실한 관계를 맺게 하는데 그 쓰임새가 더 크다. 헤아림의 언어는 먼저 당신 곁에 있는 가장 소중한 사람들과도 깊은 교류를 갖게 하는 동시에 사회적 관계에서도 좀 더 진실하고 건강한 관계를 구축하는데 활용될 수 있다.

헤아림의 언어에서 '헤아림'이란 무엇인가를 짐작해서 가늠하거나 미루어 생각해보는 것을 의미한다. 즉 헤아림이란 어떤 사태를 보면서 이리저리 비춰보며 적절히 이해해보는 과정이다.

그런 의미에서 헤아림의 언어는 빠른 언어가 아니라 느린 언어이다. 그것은 좀 더 넓고 깊게 생각하고 숙고하여 대화한다는 것을 의미한다. 내가 만약 누군가의 욕구나 생각에만 맞춰 살고 있다면 그렇게 하지 않고 내 욕구와 생각을 분명히 인식하여 표현하는 것이다.

반대로 내가 내 생각만 강요하고 있다면, 상대의 처지를 이해하고 추론하여 좀 더 유연하게 표현하는 것이다. 내 마음을 열고 상대를 초대하는 것이다. 상대의 마음 안으로 깊이 스며드는 것이다. 즉 헤아림의 언어란 나의 욕구와 상대의 욕구를 조율하면서 관계 안에서의 이해와 반영, 교감을 깊게 하는 것이다. 그 속에서 나와 상대를, 함께 있는 우리를 조망하고 헤아리는 언어이다.

나는 상담 공간에서 내담자와 이 언어를 연습한다. 헤아림의 언어는 일치형 대화를 이루는 매우 중요한 토대이다. 나는 이 언어를 연습하면서 그들의 삶이 바뀌는 것을 여러 번 경험했다. 그들은 관계가 개선되고 중요한 사람과 소중한 관계를 맺기 시작한다.

또 다른 측면으로 헤아림이란 수량을 센다는 뜻이 있다. 돈을 센다거나 납품하는 물건의 숫자를 센다는 것은 정확성을 필요로 한다. 레시피에서 어떤 재료의 양을 적재적소에 넣고 정확히 맞추는 능력은 전문가의 역량이다. 헤아림의 언어란 나와 상대의 보이지 않는 마음을 보이는 행동처럼 정확하게 이해하기 위해 깊이 들어보고 미세하게 읽어주는 것이다. 더 나아가 그 마음을 상대에게 표현해보는 것이다.

● 당신은 속마음을 나눌 사람이 있나요?

언제부턴가 울지 않게 된 나

어린아이는 작게만 넘어져도 서럽게 운다. 뒤를 돌아봤는데 엄마가 있으면 더욱 서럽게 운다. 그런 아이도 자라면서 눈물이 마른다. 만약 당신이 길에서 넘어진다면 서럽게 울 것인가?

아마 대부분은 그렇지 않을 것이다. 언제부터 우리는 울지 않게 되었을까? 아동기에서 성인으로 넘어가는 시점에 울지 않아야 한다는 어떤 무의식적인 금기가 주어졌을 것이다.

그래서 언젠가부터 성인은 울지 않는다. 넘어져도 얼른 일어난다. 뒤를 돌아봐야 아무도 없으므로 돌아볼 필요도 없다. 취업에 낙방했어도, 회사에서 억울한 일을 겪었어도, 누군가에게 시린 단절감을 경험했을 때도 이를 악물고 버텨낸다. 우리는 모두 상처를 숨기고 살아간다. 우리는 적든, 크든 사회적인 가면(페르소나)을 쓰고 살아가기 때문이다.

어린아이는 자신의 속마음을 재잘재잘 이야기한다. 누가 날 화나게 했어, 오늘 무엇이 먹고 싶었어. 나는 아빠랑 여기를 가고 싶어. 그런 아이도 자라면서 재잘거림이 줄어든다. 고개를 푹 숙인 채 집에 들어와 방문을 닫고 들어가 버린다. 속마음을 알 수가 없다. 언젠가부터 성인은 자신의 속마음을 잘 표현하지 않는다. 심지어 친구에게도, 가족에게도 말이다.

사회적인 격언 중 아무에게나 약점을 말하지 말라는 말이 있다. 내 약점을 말하는 순간 그것은 자신의 올무가 될 수 있다는 것이다. 이와 마찬가지로 속마음엔 자신의 취약점이 존재한다. 그것을 말하는 것은 상대에게 내 약점을 보여주는 것이나 다를 바 없다. 반대로 말하자면 누군가에게 내 속마음을 표현하는 것은 그 사람이 내게 얼마나 가까운지를 알 수 있는 중요한 척도이다. 그 사람을 그만큼 믿는다는 것이다.

우리가 처음 소개팅을 할 땐 좋은 옷을 입고 괜찮은 사람처럼 꾸미고 간다. 상대가 내 이상형이라면 더 말할 것도 없다. 그러나 관계가 깊어질수록 어떤 일이 일어날까? 내 겉모습 이면에 숨어 있는 내 속마음을 조금씩 꺼내어 내보인다. "실은…" 이라는 말과 함께 내가 품고 있던 열등감, 상처, 아픔, 욕구, 바람을 표현하기 시작한다.

상대가 이를 평가하거나 거부하지 않고 수용하고 함께 아파할 때, 둘은 한층 더 깊은 관계로 발전한다. 그러한 토대에서 상대도 자신의 속마음을 털어놓기 시작한다. 서로는 아무에게나 보이지 않았던 깊은 무엇인가를 서로에게 보이기 시작한다. 관계가 깊어지는 시간이다.

그러므로 당신이 현재 얼마나 깊은 관계를 맺고 있는지를 들여다보려면 주변 사람에게 내 속마음을 얼마나 나누고 있는지를 살펴보라. 또한 주변 사람이 나에게 깊은 속마음을 드러내는지를 살펴봐야 한다. 만약 내가 어떤 누군가에게 그러하고 상대도 나에게 그러하다면 둘은 손에 꼽을 만한 중요한 관계일 것이다. 그것은 가장 깊은 신뢰를 형성하는 과정이고 가장 큰 용기이며, 가장 깊은 관계의 본질이기 때문이다.

<건축학 개론>의 서연과 승민이
소중한 관계로 진입하는 순간

영화 〈건축학 개론〉을 보면 35살이 된 승민에게 15년 만에 서연이라는 여성이 나타난다. 서연은 건축가인 승민에게 집을 설계해달라고 부탁한다. 15년 전에 그들은 어떤 일이 있었을까? 그들은 서로 다른 삶을 살고 있지만, 서로에겐 소중했던 기억이 있다. 학창시절 때 서로는 서로에게 소중한 사람이었기 때문이다.

　　승민: 그러면, 부모님은 계속 제주도에 계시고?

　　서연: 아빠는 거기 계셔, 엄마는 돌아가셨고, 여긴 아빠 친구분 집에 잠깐 있는 거야.

　　승민: 어, 아... 미안.

　　서연: 네가 뭐가 미안해. 우리 엄마가 너 때문에 돌아가신 것도 아닌데.

　　승민: 난 옛날에 아버지가 돌아가셨어. 그 이야기하면 친구들이 그래. 자기들이 왜 미안해.

　　서연: 그지, 괜히 할 말 없으니까 그러는 거야.

　　승민: (웃으며) 그러니까.

　　서연: (이어폰을 꺼내며) 들을래?

이후 김동률의 〈기억의 습작〉이란 노래가 흘러나온다.

이젠 버틸 수 없다고

휑한 웃음으로 내 어깨에 기대어

눈을 감았지만

이젠 말할 수 있는걸

너의 슬픈 눈빛이

나의 마음을 아프게 하는 걸

나에게 말해봐

　여자는 슬쩍 자신의 어머니가 돌아가셨다는 것을 남자에게 말한다. 가장 아픈 상처를 열어서 보여준 것이다. 남자는 그 아픔을 느끼고 미안하다고 표현한다.

　남자 역시 아픈 상처가 있다. 그 역시 여자에게 말한다. 나는 아버지가 돌아가셨다고. 둘은 이렇게 자신의 취약점, 상처를 이야기한다. 그리고 둘 사이엔 무엇인가 모르는 뭉클한 마음이 올라온다. 여성은 이어폰이라는 상징으로 둘을 연결한다. 둘은 연결되어 기억의 습작이란 노래를 듣는다. 이 노래는 그들의 이야기가 된다.

3. 진정한 치유는 슬픔에 가깝다

깊은 슬픔을 나눈다는 것

삶에는 주기가 있다. 올라갈 때가 있다면, 내려갈 때가 있다. 기쁨이 있다면 슬픔과 괴로움이 있다. 많은 사람이 경제적으로 어려워져 싸웠다고 표현한다. 맞는 이야기이다. 사람이 나빠서가 아니라 가난이라는 환경 때문에 많이 싸울 수 있다. 어려움이 있을 때 이미 금이 갔었던 문제들이 터지기 시작하면서 침몰하는 관계가 있다.

그렇다고 해서 모두가 그런 것은 아니다. 어려움이 있을 때 오히려 더 사랑할 수 있다. 인생에서 엄청난 역경을 만났을 때 옆에 있는 그 사람이 내게 가장 큰 힘이 된다. 경제적으로 어렵다고 해서 항상 싸우라는 법은 없다. 절망이 찾아왔다고 해서 무조건 비난을 하는 것만도 아니다. 오히려 서로 함께 함으로 절망을 넘을 수 있다.

'힐링'이라는 말을 사람들이 많이 사용한다. 힐링이 '치유'라는 뜻을 가진 영어 단어임을 볼 때 우리 사회에 아픔이 그만큼 많은 것 같다. 보통 많은 이들은 힐링을 떠올릴 때, 누군가와 여행을 가서 신나게 놀고 오는 것을 상상한다. 물론 누군가와 즐거움을 함께 하는 것 역시 힐링이다. 그러나 좀 더 힐링의 본질에 가까운 것은 '즐거움'이 아니라 '아픔'이다.

어린아이가 넘어져 다리에 피가 났을 때 아이는 어머니에게 자신의 상처를 보인다. 엉엉 우는 아이에게 어머니는 "많이 아프겠다."라고 위로하면서 연고를 바르고 밴드를 붙여준다. 이와 마찬가지로 힐링이란 나의 속마음을 표현하는 토대에서 더 깊이 이뤄진다. 가까운 사람과 여행을 갔다면, 아무에게도 하지 못했던 깊은 속마음을 내보이는 것이 치유이다. 그 사람이 내 상처를 듣다가 눈물을 쏟는다.

그 사람은 "당신이 그렇게 아팠을 것을 상상하니 나도 너무 마음이 아파"라고 말한다. 그것을 들을 때 내 안에 어떤 뜨거운 것이 올라오기 시작한다. 진정한 치유란 누군가가 온전히 수용하고 함께 아파할 때 일어난다. 누군가가 내 마음 깊은 곳을 헤아리고 그것을 자신의 내면과 연결할 때 우리는 깊이 공감한다. 그 사람은 점점 중요한 사람으로 자리 잡는다. 그러므로 진정한 치유는 휘발되는 쾌락이라기보다는 슬픔에 가깝다. 웃어넘기는 것이 아닌 울음이다. 그런 의미에서 치유는 손을 마주잡고 슬픔을 함께 느끼는 과정이다. 그리고 그 안에서 느끼는 안정감과 위안이다.

4. 헤아림의 세 단어:
맞아요, 마음, 우리

● 　　　　　　　　나는 상담심리사로서 늘 인간의 언어
를 연구한다. 내가 관심을 두는 것은 언어가 인간에게 어떤 영향을
주는지이다. 즉 마음에 관한 것이다. 나는 오랫동안 많은 사람의 내
밀한 이야기를 들으면서 사람들이 어떤 말에 가장 상처를 받는지도
잘 알고 있지만, 또 다른 측면에서 어떤 말에 가장 힘을 얻는지 깨닫
게 되었다. 그 중 '헤아림'이라는 의미에 걸맞은 단어가 우리 사회에
존재한다는 것을 알게 되었다.

　많은 이들이 이 단어가 포함된 말을 들을 때 기뻐했다. 이 단어는
그 자체에 치유의 힘이 있다. 이 단어는 갈등에 휩싸여 삐걱거리고
있는 관계를 회복시키는 윤활제의 역할을 한다. 이 단어는 상대의
마음을 헤아리고 내 마음도 헤아릴 수 있는 토대가 된다. 이 단어를

반복하다 보면 상대와 나 사이에 깊은 공감대가 형성된다. 그중 가장 강력하다고 생각되는 세 가지의 단어를 소개해 보려고 한다. 그것은 수용의 단어 '맞아요'와 내면의 단어 '마음', 그리고 교감의 단어 '우리'이다.

● 수용의 단어 '맞아요'

첫 번째로 소개할 것은 수용의 단어인 '맞아요.'이다. 이 단어를 품고 있는 문장은 그 자체로 수용의 언어가 된다. 이 단어는 상대의 말을 내 마음대로 판단하거나 곡해하지 않겠다는 표현이다. 이 단어는 수용의 언어이자 상대의 말을 수용하고 타당화해주는 표현이다.

맞아요와 가까운 표현으로는 "~네요.", "~군요.", "~겠어요.", "~어요" 와 같은 표현들이 있다. 모두 수용의 뜻을 품고 있다.

"~네요": 그러네요.

"~거죠": 불안했던 거죠.

"~군요.": 많이 아팠군요.

"~겠어요.": 밤을 샜겠군요.

"~어요": 많이 두려웠겠어요. 그동안 참 속상했겠어요."

지금 나온 이 표현은 두 개 이상을 같이 써도 좋다. "맞아요. 그러니까 지금 그 말은 너무 불안하다는 거죠." 와 같이 말이다.

한번 사례를 살펴보자.

집에 오니 아이의 표정이 우울하다. 지쳐 보이는 얼굴로 소파에 누워 있다. 아이는 엄마를 보며 이렇게 말한다.

아이: 엄마, 나 공부가 너무 힘들어서 지금 잠깐 쉬는 거야.

엄마도 침울해 보이는 아이가 염려되었지만, 오히려 이럴 때일수록 강하게 키워야 한다는 생각이 든다. 그렇게 생각하다 보니 다른 아이처럼 학원을 그렇게 많이 다니는 것도 아니라는 생각이 든다. 우리 아이는 왜 이렇게 나약할까 하는 생각으로 넘어가면서 괘씸하다는 생각도 든다.

그리고 보니 아이는 공부를 잘한 적도 없다. 다른 집 자식은 공부를 그렇게 잘하면서도 씩씩하던데, 얘는 도대체 누굴 닮아서 공부 조금 했다고 저렇게 누워 있을까? 갑자기 화가 치민다.

엄마: 뭐라고? 네가 뭘 했다고 쉬니?

이러한 말투는 갈등의 서막을 만든다. 그러나 만약 엄마가 '맞아(요)'라는 생각을 가지고 상대를 판단하기 전에 일단 상대의 말을 경청하는 태도로 말하면 어떻게 될까? 상대가 좀 더 말할 수 있도록 안전한 토대를 만들어주는 대화다. 어떤 대화인지 한번 살펴보자.

맞아. 공부가 많이 힘들었겠네. 그동안 얼마나 힘들었는지 좀 더 얘기해 줄래?

이 말은 오히려 자녀의 마음 깊은 곳으로 들어갈 수 있는 열쇠가 된다. 자녀는 자신이 무엇이 힘들었는지를 좀 더 안전한 어머니의 말투 속에서 털어놓을 수 있으니 말이다. 오히려 엄마는 십수 년 동안 몰랐던 우리 아이의 다른 측면을 알게 될 수도 있다. 이 아이가 겪고 있던 어려움을 좀 더 이해할 수 있는 토대가 생길 수 있다. 어쩌면 아이는 친구로부터 가슴 아픈 일을 당했을 수도 있다. 어린아이가 겪기엔 가혹한 사회의 현실을 알아버렸을 수도 있다. 미래가 지나치게 불안했을 수도 있다.

나는 분노에 가득 찬 내담자들을 많이 만난다. 그들 중엔 고성을 지르거나 심지어 너무나 화가 난 나머지 물건을 집어 던졌던 사람도 있다. 모두 잘못된 행동이지만 나는 그들을 최대한 판단하지 않고 일단 들어보려고 한다. 수용의 단어를 쓰는 것이다.

"맞아요, 그럴 땐 정말 화날 수 있어요."

이 말은 화나서 한 행동이 모두 옳다고 한 것이 아니다. 화나서 한 행동이 모두 잘못되었다고 한 것도 아니다. 나는 그저 분노 자체를 타당화해 주는 것이다. 이 타당화 속에서 나는 내담자에게 왜 이 분노가 생기게 되었는지에 대한 맥락과 의도를 들을 수 있다.

실제로 어떤 내담자는 회사의 상사가 자신을 무시해서 화가 났다고 표현했다. 그는 심지어 상대와 삿대질을 하고 싸우기도 하고 결근도 했다. 그는 너무 화가 나 언제든지 달려들 기세였다. 그는 매우 공격적인 눈을 가지고 있었다.

사실 내담자는 나에게 맞는지, 안 맞는지를 물어보지 않는 경우가 대부분이다. 그럴 때 "맞아요."라고 하는 것은 언뜻 보면 논리적 구성이 안 맞는 것 같다.

그러나 정서적 대화를 하는 자리에서 상대와 굳이 논리적인 문장을 만들어갈 필요가 있을까? 맞다는 것은 일단 상대의 의견을 내가 수용한다는 뜻이다.

나는 '맞아요'라는 말을 쓰면서 놀라운 경험을 많이 한다. 분노로 가득한 사람에게 내가 "맞아요."라는 말을 여러 번 반복하자 어느 시점, 꽉 쥐었던 그의 주먹이 펴지기 시작했다. 그의 공격적인 눈매가 슬픔으로 바뀌며 눈시울이 붉어지기 시작한 것이다.

그의 분노 이면에는 사정이 있었다. 죽으라고 노력했던 그에게 회사는 냉랭한 피드백과 모든 것을 수정하라는 경고를 통보해 버렸다. 프로젝트를 같이 했건만 자신에게 책임을 다 돌리고 모른 척하는 상사에게 분노가 치밀었다. 그의 속마음 깊은 곳에는 자신이 해낸 그동안의 성과에 대해 인정받고 대접받고 싶었던 마음이 있었다.

그는 어린 시절부터 지금까지 항상 자신이 틀렸다는 이야기를 많이 들었었다. 인정받고 싶은 바람은 그의 역사만큼이나 계속 박탈됐었다. 그리고 지금 그는 회사에서도 인정받고 싶은 바람이 박탈되었고 심지어 자신의 노력이 평가절하 당하니 주먹을 그토록 세게 쥔 것이다.

그러나 그는 처음으로 겪는 이 수용 앞에서 자신이 왜 화가 났는지를 가만히 들여다볼 수 있었다. 그의 좌절된 욕구를 수용하는 토대에서 그의 분노는 잦아들기 시작했다. 분노가 걷히자 숨겨져 있는 그의 내면이 조금씩 나타나기 시작했다. 나는 아주 오래전부터 잊고 있었던 그의 내면을 드디어 만날 수 있었다.

● 내면의 단어 '마음'

두 번째로 소개할 것은 내면의 단어인 '마음'이다. 누군가와 만날 땐, 여러 행동을 함께 하게 된다. 같이 음식을 먹고 극장도 가고 대화도 하고 어떤 프로젝트를 하기도 한다. 이렇게 보이는 행동 이면엔 내면이 있다. 그것은 나의 내면과 상대의 내면이다. 내면을 나타내는 좋은 단어는 "마음"이다. 이 단어는 나의 내면과 상대의 내면을 헤아려 느끼겠다는 것이다. 이는 수용의 토대에서 서로의 깊은 마음을 인식하고 표현할 수 있는 좋은 토대를 형성한다.

내가 상대와 만난 횟수나 양보다 질이 중요할 때가 있다. 특히 그저 그런 관계가 아니라 상대와 중요한 관계가 되고 싶고 좋은 대상이 되고 싶다면 얼마나 깊은 관계를 갖느냐가 중요할 수 있다.

그땐 나의 내면을 솔직하고 진실하게 이야기해보는 것이 중요하다. 또 다른 측면으로는 상대의 내면을 솔직하고 진실하게 헤아려보는 것이다.

나는 이러한 내면을 나눌 땐 어떤 단어보다 '마음'이라는 한 단어가 아주 강력하다는 것을 발견했다. 마음을 표현하기 이전에 "내가 느끼기엔"이라는 표현을 넣으면 더욱 완벽한 의사소통이 된다. 내가 느낀다는 것은 상대의 마음을 내 마음으로 연결하여 느끼겠다는 발로이기 때문이다.

내 마음을 상대에게 전달하기

엄마가 자신만 차별한다고 느끼는 딸이 있었다. 언니가 많은 넷째 딸이다. 너무나 화가 난 나머지 부모라고 생각하지 않겠다고 다짐을 했다. 그냥 남남으로 살자고 생각했다. 그때 딸은 엄마에게 전화해서 이번 명절엔 집에 가지 않을 테니 다른 딸들과 재미있게 지내라고 선포한다. 엄마는 예민한 딸에게 화가 치민다. 그래 오지 말라고 냉정하게 쏘아붙인다. 그러나 엄마 마음 한구석엔 늘 자신을 향해 날카로운 비수를 꽂는 넷째 딸 때문에 아릴 정도로 아픈 상처가 있었다.

딸은 왜 이렇게 화가 나 있었을까? 그 화난 마음만큼 엄마에 대한 욕구가 숨겨져 있다. 그것을 조금씩 마음으로 표현해보는 연습을 해보면 어떨까?

"나 엄마에게 사랑받고 싶은 **마음**이 있나 봐."

죽도록 일을 하고 집에 왔건만 아내가 나를 본체만체한다. 아내는 설거지를 하며 차가운 목소리로 "왔어?"라고 말한다. 화가 끝까지 난 남편은 어떻게 남편이 들어왔는데 본체만체하냐고 쏘아붙이기 시작한다. 이 남편 안엔 어떤 마음이 있을까? 그 마음을 발견하고 그것을 건강하게 표현하면 된다.

"여보, 당신이 날 보면서 맞아줬으면 하는 **마음**이 있나 봐."

사실, 아내는 독박 육아를 하느라 지쳤다. 남편이 그렇게 돌아오기를 바랐건만 오늘도 말도 없이 저녁을 다 먹은 이후에 오니 화가 났다. 아내는 아이를 양육하느라 한창 경력을 쌓아나가야 할 중요한 타이밍에 모든 것을 그만두게 되었다.

그런 상황을 아는지, 모르는지 남편은 들어오자마자 그냥 자신의 방으로 들어가려는 것이다. 그래서 아내는 "왔어?"라고 물어본 것이다. 고개를 돌리고 있지는 않았지만, 무엇이라도 대화를 하고 싶은 마음에 그렇게 건넨 것이다.

외로움이 지독히 몰려온다. 가장 사랑하고 믿는 이는 여전히 남편이다. 그러나 남편은 여전히 거리가 멀다. 그와 거리를 좁히고 싶지만, 방법을 모르겠다. 방법을 알아도 두렵다. 그의 차가운 거리감과 거절감이 두렵다. 사실 인사도 아내가 항상 먼저 한다. 고개를 돌리지 않았지만, 그 안엔 어떤 서러움이 있었다. 서러움, 그리움, 외로움… 그 어떤 것이든 마음으로 담아 표현해보면 된다.

"여보, 내 깊은 **마음**엔 어쩐지 외로움이 가득해. 당신이 좀 더 다가와 줬으면 해."

상대의 마음을 헤아리기

마음이라는 단어는 진실하다. 그것은 내 마음을 드러내고 상대의 마음을 마주하는 것이기 때문이다. 상대가 어떤 말과 행동을 할 때, 그 사람의 이면에 있는 마음을 헤아려보는 것이다. 그런 의미에서 '마음'이라는 언어는 나와 상대를 헤아릴 수 있는 토대가 된다.

상대의 마음을 헤아린다는 것은 상대와 대화할 때 그 사람의 느낌이나 욕구, 생각을 알아차리는 것이다.

가령 아이가 자신을 피하는 것 같아 너무나 속상한 어머니를 만났다고 해보자. 그 사람의 마음을 헤아려본다면 그 사람은 무엇을 느끼고 있을까? 어떤 욕구가 있을까? 어떤 생각을 하고 있을까? 아마도 불안함을 느낄 것이다. 좀 더 자녀와 연결되고 싶은 욕구가 있을 것이다. 자신이 무엇을 잘못했던 것은 아닐까 하며 죄책감을 느낄 것이다.

그것을 그대로 말해주면 된다.

"아이가 전화를 받지 않아 무척 불안한 **마음**이었을 것 같아요."
"사실 아이와 좀 더 가까워지고 싶은 **마음**이었는데요, 제가 잘 이해한 거 맞아요?"

"아이가 전화를 받지 않았을 때, 혹시 내가 뭘 잘못한 것은 아닐까 하는 **마음**이 들었을 것 같아요."

● 교감의 단어 '우리'

우리는 누군가와 연결되고 싶어한다

세번째로 소개할 것은 교감의 단어인 '우리'이다. 우리는 인간관계의 그물망 속에서 살아간다. 우리는 태어나면서부터 죽을 때까지 한순간도 홀로 존재하지 않는다. 내가 살았다는 것은 나를 돌봤던 존재가 있었던 것이고 내가 죽을 때 누군가가 와 있는 이유는 나를 보고 싶어 하기 때문이다. 우리는 일생을 살면서 누군가와 연결되고 싶어한다. 깊은 교감을 나누기를 희망한다.

사람은 혼자 있는 시간을 즐기다가도 잠시 후엔 누군가를 그리워한다. 혼자 멋진 여행지로 떠나면 참 좋다. 그러나 하루, 이틀, 시간이 지나면서 누군가가 떠오른다. 같이 왔으면 더 좋았을 텐데…

비대면 사회가 앞으로 더 발전한다고 하더라도 인간은 여전히 직접 누군가를 만나는 것을 그리워할 것이다. 우리는 누군가의 숨소리를 듣고 싶어 하고 그 사람의 따뜻함을 경험하고 싶어 한다. 우리는 실존하는 유기체로서 누군가와 함께 뜻깊은 경험을 하려고 한다.

나는 대학원에 있을 때 스승님으로부터 "대한민국은 문화적으로도 집단주의 문화에 속하는데, 그 중 대표적인 용어가 '우리'다"라는 말을 들은 적이 있다.

나는 그때 이후로 대한민국의 언어 중 '우리'라는 단어가 얼마나 많이 쓰이는지를 살펴보았다. 그 이후 정말 많은 곳에서 '우리'라는 단어를 발견했는데, 강퍅한 사회에서도 한국이 가지고 있는 인간미, 연결성을 유지해주는 아주 중요한 단어라는 생각이 들었다. 서양 문화에서는 자신의 남편을 소개할 땐 'my husband(나의 남편)'라고 하지만, 대한민국에서는 흔히 '우리 애 아빠'라고 표현한다. 참으로 복잡하다. 나의 남편을 소개하기 위해서는 먼저 '우리'가 나온다. 그리고 아이도 나온다. 그다음에서야 남편이 나오는 것이다. '우리 + 아이의 + 아빠'라는 언뜻 보면 복잡한 구성이다. 내 남편, 내 것, 내 아이라는 개인적 용어 대신 우리 남편, 우리 애 아빠, 우리 것, 우리 아이라는 표현이 나온다. 그만큼 관계적인 문화에 살고 있다는 것이다.

'우리'라는 단어는 상대와 내가 적이 아니라는 것이다. '우리'란 함께하는 존재라는 것이다. 우리는 한 가족이라는 것이다. 우리는 중요한 친구라는 것이다. 우리라는 단어는 불신을 씻어내고 갈등과 반목이라는 날카로운 말들을 순화한다.

회사에서 문제가 터졌다. 서로가 상대의 잘못이라고 쏘아붙이고 탓을 하기 시작한다.

"그러니까 제가 이렇게 하자고 했잖아요?"

"뭐라고요, 제가 다 문제라는 말이에요? 그럼 본인은 뭘 잘했는데요?"

거친 말들이 오간다. 시간의 수레바퀴를 돌려 다시 문제의 상황을 맞닥뜨렸다고 생각해보자. 내가 팀장이라면 어떻게 이 어려움을 대처해야 할까? 물론 어려움을 충분히 인식하는 것은 필요하다. 그러나 이걸 특정한 누군가에게 돌려버리는 순간 그 관계는 갈등의 수렁으로 빠져 버린다. 어떻게 하면 좋을까?

"정말 어려운 상황이네요. 그럼 **우리**가 어떻게 하면 이 부분을 잘 해결해 볼 수 있을까요?"

데이트 약속이 있었다. 그런데 갑자기 회사에서 너무 급한 일이 생겨 연락을 할 수 없었고 상대는 단단히 화가 났다. 상대는 내게 서운한 마음이 들었는지 쏘아붙이기 시작한다. 몇 번이나 상황 설명을 했지만, 소용이 없는 것 같다. 그때 이렇게 말을 해보는 것이다.

"나 많이 보고 싶었지, 늦게 와서 다시 한번 정말 미안해."
"…"

진솔한 사과는 상대의 얼어붙어 있는 마음을 조금씩 녹이기 시작한다. 그러나 정말 많이 화가 나 있던 상대의 마음이 다 풀린 것은 아니다. 왜냐하면, 상대는 자신이 함께하고 싶었던 데이트가 엉망이 될까 봐 불안했기 때문이다. 상대는 과연 나도 이 데이트 약속을 소중히 생각하는지 궁금할 것이다. 상대는 내가 얼마나 자신을 소중히 대하는지 궁금할 것이다. 그래서 다시 말을 하기 시작한다.

> "**우리**는 정말 소중한 관계인가 봐. 그렇지?"
> "그게 무슨 말이야?"
> "나도 실은 당신이 많이 보고 싶었거든."

우리라는 토대에서 실은 나도 당신이 보고 싶었다는 마음을 보여준다. 사랑하는 연인은 우리로 묶이는 공동체의 가장 중심에 있다.

● 헤아림의 언어를 결합해 보기

헤아림의 단어가 하나만 포함되어도 대화는 훨씬 부드러워진다. 또한 이 단어는 함께 쓰일 수도 있다. 한번 예를 들어보자.

회의 중 불화가 생겼을 때

당신이 팀장이다. 평소엔 가만히 있었던 수진 씨가 이번 회의에서 자신의 의견을 듣지 않았다고 항의했다. 당신은 물론 "왜 이렇게 예민하게 그러세요?"라고 맞붙을 수도 있다. 이 회의의 기본 규칙이 무엇인지를 다시 상기하면서 직급으로 누를 수도 있다. 아니면 그냥 맞춰줄 수도 있다. 아니라면 헤아림의 언어를 쓸 수도 있다.

> ### 1. 맞아요.
>
> 맞아요, 그러니까 수진 씨는 우리가 모두 좀 더 의견을 더 들었어야 한다고 생각했었네요.
>
> ### 2. 마음
>
> 내 마음을 표현하기: 솔직히 말하자면 제가 의사결정을 빨리해야만 한다는 조급한 마음이 있었던 것 같아요.
>
> 상대의 마음을 헤아리기: 사실 그러다 보니 제가 수진 씨 의견을 놓쳐서 속상한 마음이 있었을 것 같아요. 제가 잘 이해한 것 맞아요?
>
> ### 3. 우리
>
> 그러면 우리가 다음 회의 때 어떻게 하면 서로의 의견을 담을 수 있을까요? 수진 씨가 먼저 이야기해 주시겠어요?

출근 시간에 늦는 사람을 대하는 방법

이번에 입사한 지 1년밖에 안 된 현아 씨가 또 출근 시간에 늦었다. 그 사람은 고개를 들지도 못하고 위축되어 있다. 왜 늦었는지를 묻자 아이를 어린이집에 데려다주고 오느라 늦었다고 한다. 이게 몇 번째인가? 심지어 이번에는 늦게 온다고 연락도 안 하고 늦게 온 것이다.

회사에 오는 시간이 갑자기 당겨진 것도 아니고 아이도 아직 한 명인 것으로 알고 있다. 그런데도 번번이 늦는 것이다. 나는 어떠한가? 나는 아이가 셋이다. 갑자기 분노가 올라온다.

"현아 씨, 지금 그걸 말이라고 하세요?"

"아이가 몇 명인데요? 저는 아이가 셋이에요. 그럼 저는 어떻게 일찍 왔을까요?"

"뭐라고요? 그럼 왜 미리 이야기하지 않았는데요?"

"그렇게 약속을 중요하게 생각하지 않는 사람이 회사를 왜 다니세요?"

이런 말과 태도는 상대의 마음을 나에게서 떠나게 하는 지름길이다. 어떻게 대화해볼 수 있을까? 한번 예시를 들어보자.

---

1. 맞아요.

맞아요, 그러니까 아이를 어린이집에 데려다줄 사람이 없어서 늦었다는 거네요.

2. 마음

내 마음을 표현하기: 저는 현아 씨가 아까 늦으면서 죄송하다고 할 때 미리 연락해주지 않아 조금 속상한 마음도 있었어요.

> 상대의 마음을 헤아리기: 그런데 지금 들어보니 현아 씨
> 로선 출근 시간이 다가오며 마음이 조급했겠네요. 그러니
> 전화도 할 수가 없었고요.
>
> **3. 우리**
>
> 그래요. 그럼 우리가 이 부분을 어떻게 하면 좀 더 개선
> 해볼 수 있을까요?

상대의 잘못을 지적해야 고칠 수 있지 않냐고 반문하는 사람이 있을 것이다. 그러나 비난과 지적은 상대의 마음을 돌리기보다는 오히려 더 완고하게 만든다. 오히려 앞선 예처럼 몰아붙인다면 현아 씨는 수치심과 모멸감이 들며 앙심을 품을 수도 있다. 눈에서 레이저가 나올 수도 있다.

실제로 이렇게 대화해서 싸우는 경우가 허다하다. 누군가와 대화를 하려고 한다면, 관계를 유지해보고 싶다면 수용과 이해와 연결성이 핵심이다. 그리고 마음을 주고받으며, 여전히 상대와 함께 방법을 찾아보려는 협력은 얼어붙은 마음을 녹이기 시작한다.

그런 토대에서 현아 씨는 왜 자신이 반복적으로 늦었는지를 오히려 솔직하게 말할 수 있을 것이다. 그리고 그 지점에서 함께 방법을 모색할 수 있을 것이다. 누군가가 나를 멍청이로 대하면, 나는 괜찮은 사람으로 발전할 수 없다.

오히려 내 안에 그런 모습이 별로 없어도 누군가가 나를 성실한 사람으로 믿어줄 때, 그 사람은 성장하기 시작한다. 공감과 반영은 그 사람을 키우는 양분이다. 누군가가 나를 진심으로 환대하고 믿어줄 때, 나는 따뜻한 햇빛과 양분의 토대 속에서 성장하기 시작한다.

상대에 대한 분노를 교감으로 변화시킬 수 있을까

상대에 대한 분노를 교감으로 변화시킬 수 있을까. 하나의 사례를 살펴보자.

간만에 회사에서 일찍 끝난 남편은 아내를 깜짝 놀라게 하려고 아무 이야기도 하지 않고 집에 돌아왔다. 오랜만에 가족과 잠깐의 나들이도 하고 싶었다. 그러나 아이들은 모두 친구들을 만나러 갔고, 아내는 집에 있지 않다. 연락했는데 받지도 않는다. 남편은 집에서 혼자 라면을 끓여 먹으면서 속이 부글부글 끓는다. 갑자기 전화가 온다.

"여보, 오늘 오랜만에 친구들 만나느라 조금 늦게 받았어, 왜?"

남편은 갑자기 화가 났다. 지금껏 친구들 만나서 노닥거리고 있었던 거야? 남편은 전화를 확 끊어버렸다. 그리고 아내가 집에 돌아오자마자 쏘아붙이기 시작한다. 그 말들은 모두 "나 정말 화났어!"라는 언어들로 점철되어 있다.

아내는 툭하면 이런 식으로 화를 내는 남편의 태도에 짜증이 밀려온다. 내가 당신이 올 때 대기하는 사람도 아닌데 뭐 어쩌라는 거야. 도대체 왜 화가 난다는 거야. 물론 남편의 성격이 유아적일 수는 있다. 그러나 아내가 남편을 쏘아보면서 "당신이 화난다고? 나는 뭐 화 안 나는 줄 알아, 나는 이미 속이 다 썩어 문드러졌어"라고 말한다면? 문제는 더 증폭될 것이다. 이 경우에도 일단의 수용과 이해와 연결이 핵심이다. 어떻게 하면 좋을까?

---

1. 맞아요.
맞아, 당신 나 때문에 많이 화났구나, 그치?

2. 마음
혼자 라면을 끓여 먹은 거야? 그러게, 당신 마음이 얼마나 속상했을까?

3. 우리
정말 미안해, 난 정말 몰랐지. 근데 마침 아이 없이 우리만 있으니 좀 설레네, 나 당신과 오랜만에 심야 영화 한 편 보고 싶어.

아내는 항변할 수 있다. 남편이 일찍 올지 몰랐는데 이렇게 따뜻하게 할 필요가 있는지 말이다. 그러나 관계는 상호적이다. 상대가 날 비난했어도 내가 유연하게 대할 때 상대의 마음이 풀린다. 유연

한 것은 강한 것을 이긴다.

 그것은 상대에게만 좋은 것이 아니다. 상대 역시 마음이 유해질 때, 나에게 이 세 단어를 조금씩 쓰기 시작한다. 내 언어가 상대에게 전염되고 있는 까닭이다. 이것이 시간이 지나면서 반복될 때 가족이 겪고 있는 엄청난 갈등이 조금씩 해소되어 간다.

 이런 예시는 각자의 상황에 따라 마음껏 창의적으로 할 수 있다. '맞아요, 마음, 우리'는 단어로만 되어 있어서 내가 말하려는 문장에 넣어서 활용해보면 된다. 나는 많은 내담자에게 이 단어를 소개해 왔고 여러 문장에 이 단어를 같이 만들어서 써보고 입에 익혀 보기도 했다. 그 안에서 여러 어려운 관계의 갈등이 해소되기 시작했다.

 여러 번 말했지만, 나는 당신이 이 단어를 쓰기에 앞서서 그렇게 상대의 말을 수용할 수 있는 마음의 여유가 있기를 바란다. 또 상대의 마음과 내 마음을 충분히 인식하고 이해할 수 있는 토대가 먼저 있어야 함을 다시 강조하고 싶다. 더 나아가 상대와 내가 적이 아닌, 함께 하는 사람이라는 시각이 중요하다. 그 토대 안에서 이 세 단어는 문장에 들어가 빛을 발휘할 것이기 때문이다. 나는 이러한 의사소통을 일치형의 의사소통이라고 부른다. 그리고 이를 위한 언어를 '헤아림의 언어'라고 지칭하겠다. 이는 나와 상대와의 속마음을 이야기하고 듣는 토대를 형성한다. 진실한 속마음을 표현하는 것은 상대에 대한 진실의 언어이자 일관적이고도 일치형의 대화이다. 이러한 경험이 반복될 때 나와 상대는 일종의 연결의 끈을 갖게 된다. 그 안에서 서로는 깊은 교감을 할 수 있다.

관계는 어렵다,
그러나 희망은 '관계' 속에 있다

● 　　　　　　　사회는 계속 발전하고 있지만, 인간 사
이의 갈등은 점점 커지고 있다. 멀쩡한 회사가 구성원들의 싸움과
반목 때문에 반으로 쪼개지고 무너진다. 친구끼리 이야기를 하면서
녹음을 하고 그 녹음한 것을 갖고 상대에게 카운터를 날리는 경우가
있다. 꼭 필요한 경우도 있겠지만, 보편적으로 보면 삭막한 시대다.
무분별하게 사람을 증오하는 말들이 넘치고 있다. 댓글만 봐도 왜
그렇게 공격적인 말이 오가는지 살벌할 지경이다. 분노 범죄가 끊이
지 않고 있다. 테러리스트와 차별주의자들이 득세하고 있다. 이런
사회에서 무분별한 인간 증오의 역사가 펼쳐지고 있다.

　백화점이나 길거리에서 칼을 휘두르는 사람이 있다는 뉴스가 보도
된 적이 있다. 그런 사람에게서 자신을 보호하는 방법은 그냥 거길 가
지 않는 것이다. 그 외에는 이러한 무분별한 증오로부터 어느곳도 안
전하지 않다. 점점 이렇게 하다보면 집 밖도 나가기 어렵다. 믿었던
사람이 자신을 속이고 잇속을 챙기기도 하고 걸려도 뻔뻔함으로 일
관하기도 한다. 나는 임상가로서 다양한 사람들을 만나보는데, 정말

별사람이 다 있다. 그 중엔 누군가를 속이고 착취하는 사람이 있다. 지독한 이기심으로 둘러싸인 사람이 있다. 자신만을 위하는 극단적인 이기주의도 있다. 세상에서 가장 위험한 것은 바로 인간이다.

요즘 들리는 소식도 녹록지 않다. 우리가 처해 있는 현실이 만만치 않기 때문이리라. 국제적인 코로나 질병은 전 세계를 강타했다. 그러한 전염병은 환경적 재앙이기 때문에 나 혼자 조심해서 될 일이 아니다. 어린 시절에 본 한 만화에서는 시민들이 공기 오염 때문에 방독면을 쓰고 다녔다. 설마 그럴까 했지만 전 세계인이 마스크를 썼던 상황이 불과 얼마 되지 않았다. 예전엔 기계로 된 터미네이터가 인류와 전쟁을 할 것이라는 이야기가 만연했다. 그러나 인간을 해치우는 데 굳이 그럴 필요가 있을까? 강과 바다에 대량의 오염물질만 내보내면 될 일이다. 인간은 여전히 유기체이기 때문에 현저한 취약점을 가지고 있다.

현재 전 세계가 가지고 있는 핵무기는 약 13,000개라고 한다. 러시아 한 국가에만 6천 개가 넘는 핵탄두가 있고 미국 역시 5천 개가 넘는 핵탄두가 있다. 그 중 까딱해서 일부분만 터져도 인류가 몰살되기에는 충분한 숫자이다.

어린 자녀를 키우는 사람에게 있어서 참으로 불안한 시대이다. 출산율이 떨어지고 있는 이유 중 하나는 우리 사회가 지나치게 불안하고 알 수 없다는 것이 한몫할 것이다. 예전의 성공방정식으로 과연 우리 아이가 자신의 인생을 잘 살아갈 수 있을지 아무도 알 수 없다.

이렇게 불확실한 상황에서 인간은 대체 어디서 희망을 찾아야 하는가? 우리가 추구해야 하는 것은 무엇인가? 나는 그 대답을 하기 위해 작은 이야기를 하나 해보려고 한다. 이 이야기는 이 책의 결론이다.

걱정하지 마, 엄마가 있잖아

한부모 여성과 사는 4살 아이가 있었다.

그 아이는 혼자 화장실에 가려다 무서워졌다. 어제 읽은 동화책에 나온 화장실 괴물이 생각났기 때문이다. 화장실 괴물은 혼자 있을 때 으스스한 목소리를 내는 검은 존재였다. 아이는 두려움을 느꼈는지 멈춰 섰다. 엄마를 불렀다. "엄마"

거실 저편에서 큰 존재가 자신에게 다가오는 것이 느껴졌다. "쿵, 쿵, 쿵". 그 소리는 점차 가까워졌다.

그 큰 존재가 만약 아이에게 위협적이라면 방법이 없을 것이다. 그러나 그 존재는 아이를 누구보다 사랑하는 엄마였다. 엄마는 아이 옆에 섰다. 엄마는 아이보다 실제로 키가 두 배 이상 컸다. 그러나 아이 눈으로 볼 때 엄마는 그 이상으로 훨씬 크게 보이는 존재였다. 아니, 아이에게 있어서 엄마는 하나의 세계였다. 아이는 그 큰 존재가 자신에게 온다는 것에 깊은 위안을 느꼈다.

큰 존재는 아이에게 다가와서 무릎을 꿇었다. 그리고 아이의 눈과 자신의 눈을 맞췄다. 아이의 머리를 쓰다듬어 주었다. 이마에 헝클어진 머리는 엄마의 큰 손에 의해 정리되었다. 아이의 표정이 어두웠다. 무엇인가 불안한 것이 분명했다. 엄마가 다정한 목소리로 아이에게 물었다.

"왜 우리 아가, 무엇이 두려웠어?"

"엄마, 화장실 괴물이 있을까 봐 무서웠어."

"걱정하지 마, 엄마가 있잖아."

"응, 이젠 하나도 안 무서워."

아이는 화장실에 갈 수 있는 용기가 생겼다. 아이는 화장실에 혼
자 들어갔다. 아직 무서워 화장실 문을 닫지 않았다. 아이는 고개를
빼꼼 내밀며 엄마를 부른다.

"엄마, 거기 있지?"

"그럼, 여기 봐봐, 엄마 바로 앞에 있잖아."

아이는 엄마의 환한 얼굴을 보며 비로소 안심했다.

시간이 흘렀다. 꽃이 피는 봄이 오고, 푸른 여름이 왔다. 가을엔
잎이 떨어지고 겨울엔 하얀 눈이 수북이 내렸다. 캐럴이 울리기 시

작했다. 또다시 추위가 가시게 되면서 아이는 자랐고 어느덧 소녀가 되었다. 소녀는 어렸을 때부터 다녔던 교회 선생님에게 피아노를 배웠고 나중에 크면 피아니스트가 되겠다는 꿈을 꿨다. 그러나 집이 어려워 아이는 그 말을 엄마에게 하지는 않았다. 엄마는 홀로 경제를 담당하며 최선을 다했다. 작은 빛을 가지고 있는 소녀는 엄마에게 유일한 희망이었다.

소녀는 자라서 어느덧 엄마보다 키가 더 커졌다. 어렸을 때 엄마는 거인 같았지만, 지금 엄마는 자신에 비해 작아 보였다. 소녀는 어느새 성인이 되어 대학을 졸업했고 광고 회사에 취직했다.

그런데 요즘 엄마의 건강이 좋지 않아 병원에 입원하셨다. 재작년에 수술했던 위암이 다시 재발했고 다른 장기로 전이되었다고 했다. 다행히 엄마는 여러 보험을 들어놓고 미리 준비한 까닭에 경제적으로 더 어려워지지는 않았다. 그녀는 회사 신입이었고 예전에 엄마가 그랬던 것처럼 최선을 다했다. 그리고 퇴근하면 유일한 가족인 어머니를 만나러 갔다. 엄마는 병실에 누워 항상 그랬던 것처럼 그녀를 반겼다.

그러던 어느 날이었다. 딸이 찾아왔을 때 엄마는 딸이 평소와는 다른 모습인 것을 눈치챘다. 처음엔 잘 몰랐지만, 침대로 가까이 오자 딸의 눈이 충혈되어 있는 것이 보였다. 가만히 살펴보니 딸의 표정이 어두웠다. 무엇인가 불안한 게 분명했다.

딸은 몇 번이나 아니라고 했다. 아픈 엄마에게 걱정을 끼치고 싶지 않았기 때문이다. 그러나 결국 혼자서 끙끙 앓고 있던 회사 일을 엄마에게 이야기했다. 회사는 절대 호락호락하지 않았다. 경쟁적인 분위기와 상사의 압박 속에서 두 달 동안이나 만든 기획안이 엎어졌고 그녀는 궁지에 몰렸다.

사실 억울했다. 두 달 전에 자신이 냈던 기획 초안이 팀장에게 퇴짜를 맞았다. 팀장은 자신의 방식으로 전부 바꾸라고 했다. 그래서 그녀는 그렇게 바꿀 수밖에 없었다. 이번 기획안은 그렇게 완성된 것이었다. 그런데 위의 부서에서 기획안이 엉망이라는 소리를 듣게 된 것이다. 그러자 팀장은 갑자기 모든 팀원이 있는 곳에서 이 모든 일의 잘못이 그녀에게 있다며 몰아세우기 시작했다. 그녀는 이것을 어떻게 대응해야 할지 가늠할 수가 없었다.

아직 사회 초년생인지라 더욱 그러했다. 그래서 그녀는 퇴근할 무렵까지 호통을 들으며 얼어붙어 있었다. 그 순간은 머리가 하얗게 되어 멍했지만, 회사 문을 나오니 왠지 모르게 서러웠다. 얼어붙은 마음이 풀리며 눈물이 나기 시작했다. 다 그만두고 싶었다. 그런데 그만두고 어디를 갈 것인가?

엄마는 딸의 사연을 묵묵히 들었다. 딸은 엄마의 표정을 살폈다. 딸의 말을 듣고 있던 엄마의 표정은 점차 담대해졌다. 엄마는 여전히 누워 계셨지만, 엄마의 그 자신감 가득한 표정은 어렸을 때부터 봐왔던 그 표정이었다. 엄마는 딸에게 말했다.

"누가, 우리 귀한 딸에게 그렇게 말해. 엄마가 가만두지 않을 거야. 너는 걱정할 것 하나도 없단다. 그건 네 잘못이 아니야."

엄마는 여전히 통증으로 얼굴을 찡그리며 침대에서 살짝 일어났다. 그러나 언제 그랬냐는 듯 엄마의 표정은 다시 담대해졌다. 엄마는 딸의 머리를 쓸어넘겼다. 헝클어진 머리는 엄마의 큰 손에 의해 다시 정리되었다. 엄마는 딸에게 이야기했다. "걱정하지 마, 엄마가 있잖아"

　딸은 그 순간, 작은 힘이 안에서부터 싹트는 것을 느꼈다. 그녀는 엄마의 표정과 말에서 용기를 얻었다. 그녀가 잘못한 것이 아니었다. 그러니 그만둘 필요가 없었다. 그녀는 충분히 이겨낼 수 있다는 믿음이 생겼다. 엄마가 정말로 일어나서 회사에 찾아가진 못할 것이다. 흰머리에 주름투성이인 엄마는 사원증이 없어서 문 앞에서부터 경비원에게 제지될 것이 분명했다. 게다가 사실 엄마는 그런 성격도 아니었다. 심지어 침대에서 일어날 수 없을 정도로 많이 아팠다. 그러나 그런 건 아무래도 상관없었다. 엄마는 예전 그 엄마로 돌아갔다. 기억 저편에서 거인으로 불리던 그 엄마, 나의 세계였던 엄마는 그녀에게 다시 다가와 힘을 주었다.

당신은 어디에서 힘을 얻는가?

당신은 어디에서 힘을 얻는가?

당신을 둘러싸고 있는 불안과 두려움, 좌절을 이겨내는 힘이 어디에서 샘솟는가?

당신의 안전기지는 무엇인가?

당신에게 가장 큰 위안이 되는 것은 무엇인가?

나는 인간 군상의 어두운 면을 많이 마주친 사람이지만 그럼에도 불구하고 인간에게 희망이 있다고 생각한다. 거시적인 인류애를 말하고자 함이 아니다. 오히려 우리 주변 사람을 바라보자는 것이다. 당신과 가까운 사람을 둘러보라. 당신의 부모님, 자녀, 연인, 배우자, 친구, 동료… 그들로 인해 상처를 많이 받았을 것이다. 그러나 그들이야말로 당신의 희망이 되기도 한다. 미세한 희망의 물꼬는 바로 그들과의 관계성에 달려 있다.

엄청난 좌절과 불확실성에 놓여 있을 때 인간은 가장 강력한 힘이 된다. 우리는 그들과의 관계 안에서 역경을 넘어설 수 있다. 심지어 나보다 더 어려운 상황에 놓인 주변에 있는 사람을 챙기고 손을 부여잡을 수도 있다. 인간은 가장 파괴적인 속성을 가지고 있지만 가장 선한 마음을 가지고 있기도 하다. 어두움이 짙지만, 서로는 그 안에서 미세하게 포착되는 기회와 장애물을 넘을 수 있는 방법을 나눠볼 수 있다. 불안한 사회이지만 이렇듯 인간은 불안을 딛고 나아갈 수 있다. 손을 붙잡고 나아갈 수 있다. 함께 협력할 수 있다. 더 깊은 관계에서 희망이 싹튼다.

가장 두렵고, 가장 안전한 존재, 인간

저명한 정신분석가이자 자기 심리학의 창시자인 하인츠 코헛은

1981년 한 콘퍼런스에서 다음의 비유를 들었다.

멸망을 눈앞에 둔 지구 밖에서 궤도를 돌고 있는 작은 우주선이 있다. 그 안엔 우주비행사가 있다. 그는 두 가지 중 하나를 선택할 수 있다.

하나는 지구 궤도를 떠나는 것, 다른 하나는 가면 죽음이 확실한 지구로 돌아가는 것. 당신이 우주비행사라면 어떤 선택을 할까? 모든 사람이 죽은 공허한 우주에서 혼자 살아가는 것, 지구로 귀환하여 사람들과 함께 죽음을 맞는 것.

코헛은 우주비행사는 우주 비행선 안에 식량이 충분해도 결국 지구로 다시 돌아갈 것이라고 했다. 이는 여타 다른 동물과는 다른 인간이 가지고 있는 특수성이다. 인간은 타인과의 연결을 중시한다. 인간은 빵만으로는 살 수 없다. 우리의 삶에 가장 필요한 것은 바로 인간이다. 우리는 모두 연결되어 살아간다. 산다는 것은 어쩌면 누군가와 연결된 그 과정 자체일 수 있다.

인간은 개체적으로는 사자의 이빨이나 발톱처럼 강하지 않다. 고릴라의 근육에도 비길 수 없다. 그러나 인간은 그것을 사회성과 연결성으로 극복해 왔다. 인간이 만물의 영장이 되는 힘은 바로 관계성에 있다. 그것은 역경에 빠진 가족을 일으키고, 실패로 넘어진 이에게 일어날 수 있다는 믿음을 심어준다. 그것은 어려움에 빠진 공동체에 한 줄기 빛이 될 것이다.

그러므로 인간관계는 양날의 검이다. 인간을 가장 두렵게 하는 것은 바로 인간이다. 가장 상처를 주는 존재도 인간이다. 그러나 바로 그 사람 안에서 우리는 가장 안전감을 느낄 수도 있고 치유를 느낄 수도 있다. 서로의 연결성은 소통을 가능케 하고 역전을 일으키는 변곡점이 될 것이다.

거시적인 위협과 미시적인 힘듦의 범람 속에서 우리 삶의 의미가 사라져 버릴 수도 있다. 어느 순간 무엇을 해도 즐거움을 찾기 힘들 수 있다. 행복의 두 가지 기둥을 "의미"와 "즐거움"이라고 한다. 이

두 기둥을 잃어버렸다는 것은 내 삶이 불행해지고 있다는 신호이다.

어떻게 하면 좋을까? 의미를 되찾고 싶은 사람에게 누군가 그렇게 말했다. "당신의 삶에서 의미를 잃어버렸을 땐, 가장 사랑하는 존재의 눈동자를 보라고…".

왜일까? 그 안에서 우리는 의미를 다시 찾을 수 있을 것이기 때문이다.

즐거움을 잃어버렸다면 그 사랑하는 존재와 함께했던 기억을 떠올려보라. 즐거웠던 순간을 회상해보라. 지금 바로 그것을 해보길 바란다. 당신이 그 사람에게 표현하지 못한 마음이 있다면 작게라도 표현해보자. 함께 하는 시간과 공간을 갖자. 힘들었던 마음이 눈 녹듯이 씻겨내려간다. 가족에게서 가장 큰 상처를 받지만, 가족을 통해 인생의 의미를 되찾는다. 사회에서 갈등과 불안을 느끼지만 그 안에서 우리는 세상이 살만하다는 믿음과 즐거움을 되찾는다.

관계는 어렵다. 그러나 여전히 관계는 희망이다. 관계는 치유의 힘을 가지고 있다.

　나는 임상가로서 절망에 빠진 이들을 많이 만난다. 그러나 나는 믿는다. 산재해 있는 여러 위협과 내 생활을 위협하는 어려움을 이겨낼 수 있다고 말이다. 나는 그 희망을 품고 내담자를 만난다. 그들은 변화된다. 그들은 넘어졌으나 다시 일어난다. 그들은 삶을 포기할 것이라고 이야기했지만 다시 삶을 살아간다. 그들은 침울해했지만 다시 웃는다. 그 미소와 환한 표정이 그들의 본질이다. 만약 당신이 어려움에 휩싸여 있다고 하더라도 나는 당신도 그렇게 될 것이라고 믿는다. 좀더 깊고 안전한 관계의 망 속에서 말이다.

너와 내가 그토록 힘들었던 이유,
관계심리학에 묻다

1판 1쇄 2024년 7월 5일 발행
1판 2쇄 2024년 9월 23일 발행

지은이 · 이헌주
펴낸이 · 김정주
펴낸곳 · ㈜대성 Korea.com
본부장 · 김은경
기획편집 · 이향숙, 김현경
디자인 · 문 용
영업마케팅 · 조남웅
경영지원 · 공유정, 임유진

등록 · 제300-2003-82호
주소 · 서울시 용산구 후암로 57길 57 (동자동) ㈜대성
대표전화 · (02) 6959-3140 ㅣ **팩스** · (02) 6959-3144
홈페이지 · www.daesungbook.com ㅣ **전자우편** · daesungbooks@korea.com